El gran libro práctico del tarot

Equipo de expertos Osiris

EL GRAN LIBRO PRÁCTICO DEL TAROT

EDITORIAL DE VECCHI, S. A.

© Editorial De Vecchi, S. A. 1998
Balmes, 247. 08006 BARCELONA
Depósito Legal: B. 27.321-1998
ISBN: 84-315-1863-4

Índice

Una espléndida imagen del mundo

Tiene usted en sus manos una obra un tanto atípica dentro de su género. Entre las muchas obras sobre el tarot que hoy pueden encontrarse con facilidad, hallará el lector pocas tan completas como ésta, y a la vez tan imparciales.

A veces diríase que la bibliografía del tarot está escrita por magos y para magos. Abunda en expresiones que indican que nada es accesible, que lo que se está escribiendo no puede explicarse completamente, que sin la iniciación uno solamente puede tener la ilusión de haber comprendido alguna cosa, sin comprender realmente.

Por otra parte, cada libro sobre el tarot ofrece una visión particular. Algunas perspectivas resultan francamente exóticas, nacidas de la desbordante fantasía de nuestros antepasados románticos, así como de su aplicado afán historicista, y no siempre al alcance de los medios técnicos disponibles en el siglo XIX.

Tiene el lector entre las manos casi una enciclopedia del tarot, un libro imparcial que abarca todo lo razonable y lo delirante, lo verosímil y lo increíble, las más apasionadas recomendaciones interpretativas, las locuras fetichistas más delirantes y los datos históricos, científicamente comprobados, que acompañan —y a veces desmitifican— a las figuras del tarot, un inventario iconográfico muy de su época.

En la primera parte de la obra el lector encontrará toda la información referente al tarot en sus aspectos teóricos: procedencia, historia, contexto iconográfico, simbología de las imágenes a través de los tiempos, lenguaje y significados; siempre en un contexto antropológico evidente y bien documentado por la historiografía contemporánea.

En la segunda parte hallará todos los consejos necesarios para la práctica del tarot, desde la elección del mazo y su tratamiento, hasta las diferentes tiradas, y una aproximación a los significados adivinatorios de las cartas.

Es evidente que la lectura de un solo libro no puede aportar la sabiduría de la adivinación, ni sustituir el conocimiento que sólo la práctica constante y la reflexión personal permitirán adquirir. Conscientes de ello, en esta obra pretendemos presentar el tarot en un contexto que haga comprensibles muchas de sus sugerencias e indicaciones, además de hacer pasar un rato ameno al lector, informar sobre una de las joyas más hermosas de nuestro patrimonio cultural y, finalmente, permitir atisbar, por una rendija o entre líneas, ese mundo maravilloso de la búsqueda interior que puede llevarnos a la experiencia personal de lo que Carlos Castaneda aprendió de Don Juan: una realidad aparte.

I
LO QUE DEBEMOS SABER SOBRE EL TAROT

El tarot a través del tiempo

Oscuros orígenes

Nadie sabe exactamente de dónde procede el tarot. Por una parte las referencias al juego o a juegos parecidos se remontan a tiempos antiquísimos, a civilizaciones ya desaparecidas en la India, China y Egipto. Por otra, en cambio, la iconografía del tarot actual es típica del Renacimiento, o a lo sumo de las representaciones del medievo tardío. Ello nos lleva a creer que el tarot como compendio filosófico tiene una riqueza y una antigüedad difíciles de precisar, aunque las cartas en sí sean fácilmente localizables en un lugar, Europa, y en una época histórica, los siglos XIV y XV.

De momento vamos a examinar lo que los expertos han expuesto como resultado de sus investigaciones e hipótesis sobre los orígenes del tarot, como juego y como mazo de cartas:

Cartas hindús

En la India existe un juego que se remonta a tiempos inmemoriales y cuyas piezas son cartas con imágenes. Representan las sucesivas encarnaciones de Vishnú, y tienen en común con el tarot la idea de paso, de un círculo a otro, de un personaje a otro, hasta llegar a la culminación y a la perfección que se manifiesta materialmente en el poder y espiritualmente en el Conocimiento Trascendental. Las imágenes del juego hindú son las siguientes:

MATSYA	=	PECES
KURMA	=	TORTUGAS
VARAH	=	JABALÍES
NARASHIMA	=	LEONES
VAMANA	=	ENANOS
PARACU RAMA	=	HACHUELAS
PARACU CHANDRA	=	FLECHAS
KRISHNA	=	VACAS
BUDDHA	=	CARACOLAS
KALKI	=	ESPADAS, CABALLOS

Éstos son los palos de las cartas. En cuanto a las figuras, algunas de ellas presentan paralelismos con los Arcanos Mayores del tarot: la carroza de Vishnú guarda un ligero parecido con el Carro, el Karma con la Rueda de la Fortuna, los Padres del Buda con el Emperador y la Emperatriz... Sin embargo, estas similitudes no nos permiten sacar ninguna conclusión segura, ya que las imágenes con las que estamos tratando en ambos casos son arquetípicas: se han transmitido de generación en generación en todas las culturas, y el mundo está tan impregnado de su simbología que resultaría difícil encontrar pueblos que las ignoraran.

El juego chino «mil veces mil»

También en China existe un antiguo juego que podría tener algo que ver con los orígenes del tarot. El juego se llama *mil veces mil*, y el ejemplar que se conoce data del año 1120. Consta de 32 tablillas de marfil divididas en tres series de nueve tablillas más tres triunfos: en total treinta tablillas a las que se añaden dos más, denominadas pre-

cisamente *mil veces mil,* o bien *flor blanca* y *flor roja.*

Los temas de las cartas son los siguientes:

CIELO
TIERRA
HOMBRE
DEBERES DEL CIUDADANO
DESTINO DEL CIUDADANO

Las cartas relativas al Cielo son cuatro. Están marcadas con los signos de los cuatro puntos cardinales.

Las cartas referidas al hombre representan las virtudes cardinales de la sabiduría china:

BENEVOLENCIA
JUSTICIA
ORDEN
SABIDURÍA

Se presentan en cuatro modalidades, cada una formando un total de dieciséis cartas: representan el microcosmos en el macrocosmos.

Otro juego chino, el dominó, puede guardar también alguna relación con los orígenes del tarot. Consta de veintiuna piezas que son las combinaciones de dos dados, y veintiuna piezas dobles más.

En Corea encontramos otro juego de tipo adivinatorio, llamado *Htou-Tsyen.* Es una baraja de papel oleado formando palitos de veinte centímetros de longitud. El reverso está decorado con flechas emplumadas que se relaciona con el origen del juego mediante flechas adivinatorias. El juego tiene ocho palos.

Existen otras hipótesis sobre los orígenes del tarot, igualmente oscuras y dudosas. Sin embargo, no han aparecido otras versiones que rebatieran éstas o que aportaran una explicación más plausible, por lo que las citamos a continuación como posibles pistas de investigación:

Según algunos estudiosos, las cartas del tarot pudieron ser introducidas en Europa por los zíngaros.

Las tribus de zíngaros empezaron a desplazarse hacia Occidente alrededor de 1400. Procedentes del Indo y de Afganistán, pasaron por Asia Menor, el Golfo Pérsico y cruzaron el Tigris y el Éufrates.

En 1350 estaban ya instaladas en Creta, Corfú y los Balcanes. En 1417 habían llegado a Hamburgo. En 1422 se hallaban en Roma. Y en 1427 estaban en Barcelona y París, según atestigua la documentación de la época.

Sin embargo, en esta época ya existían en Italia las cartas del tarot, por lo que esta hipótesis es muy poco fiable.

En la región francesa de la Camarga, la cripta de la iglesia de Les Saints Maries de La Margue está reservada a los gitanos. En ella se encuentra enterrada santa Sara de Egipto. Se dice que el nombre de Sara puede ser una adaptación de Serapis, de modo que la iglesia habría sido antiguamente un Serapeum (santuario de curación mágica dedicado al dios egipcio Serapis). También se dice que el santuario está asentado sobre otro dedicado al culto pagano de Mitra, pero no hay nada seguro al respecto.

Según otros, el tarot fue traído de Oriente Medio al regreso de las cruzadas, por los soldados que allí habían combatido.

Esta hipótesis es muy imprecisa, no se basa en ningún dato como prueba. Además, la última cruzada fue en 1291. ¿Qué ocurrió con el tarot desde entonces hasta su aparición a finales del siglo XIV?

Algunos creen que el tarot es una representación en imágenes de una reunión de sabios de todo el mundo que tuvo lugar en Fez alrededor del año 1200. Esta hipótesis es totalmente descabellada: no existen pruebas bien documentadas de dicha reunión, ni tampoco dato alguno que haga referencia a la relación del tarot con ella, de haberse producido ésta. Por lo tanto, hemos de considerarla fruto de la imaginación de algunos eruditos poco rigurosos con su trabajo.

Otro posible origen del tarot serían los *Teraphim*, oráculo judío de símbolos en láminas de oro mediante piedras preciosas, que posteriormente fueron transcritos a veintidós tablillas de marfil. Esto explicaría la permanente relación del tarot con la tradición hebrea, antes y después del desarrollo de la cábala. Sin embargo, no existen pruebas suficientes que vinculen ambos oráculos.

Finalmente, existe una leyenda, según la cual la ciudad de Turín en Italia habría sido fundada por el príncipe egipcio Eridano, hermano de Osiride. Al príncipe, el río Po le recordaba el Nilo y quedó enamorado del lugar. Él creó el escudo de la ciudad, dedicado al buey Apis.

Más adelante el príncipe se ahogó en el río que le había cautivado. El pueblo turinés heredó la sabiduría egipcia, los cultos a los muertos y un libro de imágenes, el tarot, referente a todos estos temas.

Naturalmente, la historia no tiene ningún fundamento, aunque es hermosa.

Un antropólogo y erudito francés, Court de Gebelin, desarrolló toda una tesis sobre el origen del tarot, de la cual hablaremos más adelante.

El tarot a finales de la Edad Media

A finales de la Edad Media empezamos a encontrar indicios ciertos y documentación suficiente para referirnos al tarot de una manera más precisa y rigurosa.

A finales del siglo XIII la Iglesia católica completa apenas la cristianización. Han sido nueve siglos, desde que el emperador romano Constantino se convirtiera al catolicismo, para extender la religión por todo el orbe conocido. Pero los problemas más importantes con que ha topado en su labor no han procedido de las religiones exteriores, por lo menos hasta ahora. El mayor trabajo de la Iglesia católica ha sido elaborar una religión coherente, con su dogma y su moral bien coordinados. Los enemigos mayores los ha hallado la Iglesia (o, mejor dicho, la jerarquía eclesiástica) en su interior, en su propio seno.

Así, ha hecho frente a un sinfín de sectas cristianas que ha condenado como heréticas: son los waldenses, los cátaros, los albigenses, los bogomiles... Contra todas ellas la Iglesia de Roma ha luchado física y conceptualmente: con la mente, pero también con las armas si ha hecho falta.

Al mismo tiempo ha condenado órdenes monásticas, como la de los templarios, aludiendo herejías y sacrilegios, argumentos que en realidad ocultaron los verdaderos motivos de la escisión: excesivo poder e independencia de la jerarquía papal. La Iglesia de Roma, pues, se ha defendido con uñas y dientes, preservando su poder espiritual y, sobre todo, su poder en la tierra, que se ha incrementado lentamente de una manera considerable.

Ha aparecido también durante esta época el gnosticismo, una mezcla filosófica de doctrinas mágicas hindúes, persas, caldeas y egipcias, unidas a la filosofía griega, especialmente la platónica, a los rituales del cristianismo copto y a la cábala hebrea.

El gnosticismo se extendió en Alejandría durante el siglo II y alcanzó rápidamente gran aceptación, como fe y doctrina de intelectuales y personas de elevado nivel cultural.

A pesar de su relativa heterodoxia, las enseñanzas del gnosticismo fueron recogidas, transcritas y estudiadas durante la Edad Media en los conventos y monasterios. Se copiaron manuscritos, se tradujeron textos y se ilustraron muchos de ellos, algunos por razones técnicas (dibujos necesarios para la comprensión del texto) y otros por motivos meramente ornamentales. Sin embargo, entre los textos ilustrados con fines aparentemente ornamentales figuraban algunos dibujos cuya función fue algo más que un adorno: servían para recordar largas listas de operaciones, divididas según métodos mnemónicos en géneros y clases, simbolizados por casas, habitaciones, muebles, cajones y cajas.

Ramón Llull en su *Ars Memoria* establece algunos de estos métodos, adaptándolos a la simbología cristiana (estaciones del Via Crucis, misterios de la vida de la Virgen, tapiz del Credo...).

Lo mismo hace Metrodorus de Scepsis en su sistema mnemotécnico aplicado al discurso verbal, que fue recogido posteriormente por Pietro de Ravenna en su *Phoenix sive artificiosa memoria* publicado en Venecia el año 1491.

Otra fuente importante de imágenes en la Edad Media es la que procede de la magia, la alquimia y la astrología, fuertemente ampliada en el Renacimiento. Tomás de Aquino condenó con especial énfasis el *Ars notoria* manual de fórmulas mágicas para invocar la ayuda sobrenatural.

Se trataba de un libro de carácter mántrico y yántrico, con imágenes planetarias y zodiacales que presenta conexiones claras con los arcanos del tarot.

Los tarots más antiguos

Hacia 1300 aparecen en Italia unas cartas llamadas *Naibi,* con un uso claramente adivinatorio y alegórico.

Se trata de cincuenta cartas divididas en cinco series de diez cartas. Las series son las siguientes:

LA VIDA
LAS MUSAS
LAS CIENCIAS
LAS VIRTUDES
LOS PLANETAS

En 1332 el Rey Alfonso XI de Castilla funda una orden de caballería hoy desaparecida, la Orden de la Banda.

Los estatutos han sido extraídos de una traducción francesa de las epístolas doradas de Antonio de Guevara en 1539. En ellos se prohibía expresamente apostar dinero a las cartas o a los dados. Esto indica que a principios del siglo XIV los naipes ya existían en el Reino de Castilla.

En 1377 un monje alemán llamado Johannes escribe en una carta a Brefeld lo siguiente: «un juego llamado de las cartas ha llegado a nosotros. Ignoro cuándo fue inventado, dónde ni por quién». Johannes compara el juego con el ajedrez, diciendo que en él hay también reyes, reinas y una división entre plebeyos y nobles. Especifica que hay cuatro reyes distintos, cuyos emblemas blanden en la mano derecha. Dice que las cartas están pintadas de modos diversos y que se pueden hacer con ellas distintos juegos.

Conveluzzo, un cronista del siglo XV, escribe en su *Storia de Viterbo* lo siguiente: «El año 1379 fue traído a Viterbo el juego de las cartas, que vino de Sarracenia y que se llama entre ellos Naib».

Sin embargo, la historia de Viterbo fue escrita en 1480, de modo que Conveluzzo sólo pudo conocer la noticia por referencias de sus antepasados, quizá por Nicola que también fue cronista. En todo caso, ello quita fuerza a la prueba.

Pero en 1387 tenemos un dato firme: Juan I de Castilla prohíbe explícitamente los dados, *los naipes* y el ajedrez en todo su Reino.

En 1392 topamos con el primer tarot que se conserva. En una carta de pago del libro de cuentas de Charles Poupart, tesorero de Carlos VI rey de Francia, puede leerse lo siguiente: *donné a Jacquemin Gringonneur, peintre, pour trois jeux de cartes à or et à divers couleurs, de plusieurs devises pour porter devers ledit Seigneur roi pour son ebbattement cinquante sis sols parisis.* (Entregados a Jacquemin Gringonneur, pintor, por tres juegos de cartas de oro y de varios colores para aliviar el abatimiento del Señor Rey, cincuenta y seis soles de París.)

De estas cartas, diecisiete se conservan aún en la Biblioteca Nacional de París. Se puede comprobar su correspondencia con los arcanos del tarot, con variaciones menores de poca importancia.

En 1397 el preboste de París publica una ordenanza prohibiendo expresamente jugar a las cartas. Estas prohibiciones frecuentes nos indican que las cartas (las del tarot y todas las demás) fueron utilizadas a menudo con fines místicos, mágicos, religiosos y sobrenaturales. En realidad las cartas mantuvieron estrechas relaciones con los dioses que eran combatidos por la Iglesia de Roma, pero además ésta estuvo siempre dispuesta a prohibir cualquier ritual (sagrado o simplemente lúdico) que pudiese competir con los suyos.

Hacia 1500 el sha Hassan Abul Fazl Allami describe un juego de ciento cuarenta y cuatro cartas (doce por doce) que mantiene algunas similitudes con nuestro tarot.

Se trata de ocho series de doce cartas y de una serie global que incluye el resto. El juego puede también estar relacionado con el juego hindú descrito anteriormente, llamado en la crónica de Allami *Dasavatra* y descrito como un juego con series de ocho cartas y dos figuras por serie y palos con las siguientes imágenes:

TORTUGAS, MOLUSCOS
  Y PECES
BROTES Y ÁNFORAS
ARCOS
HERRAMIENTAS

El parecido con los cuatro palos del tarot puede ser sólo anecdótico, pero es interesante constatarlo.

Tarot de Mantegna

El tarot de Mantegna, algo diferente del tarot clásico, es uno de los más bellos que se conservan. El tarot fue pintado entre 1470 y 1485. Se atribuye al pintor Andrea Mantegna, pero muy probablemente fue pintado por Baccio Baldini. Se dice que el gran pintor Durero vio las cartas en 1494 durante su viaje a Italia y que, inspirado en ellas, pintó una nueva baraja con motivos flamencos. Sin embargo, no hay indicio alguno de dicha baraja.

El tarot de Mantegna consta de cinco series de diez cartas, muchas de las cuales presentan fuertes similitudes con el tarot actual. Las series están dedicadas a los siguientes temas:

CONDICIONES DE LA VIDA
　　HUMANA
MUSAS
ARTES Y CIENCIAS
　　LIBERALES
VIRTUDES
PLANETAS Y ESFERAS
　　ZODIACALES

Las cartas están relacionadas en una ordenación universal que incluye una numeración progresiva de cada carta, y una ordenación alfabética regresiva de las series, de modo que el resultado es un todo jerarquizado en el que se integran armónicamente las piezas. El último grupo, dedicado a los planetas, acaba con la carta dedicada a la Causa Primera y a la letra A.

En el Museo Británico se conservan cuarenta y dos cartas de este tarot. A partir de ellas ha sido posible hacer un análisis iconográfico en profundidad. Las imágenes del tarot de Mantegna son típicamente renacentistas, de una factura culta y cuidada. Los temas vuelven al paganismo y son de una gran riqueza, tomando todos los recursos necesarios de las ilustraciones mnemotécnicas a las que nos hemos referido anteriormente.

Los principales temas son los dioses y héroes de la antigüedad clásica, las figuras del neoplatonismo y las teorías de Marsilio Ficino y Pico della Mirandola, la astrología, las alegorías filosóficas y los personajes de la *Commedia dell'Arte,* además de los temas iconográficos religiosos habituales.

Tarot de Venecia

El mazo de Venecia es algo posterior. Consta de veintidós Arcanos Mayores y cincuenta y seis Arcanos Menores. En total tiene setenta y ocho cartas.

En ellas aparece por primera vez el nombre de *La Papasse,* la Papisa, que posteriormente pasará a ser la Sacerdotisa.

Esta carta fue en el Tarot de Besançon, después de la Revolución Francesa, sustituida por la de Juno *(Junon).*

Tarot de Bolonia

Las cartas del tarot de Bolonia fueron inventadas por Francesco Fibbia, príncipe de Pisa hacia 1419. El tarot de Bolonia tiene los veintidós Arcanos Mayores.

De los Arcanos Menores faltan los números dos, tres, cuatro y cinco de cada palo, por lo que su número es de sólo cuarenta cartas. El mazo total tiene seiscientas setenta y dos en vez de setenta y ocho.

En las cartas no hay títulos ni nombres. Además, los primeros cuatro arcanos no están numerados. El Papa, el Emperador y la Papisa han sido sustituidos por cartas en las que pueden verse diferentes musulmanes. Probablemente la causa de ello sea la anexión de Bolonia por el Estado Pontificio en 1513. Estas cartas quizá parecieron ofensivas a la Iglesia, que exigió su supresión para permitir la difusión del mazo.

Las Burlas de Florencia

En Florencia encontramos un mazo cuyas cartas son llamadas *Burlas*.

Se trata de un gran mazo de noventa y siete cartas compuestas por los doce signos del zodíaco, los cuatro elementos, las tres virtudes teologales más la Prudencia, y otras cartas más.

Las primeras treinta y cinco cartas son llamadas PAPI, están numeradas como los Arcanos Mayores del tarot clásico con números romanos y contienen las siguientes figuras:

I	MAGO
II	GRAN DUQUE
III	EMPERADOR
IV	EMPERATRIZ
V	ENAMORADOS
VI	TEMPLANZA
VII	FUERZA
VIII	JUSTICIA

IX	RUEDA DE LA FORTUNA
X	CARRO
XI	ERMITAÑO
XII	TRAIDOR
XIII	MUERTE
XIV	DIABLO
XV	TORRE
XVI	ESPERANZA
XVII	PRUDENCIA
XVIII	FE
XIX	CARIDAD
XX	FUEGO
XXI	AGUA
XXII	TIERRA
XXIII	AIRE
XXIV	LIBRA
XXV	VIRGO
XXVI	ESCORPIÓN
XXVII	ARIES
XXVIII	CAPRICORNIO
XXIX	SAGITARIO
XXX	CÁNCER
XXXI	PISCIS
XXXII	ACUARIO
XXXIII	LEO
XXXIV	TAURO
XXXV	GÉMINIS

Baraja Visconti Sforza

Esta baraja es de una gran belleza. Fue realizada entre 1432 y 1466, fecha de la muerte del duque de Sforza. Probablemente se hizo para celebrar el matrimonio de Francisco Sforza con Blanca María de Visconti. En aquellos tiempos era usual hacer juegos, esculturas, monumentos y toda clase de objetos conmemorativos para tales ocasiones.

La baraja consta de setenta y ocho cartas, algunas de las cuales se han perdido. Treinta y cinco de ellas fueron adquiridas en 1911 por una biblioteca de Nueva York, otras veintiséis se conservan en la *Accademia Carrara* de Bergamo. Finalmente, ciento treinta y cuatro cartas más pertenecen a la familia Colleoni.

La baraja Sforza se acerca mucho a las figuras del tarot clásico, aunque todavía pueden observarse algunas diferencias.

Tarot de Mitelli

Este mazo fue realizado mucho más tarde, cuando ya existía también el tarot de Marsella, uno de los más difundidos.

Mitelli fue un grabador y pintor boloñés que vivió entre 1634 y 1718. El tarot fue realizado en 1664. Consta de sesenta y cuatro cartas divididas en cuatro palos, veintidós Arcanos Mayores y la figura de el Loco. El mazo fue realizado para la familia Bentivoglio, cuyo escudo figura en el As de Copas.

Mitelli alteró sensiblemente el cariz de las imágenes del tarot. El Papa fue convertido en el Patriarca de Oriente, el Emperador y la Emperatriz en el Emperador y la Emperatriz Oriental y Occidental. El Ermitaño fue transformado en el Tiempo, y el Sol y la Luna en Apolo y Diana respectivamente.

Algunos expertos consideran que el tratamiento iconográfico de las figuras es excéntrico y heterodoxo. No podemos compartir del todo esta opinión, ya que los cambios que hemos citado tienen explicaciones bastante obvias. En primer lugar, Mitelli era boloñés, y conocía seguramente el tarot de Bolonia, en el que las figuras del Emperador y el Papa habían sido sustituidas por las de jerarquías musulmanas. Ya hemos visto que había una razón de peso para ello, y ahora además había una tradición de más de un siglo.

Cuando examinemos con detalle el Arcano IX, el Ermitaño, explicaremos ampliamente las razones que existen para sustituir el Ermitaño por el Tiempo, cambiando la figura del anacoreta por la de *Il Gobbo*, el anciano cojo, Saturno. Sabido es que Saturno es el Cronos griego, representante del Tiempo. En cuanto a Apolo y Diana, su relación con el Sol y la Luna es evidente.

Tarot clásico

Hacia 1400 apareció en Marsella un tarot que, con el tiempo, sería el que más difusión y aceptación obtendría, llegando en nuestros días a ser considerado como tarot clásico, por ser el más frecuente.

El tarot de Marsella estaba probablemente relacionado con los Naibi italianos. Desde el principio tuvo los veintidós arcanos tal como los conocemos hoy en día.

En 1751 Claude Burdel, *cartier et graveur* (fabricante de cartas y grabador), perfeccionó los veintidós Arcanos Mayores y añadió los palos a los Menores, redondeando lo que sería el tarot que conocemos hoy con todas sus características.

Estas cartas se publicaron probablemente en Soletta (Suiza), residencia del embajador de Francia en Suiza; por ello las cartas llevan el escudo francés.

Podemos ver las iniciales C. B. (Claude Burdel) en el tres de Copas y en el Arcano del Carro.

De la misma época es la edición suiza de *Muller y Cia*, que introdujo algunas reformas de detalle en la baraja de Burdel.

Barajas modernas

En los tres últimos siglos, el tarot se ha seguido imprimiendo con regularidad. Las facilidades tecnológicas en la reproducción de imágenes impresas han favorecido la riqueza de las cartas y la aparición de versiones muy variadas, con iconografías diferentes a las tradicionales en algunos casos.

Se han editado cartas del tarot con alusiones a las diferentes situaciones políticas o sociales de cada época, o referencias a la ciencia, a gestas militares, al arte, la literatura, la poesía, la danza, el folklore, la caza, la industria, el teatro...

A continuación citamos algunos ejemplos de estas barajas, algunas de las cuales son verdaderas obras de arte a nuestra disposición.

Tarot suizo Rochias Fils

Se trata de un tarot editado en Suiza por la familia de impresores Rochias Fils. El tarot data del siglo XVIII. Fue impreso a mano en Neuchatel, como indica la inscripción *fait par Jacques Rochias Fils à Neuchatel*.

La Sacerdotisa recibe el título de *Papesse*. La Muerte figura escrita con su nombre, a diferencia de la mayoría de los mazos tradicionales.

Tarot Carey

El Tarot Carey fue editado por Carey en Estrasburgo alrededor de 1791, fecha de la Revolución Francesa. Consecuentemente, el dos de Copas lleva la inscripción *Taros Fin de L. Carey à Strasbourg*. La influencia de la Revolución modificó sensiblemente las cartas en aquel gran acontecimiento que pretendía cambiarlo todo: desde el poder del rey hasta el calendario.

El Emperador es denominado *Gran-Pere* (abuelo). La Emperatriz recibe el nombre de *Grand Mère* (abuela). Ninguno de los dos se presenta con corona, para evitar sus atributos reales.

Las figuras de reyes han sido sustituidas por las de *Genies* (genios). Las reinas pasan a ser *Libertés* (libertades). Los caballos son *Cavaliers* (caballeros). Finalmente, las sotas son llamadas *Égalités* (igualdades). Evidentemente estos apelativos aluden a la consigna de la Revolución Francesa «*Liberté, Égalité, Fraternité*».

La figura del Juicio ha sido denominada *La Trompette* (la trompeta) intentando enmascarar su origen religioso.

Tarot de Besançon

Este tarot es de factura más popular y rústica que los anteriores. Se trata de setenta y ocho cartas de comienzos de 1800, coloreadas e impresas a mano. En el dos de Copas leemos la inscripción *Renault fabricant de cartes des jouer à Besançon.*

La Sacerdotisa o Papisa, ha sido sustituida por la figura de Junon, de la cual hablaremos ampliamente al tratar de la simbología de esta carta. En los nombres de las cartas existen numerosos errores ortográficos, como *l'Imperatris, Cavalier de Baatons* o *Le Charior.*

Tarot polaco

Tarot que data de 1800 aproximadamente.

Los Arcanos están representados por animales que sustituyen a las figuras habituales. Se trata de animales exóticos como el rinoceronte o el elefante.

Inscripción: *Fabrique de cartes de J. du Port à Varsovie.*

En el tarot apreciamos escudos rusos y sellos polacos, es probable que las cartas se fabricaran con destino a Rusia.

Tarot napoleónico

Otro tarot histórico, que sigue la línea del que hemos presentado anteriormente. Esta vez las cartas representan las gestas de Napoleón Bonaparte en diversas contiendas y algunos pasajes de su vida. El tarot data de 1812.

Algunas cartas que lo componen: Sitio de Toulon en 1793; Napoleón en Egipto en 1798; la coronación de la emperatriz Josefina por el emperador en 1804.

Tarot alemán

Data de 1850 y tiene también animales como tema principal de las figuras. Está numerado con cifras árabes y no romanas. Los animales están duplicados simétricamente en vez de presentar una sola figura unidireccional, incluso para el caso de los Arcanos Mayores.

Las figuras de los Arcanos Menores (Rey, Reina, Caballo y Sota) no son animales, sino los personajes de costumbre.

Tarot de danza

Se trata de una baraja con figuras de bailarines en plena danza, fabricada por *E. Knepper & Co.* en Viena, el año 1866.

Los Arcanos Mayores tienen numeración romana. Los danzantes guardan muy poca relación con las figuras tradicionales de los Arcanos Mayores y su significado es débil.

Soldaten taroch

Tarot publicado en los años veinte, con escenas de la Primera Guerra Mundial. Impreso en Viena por *Ferd. Piatnick & Sohne.*

Las reinas están representadas por enfermeras de la Cruz Roja. Piatnick tiene también un famoso mazo con escenas folklóricas que lleva por título *Industrie und Glück* (viene a significar «trabajo y suerte»).

Evolución del tarot

Una vez establecido en Europa como un juego constante, el tarot fue evolucionando no ya en función de la iconografía de las cartas, sino según su utilización, los estudios respecto a sus poderes, su identidad, orígenes, y las relaciones con otros sistemas adivinatorios y filosóficos.

Uno de los primeros estudiosos del tarot fue Guillaume Postel. Adaptó los setenta y ocho arcanos a las setenta y cuatro cartas de la primitiva baraja francesa y tradujo su significado. Todo ello fue recogido en su obra *Clef des choses ca-* *chées* (*Clave de las cosas ocultas*) que se publicó en 1540. Después de esta publicación, Postel perdió la razón completamente.

Una de las cosas que se estableció más tardíamente fue el orden de los Arcanos Mayores. En una obra del siglo XV *Sermones de ludo cum Aliis*, los encontramos con orden y denominación aún ligeramente distintas a las actuales.

Las fantásticas hipótesis
de Court de Gebelin

Court de Gebelin nació en Nimes (Francia) en 1724 y murió en París

Número de orden	Nombre	Nombre actual	Orden actual
1	La Bagatella	El mago	1
2	Imperatrice	Emperatriz	3
3	Imperatore	Emperador	4
4	Papessa	Sacerdotisa	2
5	Papa	Papa	5
6	Tempetia	Templanza	14
7	Amore	Enamorado	6
8	Caro Triomphale	Carro	7
9	Fortezza	Fuerza	11
10	Rotta	Rueda de la F.	10
11	Gobbo	Ermitaño	9
12	Impicciato	Ahorcado	12
13	Morte	Muerte	13
14	Diavolo	Diablo	15
15	Saggitta	Torre	16
16	Stella	Estrella	17
17	Luna	Luna	18
18	Sole	Sol	19
19	Angelo	Juicio	20
20	Giustzia	Justicia	8
21	Mondo Ave Dio	Mundo	21
22	Matto	Loco	S/N

en 1784. Estudió teología y como su padre fue pastor de la Iglesia protestante. Se dedicó al estudio antropológico, religioso e histórico, del Antiguo Egipto.

Tras veinte años de paciente estudio, publicó los resultados de sus pesquisas en nueve volúmenes que aparecieron entre 1774 y 1784. Los volúmenes fueron titulados *Le monde primitif, analyse comparé avec le monde moderne* (*El mundo pimitivo, análisis comparado con el mundo moderno*).

En la página 363 del primer volumen hallamos una larga disertación titulada *Du jeu des Tarots* (*Del juego de los Tarots*) en la que Gebelin desarrolla y defiende sus hipótesis llenas de imaginación. Según él, el juego del tarot no sería otra cosa que la mismísima traducción en imágenes del libro de Thot, escrito por Hermes Trismegisto.

Thot, como es sabido, era el dios egipcio inventor de las letras y los números. A él estaba consagrado en Egipto todo conocimiento y todo saber.

La palabra tarot sería una combinación de las palabras egipcias TAR y ROS, que significan respectivamente Camino y Realidad; TAROT significaría así camino real, en el sentido de realidad, de vida.

El libro de Thot estaba compuesto según Gebelin por setenta y ocho láminas de oro. Fue uno de los poquísimos que se salvó del incendio de la biblioteca de Alejandría. Los gitanos egipcios lo aprendieron y se lo transmitieron primero oralmente, y luego en imágenes, de padres a hijos hasta que mucho más tarde llegó a Europa traído por ellos en sus migraciones.

Por otra parte, los alquimistas también se habían referido a un libro secreto escrito en las paredes de las pirámides con signos misteriosos cuyo significado se había perdido en la noche de los tiempos. Los arcanos habían sido copiados por Hermes Trismegisto, y ocultaban grandes mensajes.

Siempre según Gebelin, las figuras del tarot informaban también sobre la organización política y social del imperio egipcio. Las espadas simbolizaban a los soberanos y a la nobleza. Los bastos a los agricultores. Las copas al estamento religioso. Los oros a los comerciantes.

Cada palo tenía catorce cartas (números del uno al diez y cuatro figuras), es decir, un doble siete para significar su valor sagrado.

Los Arcanos Mayores eran tres veces siete con la misma finalidad, mientras que la figura del Loco presidía el conjunto sagrado.

Gebelin estableció aún otros datos de paralelismo simbólico:

ESTRELLA	= DIOSA EGIPCIA ISIS
DIABLO	= TIFÓN
CARRO	= OSIRIS
TORRE	= PIRÁMIDE
LUNA	= PERROS GUARDIANES DE LOS TRÓPICOS
PAPA	= FARAÓN
PAPISA	= REINA HATSHEPSUT

Las suposiciones de Court de Gebelin no son tan descabelladas como puedan parecernos a simple vista. En realidad se basaban en las fuertes relaciones culturales que existen entre las civilizaciones de la cuenca del Mediterráneo, relaciones que hoy conocemos mucho más a fondo.

Respecto del significado de la escritura jeroglífica, las fabulaciones de Gebelin no deben escandalizarnos.

Es de una gran perspicacia haber analizado las imágenes de las paredes de las pirámides como escritura y no como simples imágenes, por lo que este solo hecho denota ya un gran trabajo al respecto.

Hasta que Champollion no tradujo la piedra de Rossetta, el misterio y el halo de magia de los textos egipcios se mantuvo en todo su esplendor, lo cual es perfectamente explicable. No sólo Gebelin, sino muchos otros eruditos, «tradujeron» por aquellas épocas los jeroglíficos con resultados siempre fabulosos. Cuando la escritura jeroglífica fue conocida a fondo, algunos sufrieron el desencanto de leer infinidad de sumarios de orden práctico, contabilizando grano almacenado y cosas por el estilo.

A pesar de ello, nada hizo perder a Egipto el prestigio de magia y sacralización que aún hoy lo envuelve.

Un peluquero oportunista

Court de Gebelin tuvo un discípulo singular llamado Aliette. Era éste un peluquero de profesión, dotado de una gran inteligencia, pero sobre todo de una astucia sin igual, algo muy útil en su época.

Aliette comenzó por invertir su nombre y hacerse llamar *Etteila*, un nombre exótico lleno de reminiscencias extranjeras, que le ayudó a dar la imagen misteriosa que perseguía; así inició su carrera de cartomante, que había de darle más fama y más dinero que su antigua profesión.

Etteila era un hombre muy culto, instruido en matemáticas y profesor de álgebra. Se especializó también en matemática pitagórica. En 1783 publicó su *Manière de se récréer avec le jeu de cartes nommé Tarot* (*Manera de recrearse con el juego de cartas llamado Tarot*).

En su libro, Etteila afirmaba que el tarot era el libro de Thot, que había sido escrito en el año 1828 de la creación del universo y 171 años después del diluvio universal. Estos cálculos llevaban al autor a datar el libro en el 2170 antes de Jesucristo. Esto nos da una idea de cuán reciente se consideraba entonces el origen del hombre y del mundo comparado con el conocimiento de ello que tenemos hoy.

El tarot había sido transmitido por diecisiete magos, y por esa razón se había extendido por la tierra llegando hasta nuestros días. Etteila trató de combinar como mejor pudo su saber matemático con sus fantasías sobre el tarot, de modo que la ciencia pudiera contribuir a la verosimilitud del conjunto.

Sugestionó, sedujo, adaptó todo lo que quiso de los tarots a su numerología, y realmente consiguió la credibilidad de un numeroso público. Etteila pasó a ser *le célèbre Etteila,* se acabó la peluquería. Se instaló en el Hôtel de Crillon en la Rue de la Verrerie de París, donde recibía a todo aquel que deseara una consulta con las cartas.

En 1789, cuando ya era extraordinariamente famoso, tuvo la suerte (o la astucia) de predecir la muerte de muchos franceses en un tiempo muy inmediato. Como acertó plenamente, ya que ese año estalló la Revolución Francesa, su éxito ya no conoció límites.

Etteila hizo un tarot nuevo con setenta y ocho piezas, cambiando los símbolos tradicionales, especialmente el estilo del dibujo. Mantuvo los palos, pero volvió a dibujar las figuras de cuerpo entero en vez de las dobles simétricas adaptadas hasta la fecha. Con el nuevo tarot publicó *Manière de tirer Le Gran Etteila ou les Tarots egyptiens* (*Manera de echar El Gran Etteila o los Tarots egipcios*), con lo que hizo un fenomenal negocio. En el manual introductorio Etteila dice que el tarot puede ser sólo un juego, o un gran compromiso que condicione toda la vida del iniciado. A juzgar por lo que fue su vida, es probable que él prefiriera la primera opción a la segunda.

Eliphas Levi Zahed

Eliphas Levi Zahed es la transcripción hebrea de Alphonse Louis Constant, sacerdote católico que vivió en París entre 1810 y 1875. Como ocultista, publicó todos sus libros bajo este seudónimo.

El trabajo de Levi con el tarot se centró en establecer una relación con la cábala. Según él, el tarot es un alfabeto sagrado y oculto que los hebreos atribuyeron a Enoch, el primer hijo de Caín, y los egipcios a Thot/Hermes Trismegisto, como los griegos lo hicieron con Cadmo, fundador de Tebas.

Eliphas Levi asignó una letra del alfabeto hebreo a cada uno de los Arcanos Mayores del tarot.

Los veintidós arcanos más las diez primeras cifras de la numeración hebrea (Sephiroth) formaban las treinta y dos vías base de su estudio.

Así, presentó los senderos, treinta y dos vías tal y como se representan en el Árbol de la Vida, de la cábala hebrea.

En su libro *Dogme et rituel de la Haute Magie* (*Dogma y ritual de la alta magia*), Levi nos dice lo siguiente:

«El tarot, ese libro milagroso, la fuente de inspiración de todos los libros sagrados de la Antigüedad, constituye el más perfecto instrumento de adivinación, que se puede usar con una confianza total por la precisión cronológica de los números y de los símbolos. Las respuestas que da son siempre verdaderas, y aun cuando no predigan nada, ofrecen siempre sabias directrices y nuevos conocimientos.

»Precisamente como en un libro de la cábala en el que todas las combinaciones revelan la profunda armonía que une a símbolos, letras y números, así de maravilloso es el significado de los tarots. Un prisionero que no dispusiera de ningún libro pero tuviese las cartas del tarot, podría en pocos años acumular todo el saber y sostener la más docta de las conversaciones.»

El libro de Eliphas Levi tiene dos partes, una dedicada al dogma de la alta magia, y la otra a su ritual, como ya indica el título. Cada una de las partes está compuesta por veintiún capítulos, el mismo número que los Arcanos Mayores, exceptuando el Loco.

Sin embargo, la numeración de los capítulos no corresponde al orden de las cartas, lo cual es realmente muy extraño.

Algunos suponen que este desfase fue realizado intencionadamente por Levi, para guardar los secretos del tarot reservados a una orden de iniciados desconocida para el gran público. Otros, sin embargo, creen que la numeración coincidente con los Arcanos Mayores es pura casualidad, o bien que el desfase de capítulos se produjo por un error de edición.

La aportación de Levi es bastante complicada y exige una serie de conocimientos no siempre del dominio público para aproximarse y efectuar una interpretación correcta de sus textos. En otro orden de cosas, su trabajo se inscribe perfectamente en su época, el Romanticismo, y a ella debemos atribuir el gusto por el misterio, el estilo enigmático de la obra, la falta de fuentes originales para la interpretación de la historia antigua (especialmente de Egipto, por entonces desconocida), y las fluctuaciones de rigor científico y coherencia filosófica de las cuales adolece el libro, enmascaradas por el carácter ocultista y el espíritu poético que lo envuelven.

Gerard Encausse, «Papus»

Inmediatamente después de él, Encausse continuó el trabajo de Eliphas Levi.

Encausse vivió entre 1865 y 1917. Fue miembro de una logia masónica fundada por él mismo, la de los martinistas. También perteneció a la orden de los rosacruces.

Dedicó gran parte de su vida al estudio de la cábala hebrea y de los trabajos de Eliphas Levi, del que puede considerarse un sucesor.

Encausse publicó todas sus obras bajo el seudónimo *Papus*. En ellas sostuvo una teoría sobre la Sabiduría Universal, una fuente única de conocimiento, llamada la Síntesis. La Síntesis condensaría en unas pocas leyes toda la sabiduría adquirida hasta entonces. Estas leyes estarían expresadas fundamentalmente en el arte, la historia, la religión y los ritos de los pueblos de la India y Egipto.

Transmitida solamente a iniciados, la Síntesis pasó de generación en generación a través de algunos ritos de transmisión llamados Misterios. Con el tiempo, las formas se conservaron pero los significados empezaron a perderse. Entonces los iniciados intentaron salvar del olvido la Síntesis, transmitiéndola. Se formaron sociedades secretas en las que se impartían los conocimientos ocultos.

Además, el saber de los iniciados se expresaba a través de los cultos y ritos de muchas religiones, así como de la iconografía y el arte en general: sólo ellos, sin embargo, comprendían el verdadero significado de los ritos y de las imágenes, ocultas tras otro significado de menor importancia.

Otra fuente de conservación y transmisión de la Síntesis fue la cábala hebrea. El significado de la palabra hebrea *cábala* es «lo que se recibe», «lo que viene de otro lugar» o «lo que pasa de mano en mano». Los tres significados hacen alusión a la transmisión de secretos iniciáticos.

Encausse publicó el libro *The Tarot of the Bohemians. Absolute key to occult science* (*El Tarot de los gitanos. Clave absoluta de las ciencias ocultas*). En él se daban las claves que según el autor unían secretamente el tarot con la cábala.

Las letras YHVH conforman la palabra Jehovah, Dios. Cada una de ellas está representada por un palo y una figura del tarot (Arcanos Menores):
— YOD, principio creador, Ego, esencia, Uno: Bastos, Rey
— HE, principio pasivo, no-ego, sustancia, Dos: copas, Reina
— VAU, unión y resultado de lo activo y lo pasivo, Tres: Espadas, Caballo
— HE, transición al otro mundo, materialización, cuatro: Oros, Sota

Los cuatro palos se integran en una rueda (Rota) representada por el tarot.

Tendremos ocasión de profundizar sobre el tema cuando analicemos las relaciones del tarot y la cábala; entonces la estructura de relación con el tarot, aunque compleja, aparecerá algo menos oscura.

Artur Edward Waite

Arthur Edward Waite, súbdito inglés, vivió entre 1857 y 1942. Se especializó en ocultismo y publicó diversos trabajos sobre estos temas, ampliando especialmente lo referente a las relaciones entre el tarot y la cábala y los trabajos de Levy y Papus.

Es famoso su libro *La clave de los Tarots y la sagrada Cábala*. En él Waite definió el arcano del Loco como número cero. Este arcano había sido situado por los autores anteriores (sobre todo, Eliphas Levy y Encausse) en el número 21, antes del arcano del Mundo.

Waite sostuvo como sus antecesores la idea de que el tarot era un alfabeto secreto, advirtiendo en repetidas ocasiones que se habían escrito interpretaciones falsas de este alfabeto y que mucha de la literatura sobre el tema podía inducir a error.

A. E. Waite impulsó a la señora Pamela Colman Smith a dibujar el mazo de cartas conocido como *Mazo Rider*, un tarot completo que el erudito supervisó en todo momento.

El mazo Rider se llama así por la compañía Rider que lo imprimió en 1910 junto con la obra *The key* to the Tarot (*La clave del Tarot*), un manual con explicaciones, marco histórico y valores interpretativos de las cartas.

Pamela C. Smith pertenecía a la asociación de iniciados llamada *Golden Dawn*, de la cual se habla en varios apartados de este libro.

En 1971 la compañía *Rider & Co*, en colaboración con *V. S. Games Systems Inc.* de Nueva York reeditaron esta baraja, tomando como punto de partida y fuente documental un mazo que pertenecía a la hija de A. E. Waite, que a la sazón contaba noventa años.

En general Waite difundió una visión del tarot según la cual los arcanos eran valores simbólicos de ideas universales, desarrolladas a lo largo de los tiempos por la mente humana que las había indagado, estudiado y descubierto. En las figuras del tarot se esconden doctrinas secretas, verdades inherentes a la conciencia colectiva pero que sólo son accesibles de manera evidente a unos pocos, aquellos que emprenden los difíciles caminos de la iniciación.

El tarot escondería doctrinas que han existido siempre, transmitidas secretamente y adaptadas al ritmo de los tiempos, a las costumbres de cada lugar y a la historia y al hacer de cada pueblo y cada grupo humano a lo ancho del globo terráqueo.

Estas ideas, en parte heredadas de sus predecesores en la materia, desarrollan como ya hemos tenido ocasión de observar, un espíritu romántico historicista y antropolo-gista, muy en boga a finales del siglo pasado y que ha perdurado hasta el nuestro, incluso hasta los albores de la Segunda Guerra Mundial, en la que muchos de estos ideales inconsistentes se desmoronaron.

Oswaldo Wirth

Vivió entre 1860 y 1943, fue contemporáneo y en ocasiones colega de Waite.

Wirth se especializó en el estudio de las sociedades secretas, la obra de *Papus*, los poderes de la hipnosis en las ciencias ocultas y las tradiciones alquímicas. Se declaraba a sí mismo alumno de Estanislas de Guaita, el cual, según él le enviaba consejo y ayuda desde el más allá.

Wirth introdujo algunas reformas al tarot. Hizo un mazo con letras hebreas anexas para facilitar la visualización de las correspondencias entre Cábala y Arcanos Mayores.

Gran parte de su trabajo sobre el tarot se halla resumido en su libro *Le Tarot des imagiers du Moyen Age* (*El Tarot de los imagineros de la Edad Media*).

Aleister Crowley

He aquí un personaje extravagante. Crowley fue contemporáneo de Waite y Wirth, viviendo entre 1875 y 1947.

Fue famoso como mago y alquimista, pero también como poeta y pornógrafo. Sin duda es la figura más popular del ocultismo de principios de siglo, aunque no la más importante.

Francis King lo definió en una ocasión como «... un insaciable atleta bisexual, un rufián que vivía de los ingresos inmorales de sus amiguitas, un *junkie* que ingería diariamente suficiente heroína como para matar una habitación llena de gente».

Con todo, Crowley elaboró todo un sistema mágico, sintetizando las conclusiones de sus antecesores y partiendo del trabajo en ciencias ocultas de la sociedad secreta *Golden Dawn*. En este sistema se encuadran sus aseveraciones sobre el tarot, publicadas por primera vez en *The Equinox* volúmen 1 número 8 en 1912, con el título *Una descripción de las cartas del Tarot*. Este trabajo contenía:

— Una descripción de cada carta y de su significado
— La raíz del poder de los cuatro elementos
— Las características simbólicas de los Arcanos Mayores
— La relación de los Arcanos Menores con los treinta y seis decanatos del Zodíaco
— Descripción de las veintidós claves
— Significado interactivo de la posición de las cartas
— Correspondencias con la cábala y regentes angélicos
— Relación de las cartas menores con el Árbol de la Vida
— Adivinación por el tarot: método.

Crowley publicó también un mazo de tarot bajo el nombre de *The Book of Thoth*. Los dibujos de este tarot son originales de lady Frieda Harris y tienen un tipo de imágenes radicalmente distintas a las tradicionales.

Estas cartas se volvieron a imprimir en 1971 y aún pueden encontrarse en algunos establecimientos especializados.

Otros eruditos del tarot

Paul Forster Case editó un tarot en blanco y negro, destinado a ser coloreado individualmente por el propietario de cada ejemplar. Esto haría que cada propietario se familiarizase completamente con su tarot y adaptara a él la simbología personal de los colores.

Su obra *The Tarot, a key to the wisdom of the ages* (*El Tarot, clave de la sabiduría de los siglos*) alude al tarot de los dibujos inspirados por Waite del mazo Rider, adjudicando a cada arcano un número y una letra hebrea.

C. C. Zain, otro estudioso del tarot escribió *The sacred Tarot* (*El Tarot sagrado*), obra publicada por la asociación Iglesia de la Luz.

El tarot de Zain tiene los dibujos en blanco y negro como en el caso de Forster Case. Son imágenes ricas en simbolismo egipcio, con un valor artístico relativo.

En nuestros días, la investigación erudita sobre el tarot parece haber desaparecido. Los pocos trabajos que se hacen, sin embargo, se encuadran en una metodología y un espíritu de mayor rigor que los anteriores. Diríase que historiadores y antropólogos han mejorado ostensiblemente sus herramientas de trabajo y han agudizado su cautela, mientras que los verdaderos sabios del ocultismo han vuelto a su mutismo secular. De las verdades que conocen sobre el más allá, sólo unos pocos privilegiados tienen noticia.

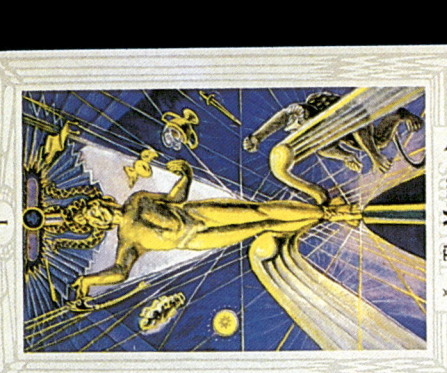

Baraja de Aliester Crowley (pequeño)

Baraja de Aliester Crowley (grande)

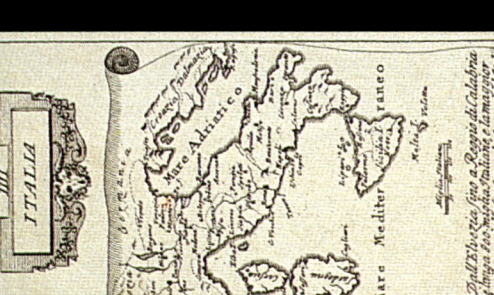

Teoría básica del tarot

Llegados a este punto, y después de haber pasado revista a los principales hitos que jalonan la accidentada historia del tarot, quizás el lector llegue a la conclusión de que se ha introducido en un inextricable laberinto de significados diversos, del que difícilmente sacará algo en claro.

En cierta medida esta impresión se apoya en un hecho cierto. Existe un bagaje de tradiciones, iconografías, filosofías, costumbres, magias y religiones que han dejado su huella en las cartas del tarot. Su riqueza histórica y cultural es la causa de su confusión; se trata de algo inevitable.

Por ende, son incontables los usos y significados que los eruditos han visto en el tarot con el correr del tiempo.

Para unos ha sido un almanaque perpetuo de pronósticos, algo así como una confirmación del carácter pendular y repetitivo de la historia. Para otros, el tarot es un compendio de moral que trasciende la ética particular de cada época, llegando a los valores morales universales. Desde otro punto de vista se cree que el tarot es un conjunto de referencias a secretos de orden metafísico y alquímico. No han faltado, como hemos tenido ocasión de estudiar, quienes han visto en él un tratado completo de ocultismo. También se ha considerado el tarot como un método de predicción del futuro. Los más escépticos prefieren creer que el tarot se debe tan sólo a la desbordante fantasía de un fabricante. Y finalmente, para algunos el tarot es únicamente un juego, sin que les importe excesivamente su origen o su significado esotérico.

A pesar de una gran falta de rigor en los eruditos que han estudiado el tarot (algunos de los cuales hemos conocido en nuestro paseo por la historia de las cartas), hay que reconocer que de todo esto hay en el tarot, y que ninguno de los estudiosos se equivoca totalmente cuando analiza el tarot y lanza sus conclusiones.

También hemos de reconocer que paralelamente a todos estos estudios, unos más acertados que otros, queda la magia perpetuamente renovada del simple aficionado, para quien el tarot, más allá de todas las teorías, es fuente de meditación y de reflexión sobre su propia realidad y su relación con el mundo. Como dice Caslant: «Mientras maneja sus cartas, las vuelve y las revuelve, está convencido de asistir al desarrollo real de las cosas, de las cuales no veía hasta aquí sino la apariencia».

Pocas actitudes ante el mundo hay tan creativas como esta representación simbólica y este detenerse y barajar el tiempo y el universo. Actitud lúdica y no por ello menor, sino de extrema importancia en la vida de cada uno: ojalá, por este método o por otro, todos los hombres se detuvieran periódicamente a examinar sus circunstancias. Ojalá, con rito simbólico o sin él, fueran capaces de enfrentarse a su realidad como algo potencialmente transformable, y a su futuro como predecible por un ser libre, a pesar de que sabemos que la realidad no tiene leyes. En este sentido, el valor del tarot es muy grande, y para esta valoración poco importa su significación objetiva.

Nos interesa, finalmente, lo que queda: el tarot es un magnífico compendio de iconografía occidental, ampliamente representativo de la sabiduría de sus pueblos. Otros valores, en todo caso, nunca excluirán éste.

¿Lenguaje o juego?

La mayoría de los estudios románticos sobre el tarot se han centrado en demostrar la tesis de que el tarot es el alfabeto de un lenguaje desconocido.

Es evidente que no todos los autores han tomado la idea de alfabeto al pie de la letra, y para muchos esta palabra tiene un sentido meramente poético.

Sin embargo, para los más radicales está claro que la evidencia del pictograma (la figura que se ve en el arcano) no hace sino ocultar su sentido. Éste sólo podrá descubrirse poseyendo las claves de la iniciación. Según esta teoría, el análisis que pueda hacer el experto en arte, historia y costumbres de una época y lugar será certero, pero no dará nunca con la capa más profunda de la clave mística, ya que el secreto del iniciado pertenece a otro plano.

En cualquier caso la tesis no es discutible ni demostrable. Se cree en ella o no, dependiendo de la actitud personal de cada cual.

Para otros, el tarot es sólo un juego de cartas común alrededor del cual se ha creado una mitología innecesaria. La procedencia del tarot lo emparenta con el *taroccino* y el *tarocco* de Lombardía, el *piquet* de Francia, el juego de la oca en España, la lotería de imágenes de México, y tantos otros juegos que han aprovechado la iconografía popular. En defensa de los partidarios de esta tesis, hay que decir que si las figuras que estudiaron el tarot en el siglo pasado (Waite, Wirth, Papus, Crowley) no hubieran insistido tanto en la magia y el ocultismo, así como en la relación del tarot con el principal tema de moda de la época (el Antiguo Egipto), hoy día probablemente consideraríamos el tarot como un juego más, y seríamos mucho más reacios a tener en cuenta sus potencialidades mágicas y místicas. De todos modos, tampoco esto puede demostrarse. El valor potencial del tarot no se sabrá nunca... Depende de sus usuarios y estudiosos, y éstos son continuamente relevados por otros.

Otro detalle importante que cabe destacar es la posible independencia entre Arcanos Mayores y Arcanos Menores, dadas sus grandes diferencias de aspecto, y dado también que muchos juegos de cartas sólo tienen en cuenta los Arcanos Menores, mientras que la mayoría de técnicas de adivinación utilizan solamente los Arcanos Mayores.

Estos últimos forman grupo aparte. No dependen, como sabemos, de ningún palo, tienen identidad propia y valor simbólico y predictivo en sí mismos, aunque se relacionen e interactúen con los demás.

Según la tradición adivinatoria, en sus relaciones con los Arcanos Menores, los Arcanos Mayores son siempre dominantes, y en caso de sentidos contradictorios siempre prevalece el dictamen de estos últimos.

Desorden y metamorfosis

La física más moderna ha mostrado al mundo que el desorden es creador, y que a veces es el único origen posible de la vida y el desarrollo. El tarot, con sus imágenes, nos lo venía mostrando desde mucho antes. Las imágenes del tarot tienen, como ya hemos dicho, procedencias iconográficas variadísimas, aunque podemos encontrar las fuentes de la mayoría de ellas en las culturas de la cuenca del Mediterráneo. Vamos a examinar algunas de ellas:

— La figura del Arcano XV, el Diablo, procede claramente de la imagen del demonio de la Iglesia cristiana, así como las de los arcanos que representan a las virtudes cardinales (Templanza, Fuerza y Justicia) y la del Juicio (Arcano XXI).

— La Sacerdotisa tiene claras influencias del culto egipcio a la Diosa Isis y a la Virgen en el mundo cristiano.

— El mono que vemos en el Arcano X, la Rueda de la Fortuna, puede también relacionarse con la cultura egipcia.

— Las imágenes del Carro y del Enamorado proceden de fuentes iconográficas clásicas, desarrolladas en la Antigua Grecia y después en el Imperio Romano.
— El Arcano XIX, el Sol, con sus gemelos, se relaciona con el Géminis de la tradición astrológica. Lo mismo ocurre con los Arcanos XVII, las Estrellas, y XVIII, la Luna.
— Las columnas del templo de Salomón, Jakin y Boaz, que aparecen en diversos arcanos, se relacionan con la cultura hebrea y sobre todo con la iconografía de la masonería, de la cual fueron un emblema constante.
— El loco tiene una gran tradición en la imaginería religiosa y civil del Renacimiento, como tendremos ocasión de ver al analizar este misterioso arcano.
— El Papa es un arcano con claras connotaciones cristianas.
— El Eremita se relaciona con los anacoretas de los primeros tiempos de la Iglesia. Hay también una relación con místicos de otras religiones de la cuenca mediterránea, y con la iconografía —muy desarrollada en el siglo XV— del tema de las tentaciones de san Antonio en el desierto.
— La Torre se asocia con la narración bíblica de la Torre de Babel, un tema que ha tenido una gran aceptación popular a lo largo de los siglos.
— El Juicio se relaciona claramente con el Juicio Final del Apocalipsis de san Juan, como indican los cuerpos saliendo de sus tumbas, el ángel tocando la trompeta, etc.
— La figura glorificada del Arcano XXI, el Mundo, está orlada de una almendra ovalada, similar a la orla que rodea al pantocrátor, Cristo triunfante de los pórticos románicos y góticos, rodeado como la figura que nos ocupa, de los símbolos de los cuatro evangelistas.

Algunas imágenes corresponden con sorprendente exactitud a ciertos proverbios populares:

— «Echar agua a su vino»: Arcano XIV, la Templanza
— «Llevar el agua al río»: Arcano XVII, las Estrellas
— «Todos los perros ladran a la Luna»: Arcano XVIII, la Luna

Contradicciones interiores

Algunas cartas presentan fuertes inconsistencias y contradicciones iconográficas, que no hacen sino añadirles encanto y fuerza en la mayoría de los casos:

— Los colores de la vestimenta del Papa no corresponden en absoluto a su simbología.
— La Muerte mata «a los muertos» (partes del cuerpo humano que aparecen en el suelo).
— El Ahorcado tiene un aire festivo y bailarín, nada acorde con su dramática situación.
— El Diablo es hermafrodita.
— El Mago trabaja en medio del campo.

— El Loco no tiene número.
— La Muerte no tiene nombre.

A menudo choca el protagonismo de algunas figuras que no coinciden con el nombre del arcano:

— El Arcano XVII, las Estrellas, está casi todo ocupado por una joven.
— En el Arcano XVIII, la Luna, el protagonista de la imagen es un cangrejo y no la propia Luna que tiene un rol secundario.
— El Arcano XIX, el Sol, está centrado en la figura de los gemelos, y no de este astro.

De aquí y de allá, el tarot ha ido tomando cuanto le ha convenido para crear un universo lleno de riquezas que justifica todos los estudios e interpretaciones que se han hecho de él.

Pero en todo tiempo y en todo lugar, el tarot ha sido utilizado por gente sencilla y llana, ni delirantes ni poetas, que le han dado connotaciones arquetípicas y pletóricas de saber popular. Sigue habiendo acontecimientos que escapan a la realidad tal como la vivimos diariamente, al control de la ciencia y la razón.

Aunque muchos han intentado explicar, analizar y enunciar las leyes de estos acontecimientos, ello no es motivo para que el tarot no siga hoy día siendo fuente de un uso relacionado con la magia y la hechicería, cuyos rasgos principales veremos a continuación.

El tarot y la hechicería

Hasta ahora nos hemos ocupado de los aspectos históricos y de la iconografía del tarot. A continuación vamos a dedicar algunas palabras a la hechicería y al mundo de la magia, en la que el tarot ocupa un elevado papel simbólico.

Como vimos en su momento, a lo largo del siglo XIX se desarrollaron varias teorías referentes a los poderes ocultos del tarot, animadas por el espíritu del Romanticismo, su gusto por lo oculto y la locura y a la vez su paradójico deseo de integrar todo en reglas de clasificación y teorías que expliquen lo inefable. Estas dos actitudes típicas del positivismo romántico se encuentran a menudo enfrentadas y conviven difícilmente. A ellas se añade un gran interés de la época por las tradiciones populares y la antropología, así como un deseo de integrar la variedad en unos modelos arquetípicos.

La teoría de los arquetipos tenía ya en el siglo XIX una gran tradición. Según ella, todo lo que existe en este mundo es una imagen imperfecta, un recuerdo de un ideal perfecto que existe en un mundo superior, de ahí la famosa frase de la Tabla Esmeraldina «lo que es arriba, es abajo».

El mundo astral está a medio camino entre estos dos grandes universos, el de la verdad absoluta y el mundo terrenal de la ficción. El mundo astral hace de puente entre los dos y sirve de morada a una serie de seres intermedios, los espíritus o inteligencias que gobiernan las trayectorias planetarias.

Imago Mundi

Tradicionalmente el mago aspiraba a hacer de sí mismo una pequeña *anima mundi*, alma del mundo, versión reducida del gran Espíritu Universal. De este modo el mago esperaba que sus intenciones se cumplieran y sus poderes (los de la gran unión del microcosmos y del macrocosmos) fueran casi ilimitados: poder sobre las fuerzas de la Naturaleza, alteración de las condiciones temporales y de las distancias (don de ubicuidad), poder de encantamiento (creación de aparentes cambios de forma en sí mismo o en otros), invisibilidad, transformaciones y capacidad de inducir inmediatamente el sueño profundo, en sí mismo o en los demás.

La historia cuenta que en todos los tiempos muchos magos han conseguido alcanzar esas condiciones: es el caso de los druidas Broichan y Diancecht, del mago Merlin, de las hechiceras Hellawes y Le Fay, de Fausto, Bacon, Vandermast, Scot...

Pero nadie es capaz de separar la historia de la leyenda, ni lo cierto de las fantásticas alucinaciones de la imaginación popular. Brujos y hechiceros actuaron como ocultistas, lejos de la religión cristiana. Por ello su trabajo se consideró magia negra, y fueron perseguidos. Adivinos y magos, menos rebeldes, fueron tolerados por la Iglesia, enmascarando su saber bajo formas judeocristianas que entraron en el marco de la llamada magia blanca.

Sin embargo, la frontera entre ambos fue muy sutil y se rompió a menudo. La Inquisición llevó a las hogueras a muchos de estos personajes.

Los grimorios

Durante toda la Edad Media circularon por Europa manuscritos llamados *grimorios*, libros de demonios con toda clase de exorcismos e invocaciones mágicas, inspirados en la riqueza de las mitologías mediterráneas y en antiguos conocimientos, algunos perdidos después: libros de astrología, física, geografía, bestiarios, lapidarios, mnemotecnia, filosofía, metafísica... Agrippa von Nettesheim dice, por ejemplo, en su libro *De Occulta Philosophia* que su magia nada tiene que ver con la de ciertos «magos gnósticos templarios». Esto confirma claramente que el gnosticismo, así como los extraños cultos a los que se entregó la orden de los caballeros templarios fueron fuentes de demonología y magia. También da fe esta nota del desprestigio e incluso el anatema en el que cayeron estas prácticas.

Los símbolos de la magia —muchos de los cuales se encuentran en el tarot— fueron la base de los talismanes medievales y renacentistas, cuyo éxito los llevó a extenderse por toda Europa con una rapidez sin precedentes.

Los ocultistas utilizaron drogas (estramonio, haschish...) para conseguir estados de trance. Ya en el siglo XIX, avanzaron mucho en el conocimiento intuitivo de la transferencia de personalidad, la hipnosis, la creación de un segundo yo por desdoblamiento y lo que ellos llamaron viajes hacia lo superior y viajes horizontales.

El tarot esotérico

El tarot ha tenido un uso esotérico continuado. Aparte del valor adivinatorio de las distintas tiradas, y de las relaciones de unos arcanos con otros, los Arcanos Mayores se presentan en sí mismos como dos o tres vías, según la manera de ordenarlos. Estas vías tienen fuertes connotaciones simbólicas, todas ellas relacionadas con el tarot como un camino de perfección y de autotransmutación a planos superiores así como con las posibilidades del tarot como imagen del mundo. A continuación veremos algunos de estos esquemas internos del conjunto de los Arcanos Mayores.

Las tres vías

La organización de las cartas se estructura según el esquema siguiente:

1	2	3	4	5	6	7	ESPÍRITU
8	9	10	11	12	13	14	ALMA
15	16	17	18	19	20	21	CUERPO

Se trata de tres filas de 7 arcanos, de las cuales se excluye el Loco, que no tiene número (el Loco es atemporal).

Cada fila corresponde a un plano distinto:

PLANO CORPORAL
PLANO ANÍMICO
PLANO ESPIRITUAL

Cada paso comprende una carta de cada grupo, ordenadas en secciones de tres (1-8-15, 6-13-20, 2-9-16...).

El progreso es siempre armónico.

El tarot de las dos vías

El tarot de las dos vías se organiza en dos líneas paralelas horizontales, según el esquema siguiente:

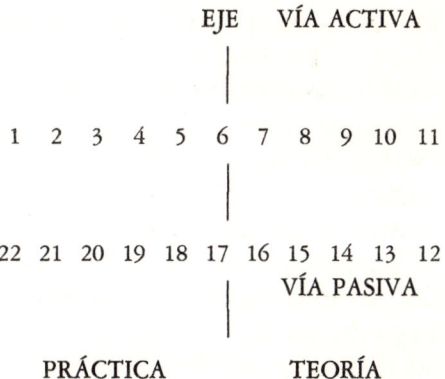

La fila superior corresponde a la vía activa, masculina, racional. Se refiere a la actividad individual que se realiza de manera segura y fuerte, por cuenta y responsabilidad propias, aprovechando las propias dotes y capacidades. La fila inferior corresponde a la vía pasiva, femenina, mística, referida a la recepción y a la acción en función de los demás.

Un eje vertical separa una serie de arcanos correspondientes a resultados prácticos, y otros a resultados de orden teórico.

VÍA ACTIVA

I	Mago	=	Razón
II	Sacerdotisa	=	Intuición
III	Emperatriz	=	Inteligencia
IIII	Emperador	=	Voluntad
V	Papa	=	Humanidad
VI	Enamorado	=	Equilibrio
VII	Carro	=	Perseverancia
VIII	Justicia	=	Autorregulación
VIIII	Ermitaño	=	Búsqueda interior
X	Rueda de la Fortuna	=	Acción
XI	Fuerza	=	Fuerza

VÍA PASIVA

XII	Ahorcado	=	Sacrificio
XIII	Muerte	=	Renuncia
XIIII	Templanza	=	Donación
XV	Diablo	=	Lucha contra tentaciones
XVI	Torre	=	Religiosidad
XVII	Estrellas	=	Amor a la naturaleza
XVIII	Luna	=	Lucha contra pensamientos negativos
XVIIII	Sol	=	Amor antiegoísta
XX	Juicio	=	Fe pasiva
XXI	Mundo	=	Éxtasis
XXII	Loco	=	Exaltación mística

Con arreglo a este esquema, el valor simbólico y esotérico de los Arcanos Mayores es el siguiente:

En el esquema de las dos vías, los Arcanos VI (El Enamorado) y XVII (la Estrella) son centrales y se denominan ejes. Estas cartas separan la teoría de la práctica.

La vía activa va de la teoría a la práctica, mientras que la pasiva realiza el camino inverso: de la práctica a la teoría. Esta disposición muestra simbólicamente cómo la sabiduría lleva a una acción exitosa, mientras que la lucha por el bien de los demás lleva a la búsqueda mística interior.

La rueda

Otra disposición esotérica de las cartas del tarot es la que configura una rueda, alrededor de la cruz Taro.

En la rueda no hay carta inicial ni final: simboliza el *perpetuum mo-*

bile, el movimiento perpetuo, como el de la rueda de la Fortuna.

Si se considera que el Loco lleva el cero, entonces aparece en la Rueda antes que el Mago. Es el hombre antes de la iniciación, con sus miserias e imperfecciones.

Pero también es el número 22, después del Mundo: la soberbia del Fausto que quiere llegar a saberlo todo, la del ángel caído rebelándose contra el Altísimo, la de Adán y Eva mordiendo la manzana de la Ciencia: el Dios de los cristianos siempre ha castigado duramente el deseo de saber más allá de lo que Él permitía.

Por eso también, en Babel, al ver que la Torre progresaba confundió sus lenguas.

Si situamos el Loco en el lugar que le asignaron Eliphas Levi y Papus, entre el Arcano XX y el XXI (Juicio y Mundo) tendremos el símbolo de la locura del iniciado o santo, el juglar de Dios que vive sin tener nada, sin desear nada, de modo que los hombres del mundo no comprenden su actitud y lo toman por necio.

La cruz

La última de las disposiciones esotéricas forma una cruz en la que el inicio de la palabra tarot se halla a la izquierda.

La lectura en el sentido de las agujas del reloj nos da la palabra TARO (Tarot).

La lectura inversa a las agujas del reloj da la palabra TORA (del hebreo *Torah*, lee).

Si se lee la cruz de derecha a izquierda tenemos ROTA (en latín *rueda*).

Los Arcanos Mayores

Los veintidós Arcanos Mayores constituyen la parte más figurativa del tarot, y por añadidura, la más empleada para las tiradas de adivinación.

Son también las cartas con más riqueza iconográfica y con más desorden y mezcla de elementos heterogéneos.

Todos los expertos coinciden en atribuir total independencia a los Arcanos Mayores respecto de los palos de la baraja, y en general entre sí.

La simbología de los Arcanos Mayores es muy compleja, como tendremos ocasión de comprobar en breve. Cada carta puede ser analizada desde varios puntos de vista, y la elección dependerá sobre todo de la posición de las cartas, de su interrelación, y de la relación de las cartas con el contexto que presenta el caso particular, es decir, el consultante.

Existe, sin embargo, una antigua asociación esotérica entre Arcanos Mayores y algunos conceptos, que a veces tiene el carácter de consignas.

Antes de entrar a fondo con la simbología de cada carta, daremos un breve repaso a esta asociación, útil por su carácter sintético y escueto:

Los Arcanos y los conceptos

I. EL MAGO
— Estar dispuestos a comenzar
— Inicio
II. LA SACERDOTISA
— La verdad está dentro de nosotros
— Búsqueda

43

III. LA EMPERATRIZ
— ¿Qué es lo espiritual?
— Reflexión
IIII. EL EMPERADOR
— La acción
— Movimiento
V. EL PAPA
— El hombre espiritual
— Chispa divina
VI. EL ENAMORADO
— Indiferencia
— Puro amor
VII. EL CARRO
— Camino
— Meta
VIII. LA JUSTICIA
— El libre albedrío
— Acción / reacción
VIIII. EL ERMITAÑO
— Búsqueda interior
— Mirada interior
X. LA RUEDA
DE LA FORTUNA
— Calor interior
— Actividad de la búsqueda
XI. LA FUERZA
— Voluntad
— Entrenamiento
XII. EL AHORCADO
— Altruismo
— Prueba, sacrificio
XIII. LA MUERTE
—Renovación
—Renacimiento
XIIII. LA TEMPLANZA
— Perseverar
— Continuidad en la búsqueda
XV. EL DIABLO
— Vicios
— Vicios eliminados se transforman en Virtudes
XVI. LA TORRE
— Autocontrol psicofísico

— Espiritualización del alma
XVII. LAS ESTRELLAS
— Momentos favorables
— Cada cosa llega a su tiempo
XVIII. LA LUNA
— Fantasía
— Es importante estimular la razón
XVIIII. EL SOL
— Razón
— Es importante eliminar dualismos
XX. EL JUICIO
— Experiencia
— Encaminados hacia la meta
XXI. EL MUNDO
— Se alcanza la realización
— Llegada, etapa
EL LOCO
— Aunque se llegue a la meta, nunca se alcanza la verdadera luz
— Siempre nos estamos acercando a ella

A nuestro modo de ver, el mensaje del Loco es el más hermoso de los que aportan Los Arcanos Mayores y todo el tarot.

Numeración y nombres

En la mayoría de versiones del tarot, los Arcanos Mayores están numerados en cifras romanas. En ellas el cuatro se representa con cuatro unidades (IIII), y no como es habitual actualmente (IV). Lo mismo ocurre con el nueve (VIIII y no IX). Existen algunos tarots con numeración árabe, como ya hemos visto.

En las cartas está escrito el nombre del arcano en la lengua que corresponde a la edición del tarot. Como ya sabemos, la Muerte no lleva nombre y el Loco, en cambio, no tiene número.

La correspondencia de los nombres de los Arcanos Mayores en los diferentes idiomas en los que se presenta el tarot es la siguiente:

Número	Inglés	Francés	Italiano	Español
I	*The Juggler*	*Le Bateleur*	*Il Bagatto*	El Mago
II	*The Lady pope*	*La Papesse*	*La Papessa*	La Papisa
III	*The Empress*	*L'Imperatrice*	*La Imperatrice*	La Emperatriz
IIII	*The Emperor*	*L'Empereur*	*L'Imperatore*	El Emperador
V	*The Pope*	*Le Pape*	*Il Papa*	El Papa
VI	*The Lovers*	*L'Amoureux*	*L'Amore*	El Enamorado
VII	*The Chariot*	*Le Chariot*	*La Carozza*	El Carro
VIII	*The Justice*	*La Justice*	*La Giustizia*	La Justicia
VIIII	*The Hermit*	*L'Hermite*	*L'Eremita*	El Ermitaño
X	*The Wheel of fortune*	*La Roue de la fortune*	*La Ruota*	La Rueda de la fortuna
XI	*The Strengh*	*La Force*	*La Forza*	La Fuerza
XII	*The Hanging man*	*Le Pendu*	*L'Impicato*	El Ahorcado
XIII	*sin texto*	*La Mort*	*La Morte*	sin texto
XIIII	*Temperance*	*La Temperance*	*La Temperanza*	La Templanza
XV	*The Devil*	*Le Diable*	*Il Diavolo*	El Diablo
XVI	*House God*	*Maison Dieu*	*La Torre*	La Torre
XVII	*The Star*	*L'Etoile*	*La Stelle*	La Estrella
XVIII	*The Moon*	*La Lune*	*La Luna*	La Luna
XVIIII	*The Sun*	*Le Soleil*	*Il Sole*	El Sol
XX	*The Judgement*	*Le Jugement*	*Il Giudizio*	El Juicio
XXI	*The World*	*Le Monde*	*Il Mondo*	El Mundo
	The Fool	*Le Mat*	*Il Pazzo*	El Loco

Los arcanos que describimos a continuación son los del tarot clásico de Marsella, que es el mazo que contiene mayor riqueza de símbolos. Entre unas barajas y otras puede haber variantes gráficas.

El Loco (El Bufón)

Aquí tenemos, sin número, la primera o la última carta del tarot, según unos u otros.

Es el Loco, el bufón, el señor de la confusión, el niño en el abismo, o simplemente el comodín. En los mazos más antiguos, aparece vestido de harapos y con gorro de bufón y báculo de cascabeles.

¿Quién es este extraño personaje, y por qué está aquí?

El Loco es el personaje más importante del tarot, es el iniciado antes de empezar, pero a la vez es el iniciado en todas sus fases, en todos sus momentos y también después de haber conseguido el conocimiento. El Loco es el hombre fuera del tiempo, el hombre «siempre».

En la mitología griega identificamos este personaje con Dyonisos y le veremos a lo largo del tarot como camino, en todas sus fases.

Dyonisos fue hijo de Zeus y de Demeter. Nació con una pequeña cornamenta en la frente. Hera, la esposa de Zeus, celosa, envió una banda de Titanes para matar al niño. Los titanes lo despedazaron en siete partes, que posteriormente hirvieron. Pero Zeus se quedó el corazón del niño. Con él hizo una poción que dio a beber a Sémele,

que volvió a concebir al niño. Hera, al saberlo, llena de ira se disfrazó de niñera e instó a Sémele que rogara a su amante —que no era otro que Zeus— que se le mostrara en todo su esplendor. Al fin Zeus accedió a la petición de Sémele y ésta murió abrasada por los rayos del dios. Pero antes de morir Sémele, Zeus pudo arrancar a Dyonisos de sus entrañas y salvarlo. Entonces lo mantuvo pegado a su muslo hasta que nació por segunda vez. Zeus confió a Dyonisos al dios Hermes. Se cuenta que Dyonisos dio a los hombres el conocimiento de la fabricación del vino.

En la tradición medieval, el culto a Dyonisos fue sustituido por las fiestas de Navidad y los Santos Inocentes.

En todas estas fiestas se invertían los roles jerárquicos y el orden general y lógico de las cosas. Se elegía un arzobispo de los locos, o a veces incluso un rey o un papa. Los candidatos eran los niños de la escolanía y los acólitos. El arzobispo o papa era coronado con toda la pompa y presidía la Misa de los Locos, misa en la que todo se hacía al revés y en la que se hacía entrar un asno, por la nave central de la iglesia, obligándolo a rebuznar como canto de salmodia.

Aunque al pricipio la iglesia medieval toleró estos excesos, poco a poco se fue volviendo contraria a ellos. Es precisamente gracias a las repetidas prohibiciones y quejas escritas en diversas cartas y juicios, como ha llegado hasta nuestros días la información sobre estas fiestas.

Durante la comunión se bebían grandes cantidades de vino, y en la iglesia se cantaba, se bailaba y se jugaba a los dados.

En el siglo XIV, la figura del Loco evolucionó un poco más. Un monje suizo, Sebastian Brandt, escribió una obra que se hizo enormemente popular en su época: *La nave de los Locos*. Se trataba de un barco conducido por locos, en el que se pasaba revista a toda clase de personajes, aparentemente muy cuerdos pero locos al fin, después de un análisis moral de su actitud ante la vida: el comerciante avaro, el rey incestuoso, el general iracundo, el eclesiástico hipócrita. Todos estaban locos, y esta locura general hacía del loco «oficial» el único sano del grupo.

Así lo estableció también Erasmo de Rotterdam en su *Elogio de la Locura* en el siglo XV. A partir de la obra de Erasmo, que también alcanzó una gran popularidad, el Loco pasó a ser una figura clave, el tonto aparente que todo lo ve y todo lo sabe, el niño inocente que dice la verdad, el idiota del pueblo que al final soluciona el problema, o el bufón del rey, el único que tiene venia para decir verdades como puños. Ése es precisamente el papel del bufón del rey Lear en la gran obra de Shakespeare: mientras el rey está cuerdo, su bufón sólo dice tonterías. Pero cuando luego el rey, traicionado, transido de dolor empieza a hundirse en la locura, su compañero inseparable, el bufón, se revela como un gran filósofo.

De esta imagen tan completa del hombre, totalmente forjada a finales de la Edad Media y del Renacimiento y con pervivencia hasta nuestros días (piénsese en *El Idiota* de Dostoiewsky, por ejemplo), procede el Loco del tarot.

Se trata de un hombre con la mirada perdida, que camina sin rumbo fijo por un prado verde (el camino del alma).

Lleva en la cabeza un gorro verde, amarillo, rojo y blanco simbolizando sentimientos apasionados, ideas y actividad dispersa y pureza espiritual que no se manifiesta en acción. En su cuello hay una red verde que aprisiona y contiene las ideas y las energías. En su mano izquierda (la de la intuición) sostiene un bastón que apoya en el hombro, con un fardo marrón. En él guarda sus pocos enseres, sus inútiles riquezas que sólo le causan peso y fatiga al caminar. Los colores significan acción material y bienes terrenales que pesan al espíritu (bastón azul).

Con su mano derecha sostiene un bastón rojo que en vez de apoyarle le pesa, ya que está dirigido hacia atrás. También los colores de su traje delatan sus contradicciones: amarillo y azul, a la vez materialismo y espiritualidad. Lleva los pantalones caídos y un lince le muerde la pantorrilla izquierda.

Algo más adelante, tras un obelisco, un cocodrilo aguarda. El obelisco es la columna por la que emerge el mundo coordinado, el Yod hebreo cabalístico. El cocodrilo es el caos devorador de la naturaleza. Ambos conviven en el mundo de hombre.

En el suelo hay un tulipán rojo cerrado. Es el espíritu que aguarda la iniciación y el alimento de la quintaesencia.

Como el Loco, el hombre vive en su mundo de ilusiones, rodeado y necesitado de objetos, riquezas, bienes. Así derrocha su existencia, pierde el ser en el esfuerzo de acumular para tener. Pero en él está en potencia toda la sabiduría y todo el conocimiento del universo. Por ello, en su humildad mezquina, es sagrado.

El Loco pasa a ser el mago por una pequeña decisión. El maestro iniciado pasa a ser el Loco con solo una pequeña caída.

El Loco es principio y fin, caos primordial a la espera del orden y caos de después de la consumación. El Loco es el cero. El Loco es el infinito. El maestro que ha conquistado el conocimiento no puede volver atrás, pero está siempre a un paso de hacerlo. El maestro que vuelve atrás se sumerge en la locura. El maestro deberá mantenerse hasta la muerte firme, combatiendo las dificultades día a día durante toda su vida.

I. El Mago (El Prestidigitador)

Para algunos expertos, el Mago es el primero de los Arcanos Mayores. Otros, en cambio, sitúan al Loco en el número cero, de modo que precede al Mago. Sea como fuere, el prestidigitador inicia un ciclo, del cual el Loco podría ser considerado el preludio, y así lo entendemos en la interpretación simbólica que damos de él.

El Mago representa al hombre al pricipio de su camino, al alba de su día. Tiene todo por delante, no puede jactarse de méritos ni de experiencia, pero tiene ya una serie de talentos, dotes y ayudas materiales para abrirse camino en la vida.

El Mago está representado en el tarot por un apuesto joven. Lleva en la cabeza un ancho sombrero que traza el signo del infinito, el ocho horizontal. El borde del sombrero es amarillo y representa la voluntad. La pluma verde simboliza la razón, el casquete rojo, la actividad. La parte inferior es, a menudo, azul para representar la espiritualidad. Todas estas cualidades son las que adornan la mente del Mago, la de cualquier hombre que desea y está dispuesto a ser iniciado. Los cabellos son rubios y rizados, evocando la cabellera de Apolo, del que el Mago tiene algunas características.

El traje está adornado con cinco botones: representan la quinta esencia, el quinto elemento de los alquimistas y de los filósofos de la Antigüedad. Los colores son el rojo, el azul, el amarillo, el verde y para los contornos, el blanco, signo de inicio y de pureza.

Tiene los pies bien firmes en el suelo y calza zapatos negros. El negro significa el inicio del ocultismo, y una protección contra los peligros de un conocimiento precipitado.

El joven está con las piernas separadas, el brazo izquierdo hacia arriba y el derecho hacia abajo: con su cuerpo forma la letra hebrea *Aleph*, la primera del alfabeto, como símbolo de principio de un proceso.

La mano izquierda —símbolo de la intuición—, está dirigida hacia arriba indicando que la fuerza que anima los seres es espiritual y que todo nos viene de arriba. Sostiene una varita con dos remates esféricos, uno en cada extremo. El remate rojo apunta al cielo y el remate azul a la tierra. Ambos representan la actividad del Mago en el terreno espiritual, que tomará después cuerpo en sus acciones y en los resultados de su trabajo. La varita es también símbolo del principio masculino, fálico, paternal. Es el *Yod* de la cábala, representado en la imagen del Mago como un poder en sus manos.

La mano derecha (símbolo de la razón) señala hacia abajo, el mundo material de la tierra, en el cual las cosas del espíritu toman cuerpo y suceden.

Ante sí, el Mago tiene una mesa de cuatro patas, de las cuales sólo tres son visibles. Simbolizan los tres reinos de la naturaleza: el reino animal, el reino vegetal, y el reino mineral. La cuarta pata representa un reino invisible, que no puede ser apreciado por los sentidos de este mundo, sino sólo imaginado con los poderes de la mente: se trata del reino espiritual.

El tablero de la mesa es anaranjado y representa la búsqueda que tiene que llevar a cabo el iniciado, sobre todo al principio de su camino. Las patas de la mesa son ver-des, color de la razón: la búsqueda debe apoyarse sobre el raciocinio, y es preciso utilizar todas las facultades mentales para llegar a conseguir el objetivo.

Debajo de la mesa puede verse una flor roja que nace de una planta de tres hojas (símbolo del ternario). También esta flor naciente representa el camino apenas iniciado hacia el mundo espiritual.

Los elementos de la búsqueda son, en realidad, los conocimientos, las habilidades y los bienes materiales de los que dispone el Mago para iniciarse en una sabiduría más profunda: son los objetos que están sobre la mesa, cuyo valor simbólico es muy rico. Veamos la simbología esotérica de estos objetos:

Sobre la mesa hay una COPA de plata. Simboliza la intuición. Está llena de un líquido rojo que, como la sangre, representa el conocimiento que en la tierra puede tener el alma y el espíritu. Es símbolo de la luz astral, el gran agente mágico.

La copa tiene base hexagonal, evocando el hexagrama, sello de Salomón que indica los mundos del microcosmos y el macrocosmos con sus mutuas correspondencias. Existe una clara relación con el Cáliz de Jesucristo y el Santo Grial, cuya búsqueda es el tema fundamental de la *Queste* medieval del rey Arturo y los caballeros de la Mesa Redonda. En este sentido, la copa ha sido desde siempre fuente de sabiduría y signo de conocimiento.

La copa simboliza también el principio femenino frente al símbolo fálico de la varita que sostiene el Mago. Es la Gran Madre, la letra hebrea *Hé*, el útero y la diosa dispensadora de bienes y protección.

Sobre la mesa hay también un cuchillo o una pequeña ESPADA. Simboliza el valor, el arrojo y la osadía. El conocimiento esotérico no es para los débiles ni para los timoratos. No basta con saber, como indicaba la copa, sino que hay que tener el valor de avanzar, de iniciarse. Sólo atreviéndose se llega a saber. El conocimiento y el valor deben ir unidos para que el saber sea efectivo. La espada representa el mando del hombre sobre las fuerzas inferiores, su poder y su capacidad de imponerse en el mundo material. Es la letra hebrea *Vau*, el tres, hijo de los principios masculino Yod y femenino Hé. El hijo es la materialización, la concreción, el fruto de la unión.

Finalmente, encontramos sobre la mesa un ORO. Corresponde a la actitud del silencio, callar. El oro está señalado por el dedo índice de la mano derecha del Mago, la que simboliza la razón. Representa el dominio de los vicios que hacen al hombre dependiente de circunstancias y cosas terrenales, y el autocontrol psíquico que libera sobre el oro, como puede verse el pentáculo de la cruz que representa el cuaternario mágico: el oro es la síntesis y por ello vuelve a la letra hebrea *Hé. Yod, Hé, Vau, He,* YHVH es Jehovah o Iaveh, las consonantes del tetragrama que representa a Dios en la religión hebraica.

En otro orden de cosas, el Mago

ha heredado muchas de las características del Hermes griego, que pasó a la cultura romana como Mercurio.

Hermes era hijo de Zeus y de la ninfa Maya, hermano mayor de Dyonisos, cuya personalidad aparece reflejada en la figura del Loco, y se prolonga apareciendo en todo el ciclo de los Arcanos Mayores, según iremos viendo.

Apolo sorprendió a Mercurio robando ganado en sus praderas. Para aplacar su ira, Mercurio le regaló una lira de siete cuerdas confeccionada con un caparazón de tortuga. Es la famosa lira con la que aparece Apolo rodeado de las musas. Apolo no sólo le perdonó, sino que agradecido le otorgó varios dones, entre ellos los de la adivinación (recordemos la condición de mago de nuestro personaje).

Hermes-Mercurio representa la elocuencia, la astucia, la adulación y la rapidez mental.

Apolo le otorgó también el cargo de guía de los infiernos y de mensajero de los dioses. Por ello Mercurio está también asociado a los viajes y al oficio de los mercaderes.

En la Edad Media Hermes-Mercurio se asocia con Odín, y posteriormente degenera en el Arlequín de la *Commedia dell'Arte,* un personaje que hace a menudo las funciones de mensajero del diablo.

Hábil pero inocente, inteligente pero sin mucha experiencia, rodeado de dones y bienes que aún no son utilizados si no es para pequeños fines, el Mago es la imagen ideal del hombre que, en el alba de su camino, comprende con una aguda inteligencia que las cosas son mucho más profundas de lo que parece, que posee todas las dotes para llegar a la luz divina pero que el gran inicio requerirá un esfuerzo de índole distinta a la habitual.

Algo nuevo nace en él, y puede desarrollarse si se cultiva. Del mismo modo, el adivino con el tarot pasará de lo cotidiano y lo anecdótico, de aprovechar sus facultades para ganarse la vida prediciendo el futuro de otros, a las profundidades del saber, donde las pequeñas ganancias materiales tendrán únicamente un valor anecdótico.

II. La Sacerdotisa (La Papisa)

La Sacerdotisa es el principio femenino en el plano de lo espiritual, del mismo modo que la Emperatriz lo es en el terreno material. Principio pasivo asociado a lo femenino y a la luna, la Sacerdotisa es emblema de las grandes diosas Madres: la Cibeles romana, Isis egipcia, Hera griega, en el plano mental. Frente a su homólogo masculino, el Papa, la Sacerdotisa o Papisa, representa la imaginación, la intuición y el inconsciente.

La Sacerdotisa está sentada en un trono flanqueado por dos columnas, Jaquin y Boaz, las columnas del Templo de Salomón que simbolizan los principios activo y pasivo del conocimiento. Una de ellas es roja, asociada al fuego y al azufre, es decir, al principio masculino. La otra es azul, asociada al aire y al mercurio, o sea, al principio femenino.

Entre ambas columnas se extiende un velo. Es la niebla que impide el acceso a conocimientos superiores mientras no se hayan cumplido los requisitos y sobrepasado las pruebas de la iniciación que aparecerán en los siguientes arcanos. El velo, sin embargo, deja entrever el interior para indicar que la luz está ahí esperando ser conquistada por la búsqueda del iniciado.

En la cabeza la Sacerdotisa lleva una tiara formada por dos coronas de oro. Una de ellas le roza la frente. Representa la filosofía oculta. La otra se superpone a la primera y simboliza la fe. Un velo le cubre la cabeza, los hombros y parte del rostro. Este velo significa que el inconsciente del iniciado está escondido y que lo más propio y personal de cada uno es lo que se halla más escondido a sus propios ojos y a los de los demás.

El vestido es azul, simbolizando la espiritualidad y la sensibilidad. Sobre él luce una estola de color púrpura, el color de la energía mayestática de los príncipes y reyes. El forro es verde como signo del uso de la razón, el pensamiento y la búsqueda filosófica de lo divino. En el pecho vemos una cruz blanca reforzada por cuatro pequeñas cruces en los brazos. Es un símbolo papal, pero significa también que aún queda un largo trecho por recorrer si se quiere llegar a la luz de lo oculto. Éste es el valor significativo de la barrera que forma la cruz y de su color blanco.

Entre las manos lleva un libro. En muchos tipos de tarot podemos ver en la cubierta de este libro los signos del yin y el yang, los principios activo y pasivo, femenino y masculino, que se complementan. Se trata del libro sagrado del equilibrio perfecto, que contiene todos los secretos de la vida. Además, con la mano izquierda sostiene las dos llaves que abren el libro, es decir, las claves para su comprensión. La llave de plata es un compendio de la cuarta llave de Iside; representa la búsqueda activa, el cuaternario que genera la acción. La llave de oro con cabeza en triángulo es símbolo de la fe en la búsqueda de lo divino.

La Sacerdotisa se apoya en la esfinge, viva representación del gran misterio de la vida: sus preguntas —¿quiénes somos? ¿de dónde venimos? ¿adónde vamos?— se dirigen a lo más profundo del indagar sagrado.

A sus pies, el cojín representa a Malkuth, el reino de este mundo físico, en el Árbol de la Vida de la Cábala. Este mundo se somete a las fuerzas del Mago (la acción) y de la Sacerdotisa (intuición), que son aquí combinadas correctamente. El suelo indica también armonía, dualidad del yin y del yang que se resuelve en complementariedad, masculino y femenino, luz y sombras. La Sacerdotisa lleva el número dos, el complementario de la unidad por el cual va a resolverse ésta en creación material manifestada.

Como decíamos, el Papa y la Sacerdotisa son los padres espirituales del Dyonisos iniciado. En términos junguianos representan el *anima* y el *animus* que los romanos denominaban *Juno* y *Genius*.

En algunos tarots antiguos la Sacerdotisa o Papisa era llamada Juno, equivalente a la diosa griega Hera, hermana y consorte del Rey de los cielos, Zeus, y hermana también de Demeter (representada en el tarot por la Emperatriz) la Madre tierra. Esta gran diosa espiritual ha sido representada en todas las religiones. En su lado nocturno y oscuro es Perséfone e Isis, ambas en los infiernos, o la Hera celosa que asesina a Dyonisos. Con el advenimiento del cristianismo la gran diosa madre es transferida a la Virgen María, madre de Jesucristo, sobre la cual recaen todos estos atributos y honores.

En la Edad Media la versión nocturna de esta diosa reaparece en la figura de la bruja Fata Morgana, la hermana del rey Arturo, en realidad el opuesto nocturno y lunar del Caballero del Sol. La diosa-bruja reaparece en el libreto de la conocida ópera masónica *Die Zauberflote* (*La flauta mágica*) de W. A. Mozart, en la que la poderosa Reina de la Noche lucha contra Sarastro por la posesión de su hija, la bella Pamina. La Reina de la Noche, después de enamorar al príncipe Tamino de su hija por medio de un medallón con su efigie, le envía al rescate de la misma, raptada por Sarastro.

La Sacerdotisa recibe este nombre solamente a partir del siglo XVIII. Anteriormente su único apelativo era el de Papisa. Algunos expertos creen que el nombre hace referencia a la historia de la Papisa Juana, relatada por Esteban de Bourbon en su libro *Siete regalos del Espíritu Santo*, que data del siglo XIII.

Según esta narración, Juana fue una noble muchacha, nacida de padres ingleses o alemanes a principios del siglo IX y educada en Colonia. Allí se enamoró perdidamente de un monje benedictino. Ambos, para sustraerse a las iras de los padres de Juana y de los superiores del monje, huyeron juntos a Atenas. Juana llevó desde ese día los hábitos de un benedictino, lo cual le permitía viajar junto a su amado sin riesgo de escándalo. Pero el maestro de Juana murió en Grecia, entonces ella se dirige a Roma y allí toma los hábitos con el nombre de *Juan Anglicus*. Pronto se hizo «famoso» por su sabiduría, es nombrada cardenal y a la muerte del papa Leon IV en el año 855 es elegida papa; sin embargo, al iniciarse la ceremonia de su coronación Juana dio luz a un hijo en la escalinata de San Pedro, muriendo en aquel mismo acto. La leyenda de la Papisa Juana fue popularísima y ha llegado hasta nuestros días, siendo más o menos conocida por muchas personas. En ella, como en la carta que nos ocupa, laten reminiscencias de las antiguas sibilas y pitonisas, del poder de la mujer en las estructuras religiosas de algunos pueblos.

En general, vemos aquí representado el segundo paso en el camino del iniciado, el cual para seguir el camino elegido debe unir a la acción y la voluntad los pensamientos espirituales y el poder complementario femenino, intuitivo y oculto, de la Gran Diosa Madre.

III. La Emperatriz

De la unión del uno y el dos nace el tres, la Emperatriz que representa la inteligencia. Es el ternario, símbolo global de la naturaleza, de la realización material, de la manifestación.

La Emperatriz del tarot es la reina, del mismo modo que la Papisa era la diosa. Comparte con ella su rol de madre, pero en este caso su plano de poder es terrenal y material.

Se trata de una hermosa mujer coronada por una aureola con doce estrellas, de las cuales sólo nueve son visibles. Las doce estrellas representan los signos del zodíaco, y las nueve visibles los meses de gestación humana.

La Emperatriz es el producto de la habilidad del Mago unida al pensamiento de la Sacerdotisa. Su corona denota poder sobre el mundo material, intelectual y espiritual; por ello tiene tres áreas correspondientes a las tres esferas.

Las alas de la Emperatriz representan su espiritualidad. Para alcanzar el completo dominio de la naturaleza el hombre no podrá nunca recurrir a su fuerza física, que es mínima comparada con el poder natural, sin embargo, la más alta espiritualidad sí puede abrirle las puertas de este dominio; por ahí llegará a la luz astral Akasha y a alcanzar el cuerpo etéreo.

Con la mano izquierda sostiene un cetro de oro con el símbolo del mundo sobre el cual está la cruz. Esto significaría la sustancia primordial que ha sido activada por la inteligencia coordinadora. La cruz indica las cuatro fuerzas de la naturaleza sobre el planeta tierra.

En la mano derecha la Emperatriz tiene un escudo rojo en el que hay grabada una feroz águila blanca. Estos dos colores simbolizan la actividad y la pureza; una decidida intervención en el mundo material del poder, guiada por deseos puros, libres de ambición y egoísmo. Para reforzar la connotación de pureza de la virgen Emperatriz, a su lado crece un lirio blanco.

Con el pie izquierdo sostiene una media luna con las puntas hacia abajo, lo que significa el dominio de la inteligencia sobre el mundo nocturno, oscuro y sublunar; el resto de los colores de la vestimenta son el azul, que simboliza la espiritualidad, y el oro, que simboliza la realeza.

El iniciado ha alcanzado aquí el justo equilibrio entre razón e intuición y ahora accede a un nivel superior, en el plano etéreo, indicado por las alas de la figura. Los pensamientos empiezan a dirigirse hacia el mundo interior.

Aumenta el control del propio cuerpo y desaparecen las dependencias. El iniciado empieza a prepararse realmente para alcanzar la meta.

Por su situación en el tercer lugar de los Arcanos Mayores, la Emperatriz representa el ternario de la cábala.

En este sentido es el resultado del padre Mago y la madre Papisa, encarnación humana, microcosmos a imagen del macrocosmos superior, sombra de la luz, reflejo de lo alto aquí abajo en el mundo terrenal. La tabla de los ternarios se organiza como sigue:

ESPÍRITU	INTELIGENCIA	CUERPO
DIOS	HOMBRE	NATURALEZA
PRESENTE	PASADO	FUTURO
CIELO	TIERRA	HOMBRE
AZUFRE	MERCURIO	SAL
PROVIDENCIA	VOLUNTAD	DESTINO

Estas mismas triplicidades se manifiestan en la palabra mántrica OUM (o AUM), cuyas relaciones con el tarot hemos comentado ya. La palabra OUM se compone de tres letras/sonido que encierran el significado simbólico ternario:

O: cuerpo, tierra, vigilia, producción, brahman, manifestación corpórea.

U: alma, sueño, aire, conservación, Shiova, manifestación sutil.

M: espíritu, cielo, sueño, transformación, Vishnú, mundo no manifiesto.

Todos los mantra acabados en M suben así hacia Dios. Antiguamente los hombres tenían tres nombres correspondientes a estas triplicidades. Uno de ellos permanecía oculto, ya que quien lo conociera poseía supuestamente poder total sobre la persona en cuestión.

La Emperatriz se asocia también a la mujer/bruja, pero siempre con un ámbito de poder terreno. Al respecto dice Regino, abad de Prum en su *Canon episcopi* del año 900:

«No obstante no debe omitirse que algunas malas mujeres habiendo vuelto a pactar con Satanás y seducidas por las ilusiones de los demonios, creen y profesan que ellas cabalgan durante la noche sobre bestias con Diana y Herodías y las diosas paganas, y una innumerable cantidad de mujeres y cubren grandes distancias en el silencio de la noche y en ciertas noches son llamadas a realizar este servicio.»

La Emperatriz es la madre arquetípica, relacionada con la agricultura. Nos consta que la llamada revolución Neolítica, que implicó el paso de una civilización nómada, depredadora y cazadora, a una cultura sedentaria con agricultura y ganadería, la hizo la mujer y no el hombre. Mientras éste cazaba en los bosques, la mujer en su guarida, retenida por sus hijos, comenzó a recolectar semillas, a plantar y a alimentar a pequeños animales con el fin de obtener su carne o su leche. No es de extrañar pues, que hayamos heredado el mito de una gran madre agrícola y alimentadora: Gaia, Rea, Demeter o Freia, según las culturas, son diosas de la abundancia, de la alimentación y de la alegría, del poder material, pero también del dolor y la aflicción (*Mater Dolorosa*). A menudo aparecen en carrozas tiradas por felinos: gatos, leones o tigres.

Su imagen se funde con la de algunas reinas y emperatrices míticas: Teodora, la Faraona Hatshepsut, Semiramide, Dido o Cleopatra.

Como representante de las fuerzas de la Naturaleza, la Emperatriz advierte del conocimiento necesario para dominarlas y el valor que es preciso para acercarse a su esencia. Advierte también de la sintonía necesaria entre los cuatro elementos y los cuatro espíritus:

AGUA = ONDINAS
FUEGO = SALAMANDRAS
AIRE = SÍLFIDES
TIERRA = GNOMOS

Si el hombre no está en situación de controlar el gran poder natural, las fuerzas se volverán contra él y será sometido. Caerá más abajo de lo que estaba antes de iniciar su camino.

IIII. El Emperador

Homólogo masculino de la Emperatriz, con ella hace las veces de padre del Dyonisos/iniciado.

Representa también el cuaternario numerológico, y por eso la carta muestra al Emperador sentado sobre un cubo, emblema del mundo material en todos sus reinos y elementos y de la piedra filosofal. Su color amarillo nos indica el poder y la voluntad. A un lado del cubo vemos inscrita el águila negra, signo del cuerpo material. Las alas en las cuatro partes simbolizan el cuaternario y son la voluntad que domina la materia profusa y fértil.

Sobre el yelmo el Emperador luce cuatro triángulos con las puntas hacia arriba. Están relacionados con el dominio de los cuatro elementos de la Tierra, las fuerzas naturales: agua, aire, fuego y tierra.

La celada del yelmo deja ver una espiral. Es Kundalini, la fuerza vital que asciende del primer chacra hacia el último, en una espiral vertical que en el cuerpo humano se manifiesta en la columna vertebral. Kundalini transmite el dominio completo de las energías del mismo modo que el control completo del cuerpo por la mente.

El collar imperial es de oro; denota coordinación y orden. La coraza indica protección. El iniciado es ya invulnerable a los influjos básicos de la materia. En la coraza figuran el sol y la luna para indicar que se ha alcanzado el dominio de las fuerzas materiales y espirituales, de la razón y de la intuición, es este control el que ha forjado la coraza del Emperador:

«Con la mano de la intuición, la izquierda, el Emperador rige el mundo.» Quiere decir que está en posesión del conocimiento del alma del planeta Tierra y del de los cuatro elementos que lo componen.

Con la mano de la voluntad (la derecha) rige el cetro de oro, en cuyo crucero y empuñadura hay una media luna con puntas hacia arriba. Este astro de oro en el cetro sirve para captar la energía espiritual que viene del cielo. En el cetro hay también tres puntas que con él forman de nuevo el cuaternario. Es también el tridente mágico, más la unidad. Simboliza las aspiraciones del idealismo de dominar las esferas más altas del pensamiento humano.

Junto al Emperador crece el tulipán que habíamos visto nacer en la primera carta, el Mago. Ahora está bastante más abierto, ya que el proceso de iniciación ha progresado considerablemente. Aquí nos recuerda su realización lenta y gradual, etapa a etapa. Sus cuatro pétalos evocan, como tantos otros elementos de la carta, el cuaternario que define al Emperador.

Las piernas de la figura forman un triángulo con el vértice hacia abajo. Esto simboliza el poder que tiene el Emperador sobre el microcosmos, el alma y la luz astral que ha aprendido a reconocer y dominar.

Sus zapatos presentan el símbolo del sol, el principio activo, la fuerza y la energía. Son de color azul para indicar que la fuerza está basada en el plano espiritual, y que en ella se apoya fundamentalmente para obtener sus logros.

La cuarta carta del tarot está, como vemos, fuertemente influida por el simbolismo numerológico y sus relaciones tradicionales con la descripción del mundo. Al respecto puede definirse este simbolismo por el siguiente esquema:

AIRE
NITRÓGENO
ÁGUILA
QUINTAESENCIA

AZUFRE		MERCURIO
LEÓN		HOMBRE
FUEGO		AGUA
ESPÍRITU		MENTE

SOL
TORO
TIERRA
CUERPO

El Emperador debe comprender el significado de estos cuatro elementos que son la base de las cuatro fuerzas de la naturaleza.

AGUA (CÁNCER, ESCORPIÓN, PISCIS): Mateo, ángel, mente, orden, Venus, cobre, invierno.

TIERRA (TAURO, VIRGO, CAPRICORNIO): Lucas, toro, cuerpo, gnomos, Saturno, negro, plomo, primavera.

FUEGO (ARIES, LEO, SAGITARIO): Marcos, león, cuerpo, etéreo, salamandra, Marte, rojo, hierro, verano.

AIRE (GÉMINIS, LIBRA, ACUARIO): Juan, águila, espíritu, sílfides, Júpiter, azul, estaño, otoño.

El Emperador, padre carnal de Dyonisos, es el sagrado emperador romano (César), o romano/germánico (Carlomagno) con connotaciones de herencia europea muy claras. Es el padre/dios, relacionado con un dios astado muy primitivo, el Herne cazador, el hombre verde de la mitología británica, ancestro de sir Gawain, el Caballero Verde de la novela artúrica. Es el dios Cerunnos de los celtas, o el Pan de los griegos, habitante de los bosques y eminentemente masculino y fálico. En este sentido está asociado a los ritos fálicos del palo de Mayo, en los que generalmente se alza un palo en medio de una plaza o prado, y los jóvenes danzan a su alrededor con cintas o sin ellas.

Existe también una fuerte relación de la figura del Emperador con la de todos los dioses/reyes de las distintas culturas, según las cuales la divinidad viene conferida al hombre a partir de su nombramiento como rey. Éste es aún el caso de la monarquía en el Imperio nipón.

El arcano del Emperador, representa también la voluntad. Es el principio de acción, pensamiento que impulsa al iniciado hacia el conocimiento. Simboliza la actividad, la constructividad, el actuar, el pensar, el trabajar y la oración. Se ha alcanzado un fuerte autocontrol sobre el cuerpo material propio y circundante que ha sido sometido al poder de la mente.

Mediante ayunos, austeridad y privaciones, el Emperador controla sus emociones y sentimientos, liberándose de las pasiones que le atan a este mundo y gobernándolo así mucho mejor.

V. El Papa

Papa es *Pontifex*, pontífice, hombre puente entre Dios y los demás hombres. Es también, junto con la Papisa, padre espiritual, *animus* junguiano. El iniciado completa aquí su formación básica de la cual tiene desde ahora conocimiento completo.

La imagen nos presenta a un anciano (el iniciado se ha fatigado mucho en su búsqueda) que representa la purificación y la sabiduría. El deber del Papa es indicar el camino, ayudar a los demás a comprender las verdades espirituales que a menudo están por encima o por debajo de las evidencias.

Frente al Papa vemos dos fieles, uno a su izquierda y otro a su derecha, con los brazos extendidos y mirando hacia arriba. Son fieles cuya fe es activa: la creencia no les impide el estudio, la investigación y la erudición, siempre dentro del orden establecido.

Ambos personajes llevan tonsura en la nuca y sayo para indicar que son iniciados. Los colores de los sayos están invertidos para resaltar con mayor intensidad la dualidad de esta diversa aceptación de la fe.

Volvemos a encontrar las dos columnas del Templo de Salomón, Jakin y Boaz, el conocimiento activo y pasivo.

La tiara del Papa es una triple corona: la primera corona significa el culto; la segunda simboliza el conocimiento de las leyes de Dios, de las cuales el Papa es el primer intérprete; la tercera es la corona de la fe. La cruz que remata la tiara es el cuaternario mágico que ya hemos tenido ocasión de conocer.

El Papa tiene los ojos azules en signo de pureza y espiritualidad. Su barba es blanca para significar la gran pureza con la que ha salido victorioso de muchas pruebas, y sus capacidades para la enseñanza.

El manto, rojo, signo de acción y purificación, está cerrado por un broche de oro con el signo del Sol (energía activa).

El traje es azul y verde; indica espiritualidad y buen uso de las facultades de la razón.

Tiene la mano derecha levantada y está bendiciendo, ejerciendo su papel de *pontifex*, puente. Con la mano izquierda rige la pastoral, símbolo de su poder anímico. La triple cruz que remata la pastoral tiene las siguientes connotaciones:

DISCERNIMIENTO	
RAZÓN	IMAGINACIÓN
ENERGÍA QUE SE DESARROLLA	SENTIMIENTO
GENEROSIDAD	RESTRICCIÓN

El lado derecho de esta cruz es activo (razón, energía, generosidad) y el izquierdo pasivo (imaginación, sentimiento, restricción). Todas estas características componen el setenario, símbolo de armonía universal, representado entre otros por los siete planetas, los colores del arco iris, los chacras, etc.

En las manos, el Papa luce guantes blancos con cruces azules que simbolizan la pureza alcanzada a través del alma.

Como número cinco del tarot, el Papa simboliza el pentagrama llameante, el microcosmos, el hombre y su inverso, la bestia. El hombre, gracias al libre albedrío puede decidir elevarse hacia las fuerzas del bien o hundirse en las fuerzas del mal.

El cinco es el hombre evolucionado que comprende la chispa divina que está presente en él. Es el hombre representado por Leonardo da Vinci en una estrella de cinco puntas. Las fuerzas inferiores huyen ante él y le respetan, la dignidad humana reside en ello.

El pentagrama, que así se llama la estrella humana, se usa en talismanes, purificaciones e invocaciones. Sus atributos principales son los siguientes:

COLORES: Rojo, Blanco, Negro, Azul, Amarillo.
ELEMENTOS: Fuego, Metal, Agua, Madera, Tierra.
PLANETAS: Marte, Venus, Mercurio, Júpiter, Saturno.
ORIENTACIONES: Sur, Oeste, Este, Norte, Centro.
SONIDOS: Pentatónicos de la música pitagórica.

El Papa se asocia con los dioses Amón, Osiris y Serapis, parejas masculinas con atributos didácticos y taumatúrgicos.

Representa al iniciado investido por un poder superior, del cual absorbe y difunde las energías.

VI. El Enamorado
(Los Enamorados)

El Enamorado (llamado a veces en plural) representa la primera prueba del iniciado. El amor es la primera gran experiencia después de la infancia, por tanto no es de extrañar que nos aparezca aquí, tras la exposición de la genealogía e inicios del Dyonisos/hombre.

El Enamorado es un hombre flanqueado por dos mujeres. A su izquierda tiene una bacante vestida de amarillo y verde. La combinación de estos colores significa el placer, los valores terrenales y el materialismo; tiene los cabellos verdes, sembrados de flores indicando el placer y la alegría de la lujuria. Con su encanto instintivo y primitivo intenta seducir la voluntad y la razón del mancebo. Esta mujer es una reminiscencia de las silvas y faunas de los bosques, a pesar del atavío que la cubre.

Los pies descalzos indican lo primitivo de sus instintos que se apoyan firmemente en lo natural y en lo material, el verde de la tierra.

La figura está de frente para señalar que su acceso es inmediato, no necesita de grandes esfuerzos racionales, sino más bien de sencillez y desnudamiento.

La figura de la derecha, es, por el contrario, una mujer culta y evolucionada, ataviada en azul y rojo para simbolizar su energía espiritual e intelectual. Sus cabellos rubios están coronados de oro, indicando la nobleza de su estirpe y de sus sentimientos.

La mano izquierda (la de la intuición y las elecciones espirituales) se apoya en el hombro del iniciado para invitarle a escoger su camino.

Está colocada de perfil, significando que la vía del conocimiento está llena de dificultades y sólo se conquista con esfuerzos y renuncias.

Entre estas dos figuras hallamos al hombre vestido de rojo y verde. Son colores contrapuestos, complementarios, porque se trata de dar a entender la dualidad y la oposición complementaria pero no siempre fácil de espíritu y materia.

El iniciado se mantiene en un mágico equilibrio no egoísta y es capaz de ejercer un amor altruista, sin dobles intenciones; el amarillo insiste sobre esta voluntad de equilibrio, ya conseguida parcialmente.

Del mismo modo, su humilde mirada hacia el suelo denota su imparcialidad en la elección.

Los brazos del hombre aparecen en algunos tarots cruzados sobre el pecho. Esto simboliza la unión del microcosmos y del macrocosmos en un doble hexagrama en el que el rojo representa la energía espiritual y el verde el materialismo. El rojo corresponde a la mujer de la derecha, destacando su fuerza: el verde a la bacante, poniendo de relieve su encanto seductor.

Arriba, en el cielo, el pequeño Cupido se mueve en un círculo blanco. Este círculo simboliza el alma y Cupido representa la libertad. Las alas son azules y los cabellos rubios porque la libertad del hombre emana de su parte divina y de su espiritualidad. El arco y las flechas son la parte de él que va a ser manifiesta y efectiva en el mundo material, por eso están pintadas en color verde.

El iniciado puede verse en esta carta como una representación del sello de Salomón, el perfecto equilibrio mágico, lo estático, la indiferencia mística. La interacción del microcosmos y el macrocosmos sería el móvil de este proceso en el que las fuerzas superiores e inferiores se articulan entre sí para dar lugar a la estrella esplendorosa.

El hombre, gracias a su precaria libertad, simbolizada por el tenso arco de Cupido, puede llegar a alcanzar una completa impersonalidad imprescindible para su realización completa. Ahora ya posee los conocimientos de las fuerzas divinas, hace de intermediario entre cielo y tierra; por eso resulta necesario aprender a renunciar, a no desear.

La impersonalidad de la que se habla significa amor universal, no egoísmo, ausencia de dualidades contradictorias, ausencia de subjetividad. Significa dar sin querer nada a cambio, ser indiferente a las fuerzas del mal, ser poseído por el amor y poseerlo sin retenerlo. Éste es el verdadero sentido de estar enamorado.

El verdadero amor está lejos del deseo y del temor. Está lejos del interés y de la clásica cadena de causas y consecuencias. Según el verdadero amor todos somos hermanos, y esta unión supera y ensalza los dualismos, haciéndolos fértiles y complementarios. El iniciado ni siquiera goza cuando hace un bien al prójimo: sabe que sólo la completa indiferencia le llevará hasta las puertas del conocimiento divino.

A esta interpretación, quizás exageradamente oriental, se opone en algunas cuestiones y complementa en otras la idea de que el Enamorado representa en realidad la transición del placer y la prueba.

El arcano del Enamorado presenta reminiscencias iconográficas de un tema tradicional en la cultura occidental, el Juicio de Paris.

Príapo, rey de Troya, fue el padre de Paris, al nacer, se profetizó que Paris sería la maldición de Troya, por lo cual su padre ordenó abandonarlo en el monte Ida nada más nacer. Allí, sin embargo, fue criado por un jabalí y luego recogido por unos pastores. Más tarde volvió a la corte de su padre, ya crecido.

Sucedió por entonces que se casaron Thetis y Peleo. Eris, la discordia, no había sido invitada a la boda. Por ello, airada, se presentó en medio del festín. Dijo que había traído un regalo, una manzana de oro que sería para la más bella de las presentes.

Las diosas Hera, Athena y Afrodita se abalanzaron de inmediato sobre la manzana y empezaron a pelear por ella. Entonces Zeus, el padre de los dioses, propuso que fuera el joven Paris quien juzgara quién era la más bella. Hera y Athena prometieron a Paris toda clase de maravillas, pero Afrodita no tuvo más que lanzar una flecha de su esclavo, o hijo Eros, para salir victoriosa. En agradecimiento, Afrodita prometió a Paris que le concedería a la bella Helena (la más bella entre las mortales) esposa de Menelao, rey de los aqueos.

Paris, considerando que le pertenecía, raptó a Helena y se la llevó a Troya, pero todos sabemos cómo acabó la historia: los aqueos ganaron la guerra y en Troya ardió hasta la última casa.

Lo que ha quedado a través del tiempo es el significado del riesgo de la elección, la prueba que supone decidir y asumir las responsabilidades de las propias decisiones.

También es importante la simbología relacionada con lo engañoso de las apariencias y los peligros de la seducción y sus trucos: encantamientos, filtros, perfumes, pociones y afrodisíacos. La rosa y el mirto han figurado tradicionalmente asociados a estos recursos amorosos, así como los alimentos de sabor dulce: azúcar, miel, leche y frutos secos.

VII. El Carro

El Carro tiene dos significados complementarios, que a menudo parecen contradecirse. Por un lado representa el triunfo, ganado en las etapas precedentes, y por otro la segunda gran prueba de la vida: la guerra.

Como triunfo, es un resumen de las cartas anteriores que han concluido en la realización del iniciado como hombre.

El hombre del Carro lleva un cetro en la mano. El cetro tiene punta cónica para mantener y expandir la energía de las fuerzas superiores.

La corona tiene tres estrellas de cinco puntas: el pentagrama, símbolo del hombre y de las tres partes que lo componen y a las que las estrellas corresponden: espíritu, alma, cuerpo.

La coraza roja, azul y amarilla simboliza la energía, la espiritualidad y la voluntad. El escudo de protección tiene cinco tachuelas que representan la quintaesencia, como los botones del Mago, pero en posición distinta: se elevan con el vértice sobre el número tres para representar la completa actividad de la quintaesencia. El festón con la punta hacia la cabeza del hombre indica su completa elevación espiritual.

Como el Emperador, lleva en los hombros dos medias lunas, que representan el dominio de las fuerzas psíquicas sobre lo espiritual (la de la izquierda) y lo material (la de la derecha). El iniciado está en condiciones de utilizar las fuerzas creativas de la mente.

Las tres tachuelas doradas representan la tríada y los tres festones de la coraza, el dominio iniciático sobre el mundo material.

Las mangas verdes de la túnica son símbolo del discernimiento del iniciado.

El Carro tiene forma cuadrada, como el cubo sobre el que se sentaba el Emperador. Es el reino material, el *Malkuth* de la cábala en el que las fuerzas de la naturaleza son dominadas por aquel que lleva el carro. Éste tiene cuatro columnas, dos amarillas y dos verdes. El iniciado, gracias a la imparcialidad que supo demostrar en la anterior prueba, puede ahora dominar las fuerzas materiales y llevar sus riendas.

El baldaquino es símbolo del cielo, del mundo del espíritu y de las fuerzas astrales.

En el cielo hay ocho estrellas, las ocho estrellas diurnas del zodíaco con el símbolo del sol en el centro.

En la parte inferior del carro vemos los símbolos del cuerpo físico (una vara), del cuerpo etéreo (una espada) y del cuerpo astral (alas). El círculo rojo indica el punto de unión de los tres cuerpos.

Las dos ruedas simbolizan el movimiento y el camino que recorre el iniciado. Ahora ya no lo recorre a pie, sino que es arrastrado por dos esfinges, una blanca y la otra negra, que quedan unidas en un solo cuerpo. Estas esfinges representan las esferas del bien y del mal, de la materia y el espíritu como era el caso de las columnas del Templo de Salomón. Bien asentado en ellas, bien equilibrado, el Carro tira hacia delante.

La esfinge negra tiene color rojo, símbolo de la actividad. La esfinge blanca tiene el color azul, símbolo de la espiritualidad. La parte que las une es azul para indicar que la unión entre las dos fuerzas viene regulada por el espíritu y no por la materia. Las dos bandas rojas indican también la energía del espíritu decidido en una dirección.

Éste es el joven que conduce el Carro: el Mago realizado, al final del primer setenario de las tres vías. Ahora sus cabellos son blancos.

El camino que el Carro recorre es verde, la acción ocurre en el mundo material y tiene consecuencias visibles. El Carro es conducido sabiamente por lo que sólo puede encontrarse en el justo camino.

En la segunda acepción de la carta, el Carro es Marte, Ares, el dios de la guerra. Después del amor la segunda prueba del joven en la vida es la guerra, la batalla, la violencia. Además es la segunda pasión primordial.

Faetón era hijo del sol, Helios. Un día pidió a su padre que le permitiera conducir el carro del sol. Éste accedió. A Faetón se le desbocaron los caballos, que se lanzaron en un mar de llamas contra la tierra. Por fortuna Zeus evitó el desastre, pero no la muerte del joven Faetón.

El carro triunfal es en la cultura mediterránea esencialmente guerrero y de origen romano. Tanto más cuanto que nos estamos refiriendo a imágenes de tradición medieval y renacentista. Por ello creo que la segunda acepción de la carta es más válida que la primera.

Como número, el Carro está vinculado al siete. Es el número de los colores visibles, de las noches audibles y de los planetas de la Antigüedad. Es la suma del cuaternario y el ternario, y la de los cuerpos principales del hombre: físico, etéreo, astral, sensible, mental inferior, mental superior, espiritual.

El hombre exterioriza cada siete años una parte de su energía:

— a los 7 años: cuerpo etéreo
— a los 14 años: sexo, cuerpo astral
— a los 21 años: cuerpo sensible
— a los 28 años: cuerpo mental inferior (consciente)
— a los 35 años: cuerpo mental superior (realización)

VIII. La Justicia

La Justicia abre la segunda vía, dedicada a la mente, al alma. Mientras el Mago abría la vía sobre el plano espiritual, la Justicia lo hace sobre el plano anímico.

La Justicia está sentada con toda solemnidad sobre un trono macizo entre dos columnas. Son de nuevo las columnas Jakin y Boaz del Templo de Salomón, nótese la simbología. En este caso representan los pilares de la justicia y están unidas por un respaldo en forma de concha. Éste es el campo de actividad del alma.

En el respaldo vemos ocho tachuelas: los signos diurnos del zodíaco, la acción masculina.

Las dos columnas formadas por medias lunas blancas y verdes que forman en el centro una protuberancia circular: representan el pecho con su pezón, la fuerza femenina, la linfa vital, el primer alimento del iniciado en el mundo anímico.

El blanco y el verde significan el alma y la materia; vemos cómo ambas fuerzas son complementarias y se presentan alternativamente en secuencias, o bien unidas y simultáneas.

Los capiteles de las columnas son de color rojo (derecha) y negro (izquierda). Representan la actividad y la pasividad y están rematados por granadas como símbolo de fecundidad y riqueza. La corona que luce la Justicia tiene cinco puntas y representan al mismo sol (quintaesencia).

La Justicia es la Emperatriz que ya hemos encontrado en la primera vía. Habiendo descendido de lo espiritual a lo anímico, ha perdido las alas y su rostro se ha endurecido levemente. Es rubia y su melena está repartida en ocho bucles.

Del pecho le cuelga una banda blanca: es el fluir de las dos energías, la activa y la pasiva, que unidas suben hasta la cabeza en un equilibrio perfecto.

El vestido es rojo simbolizando la acción, azul simbolizando la espiritualidad y con las mangas amarillas y verdes para indicar que el campo de actuación de la Justicia es el mundo material sobre el cual debe ejercer el control.

Lleva un collar en el que se han trenzado tres espirales, la unión del cuerpo, el alma y el espíritu.

En la mano izquierda sostiene una balanza de oro: es la ley trascendental divina. Cada acción debe ser equilibrada por una atracción de signo contrario.

El equilibrio perfecto se halla en la indiferencia.

Este mundo estático nos sume en una no acción que en la tradi-

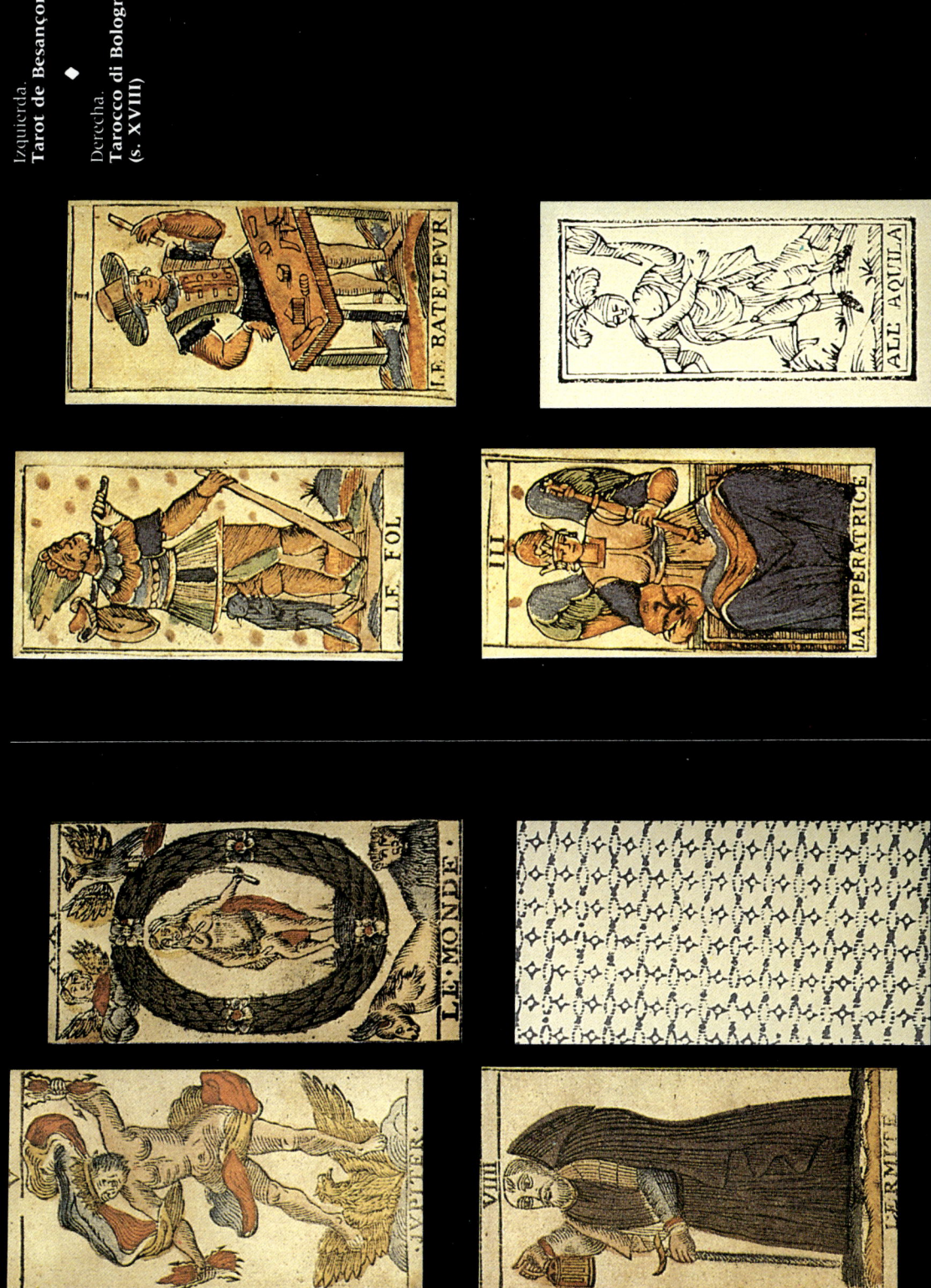

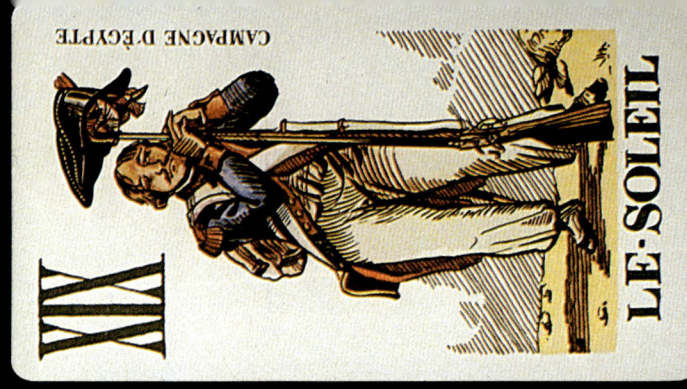

CAMPAGNE D'EGYPTE

XIX

LE·SOLEIL

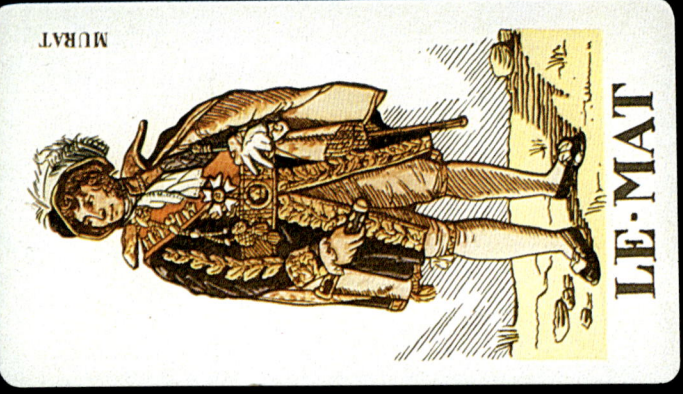

MURAT

LE·MAT

VI

L'AMOUREUX.

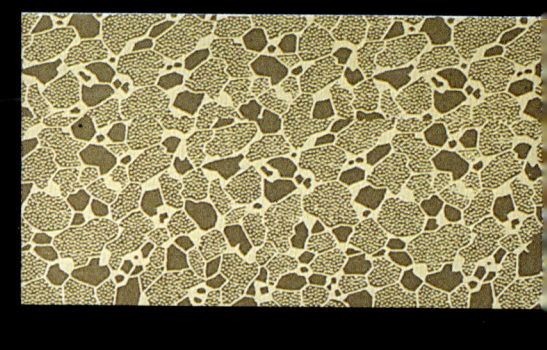

III

L'IMPERATRICE.

VIIII

L'HERMITE.

Il Fontino

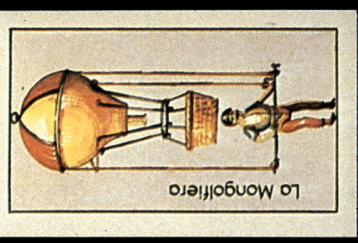

La Mongolfiera

Il Tamburino

L' Aeroplano

Tarot italiano del siglo XIX

LOICA XXII

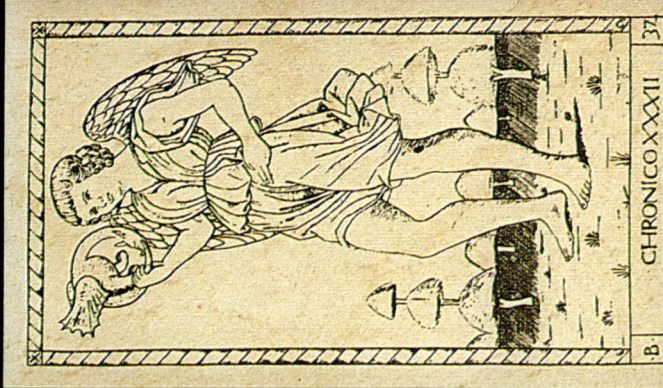

CHRONICO XXXII

Baraja dibujada por Mantegna (s.
XVI), s.

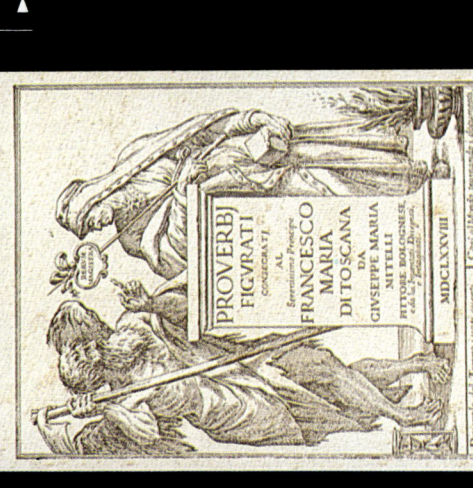

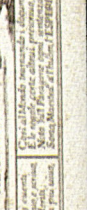
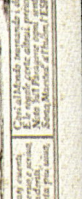

**Tarot de los Proverbios, de
Giuseppe Maria Mitelli**

ción budista provoca la salida del ciclo de las reencarnaciones, ya que se ha alcanzado la perfección espiritual.

En la mano derecha la Justicia sostiene la espada que simboliza la fuerza de la ley.

El hombre es libre de escoger el camino del bien y el del mal. Si escoge el materialismo deberá someterse a la ley del karma y volver a este mundo, hasta que haya superado todas las pruebas que para él depara su karma, su destino.

Así, puede escoger la purificación que elimina el mal realizado y compensar sus acciones negativas con otras de carácter positivo.

El hombre vive sólo una vez, pero lo que llamamos vida no es más que un pequeño momento de la vida real, una reencarnación.

Nuestras desgracias son consecuencia de algún mal que nos hemos infligido en otra vida, y que ahora compensamos.

Como número, la Justicia está representado por el ocho. El ocho es un número altamente estático, formado por un doble cuaternario y puente entre dos números muy dinámicos, el siete y el nueve. En este sentido significa transición, espera y ponderación.

La Justicia es una de las cuatro virtudes cardinales, junto con la prudencia, la fortaleza y la templanza. Salvo la prudencia (a pesar que algunos autores creen que éste es el verdadero nombre de la Rueda de la fortuna), todas las otras virtudes cardinales están representadas en el tarot. Es normal, puesto que la iconografía de las virtudes fue muy importante en el Renacimiento.

A las virtudes cardinales se añadieron las teologales, y al conjunto de siete se contrapusieron los pecados capitales, como una oposición simétrica.

Las virtudes y los pecados fueron muchas veces representados en forma de personajes que discutían y porfiaban entre sí. Éste fue el tema de muchos misterios, piezas de teatro y poesías de los siglos XIII, XIV y XV. También fueron muy frecuentes las comedias centroeuropeas en las que el personaje pricipal era Everyman o Allemaal (todos-los-hombres), el cual se entregaba a vicios y placeres. Éste es un tema

VIRTUDES		PECADOS	
PRUDENCIA JUSTICIA FORTALEZA TEMPLANZA	CARDINALES	IRA LUJURIA AVARICIA PEREZA GULA ORGULLO ENVIDIA	CAPITALES
FE ESPERANZA CARIDAD	TEOLOGALES		

muy frecuente en las fantásticas pinturas de El Bosco, Patinir y Brueghel.

Las cuatro virtudes cardinales, sin embargo, son muy anteriores a la Edad Media. Aparecen por primera vez en Platón, y con Aristóteles son asociados a los cuatro elementos. Fueron incorporados al catolicismo por san Ambrosio, san Agustín y santo Tomás de Aquino.

VIIII. El Ermitaño

El Ermitaño es un extraño arcano. Al verlo no podemos evitar pensar en la ascesis y la espiritualidad del eremita, en su sabiduría y su fuerza mental. La lamparita encendida nos recuerda aquella imagen del filósofo griego Diógenes, en el ágora abarrotada de personas, con su pequeño candil musitando «busco un hombre...». Sin embargo, al leer la opinión de los expertos y al escuchar la voz de la tradición nos hallamos ante un viejo huraño aislado y solitario, un cascarrabias que casi nunca es favorable. A veces uno se siente inclinado a creer que el apelativo de ermitaño no es correcto. Y, sin embargo, es común a todas las denominaciones.

El Ermitaño es un anciano de barba blanca, representante del conocimiento interior. Va envuelto en un manto que por fuera es marrón oscuro (signo de austeridad monacal) y por dentro azul (espiritualidad). El vestido es amarillo para indicar la voluntad. El Ermitaño no divulga sus conocimientos,

los guarda en su corazón celosamente. Del mismo modo, la búsqueda ha de realizarse dentro de nosotros, no hacia el exterior.

Como prolongación de la Justicia, el Ermitaño ha escogido el camino de la espiritualidad, que busca en soledad, sin la compañía de nadie, sin el auxilio de ninguna comunidad, sin el apoyo de familiares o amigos. Su camino es individual; la religión no es para él, puesto que significa un enlace comunitario que no comparte. Su destino es la soledad.

Una lamparita ilumina su camino solitario. Representa sus fuerzas interiores que han sido puestas frente a sí para guiarle e iluminarle.

Con la mano izquierda, correspondiente a la intuición, se apoya en una caña de bambú que tiene ocho segmentos: el iniciado tantea el terreno y pide ayuda a la Justicia (el número ocho) para tomar decisiones. Los siete nudos que separan los segmentos representan el setenario mágico.

El Ermitaño, habiendo escogido el camino del espíritu está en posición de dominar completamente las fuerzas negativas representadas por la serpiente; por ello el Ermitaño es taumaturgo.

El Ermitaño es silencioso, si se le encuentra indica el camino sin revelar nada de sus secretos interiores.

El maestro no enseña nada, sólo indica el camino.

Si uno cambia, el mundo cambia.

Dentro de nosotros hay un mundo que desconocemos totalmente;

por un lado hay un infierno de fantasmas encubiertos por una coraza de falsa perfección. Más allá hay posibilidades nuestras que nos llevarían al conocimiento y a la felicidad interior. Es labor del hombre descubrirse esos mundos.

No basta con rezar, leer, saber, creer, meditar, aprender.

Es necesario desnudarse, liberarse del intelecto e ir más allá: debajo del estiércol hay un diamante. Quizá vale la pena ensuciarse las manos y remangarse para descubrirlo. En todo caso, no sabrás su valor sin haberlo encontrado primero. Es un maestro espiritual que no se dedica a revelar secretos, sino a ejemplificar el modo de vivir para descubrirlos. Muchos de estos maestros han pasado a la historia: Salomón, Hermes Trismegisto, Apolonio de Tiana, Christian Rosenkreutz...

Sin embargo —y de ahí la confusión a la que induce el Ermitaño— también es *Il Gobbo*, el viejo, evidentemente Saturno, Cronos, el tiempo.

Cronos era un titán hijo del cielo Ouranos y de la tierra Gaia. Ayudado por Gaia mató a su padre. Como supo que uno de sus hijos había de derrotarle arrebatándole todo su poder, devoraba a todos los hijos que daba a luz su esposa Rea. Un día Rea le dio a comer una piedra envuelta en pañales, en vez de su hijo Zeus. Así Zeus se salvó de la muerte y al crecer mató a su padre.

Tenemos ahí una clara simbología del tiempo que todo lo devora, lo desgasta y lo consume. También tenemos connotaciones muy claras que relacionan a Saturno con el invierno, la muerte de las mieses en vistas a su renacimiento primaveral. En la Edad Media Saturno era representado con un reloj de arena en la mano. Con el tiempo, y a causa también de la ambigüedad de la figura del Ermitaño el reloj puede haberse convertido en linterna, dado el parecido de estos dos objetos.

Puede también considerarse este arcano como una carta que representa otra gran prueba, la prueba de la razón en soledad. Todas las descripciones de la vida solitaria coinciden en indicar como el momento más difícil, la más dura tentación, no el hambre, el frío o la sed, no la falta de amor carnal, sino sobre todo la falta de comunicación con semejantes, y el delirio fácilmente aceptable como verdadero en la soledad; las alucinaciones y la realidad se confunden, y éste ha sido siempre el problema de los hombres solitarios dedicados a la meditación, ya sea dentro de la religión cristiana como en otras religiones en las que el aislamiento cobra importancia mística.

La diferencia de la meditación para el cristianismo y las otras religiones es el rechazo frontal del primero ante la alucinación, contrastando con la aceptación e incluso la estimulación de ésta en otras religiones, como las de los indios de Centroamérica, por ejemplo.

El Ermitaño está además asociado a la simbología del nueve.

El nueve es el triple ternario que simboliza lo completo, lleno y realizado de las tres partes, es decir, del cuerpo, el alma y el espíritu. El nueve es la triple purificación, de ahí el origen de las oraciones en forma de novena.

El cuadrado mágico de Saturno, de nueve casillas, es símbolo de iniciación y de energía activa, de purificación y de muerte para nacer a la nueva vida.

X. La Rueda de la fortuna

Se han hecho muchas conjeturas sobre este arcano; ha sido relacionado con varios animales y monstruos, así como con la figura de la Prudencia. En realidad, se trata de una imagen extraordinariamente característica de los siglos XIV y XV, e incluso del XVI, épocas en las que se produjeron cambios que asombraron a todos: floreció el comercio, se había descubierto un continente, la peste diezmó varias veces a la población. El vivo era mañana muerto, el pobre, rico, el mercader perdía en una tempestad toda su fortuna. La joven que se casaba con un noble príncipe, otros que se arruinaban perdiendo una guerra... todos se asombraban entonces de la rapidez con la que podía cambiar la condición humana, y también de la nada a la que finalmente la muerte llevaba a potentados y ricos, lo mismo que a los pobres.

Fue esta mentalidad la que llevó a crear la imagen de la Rueda de la fortuna y a la increíble popularidad de la que gozó: porque esta rueda no fue solamente un arcano del tarot, sino una rueda impresa una y mil veces en toda clase de folletos y grabados populares.

La Rueda en el tarot tiene tres personajes. Gira en un mar ondulado, el océano caótico de la vida terrenal en el que cada uno vive su vida según su suerte.

Es una rueda de rueca apoyada en dos barquillas en forma de media luna con las puntas hacia arriba. Una es verde y la otra roja, y significan la base de la vida, el reino cabalístico de Malkuth. De las barquillas surgen dos serpientes que se enrollan al pie de la Rueda: la roja es el principio masculino activo y la verde el femenino pasivo, su carácter espiral les da el atributo de fuerzas constructoras, vitales, creadoras de energía como la espiral del DNA, principio de la vida.

La Rueda está formada por dos círculos concéntricos. El exterior es rojo y simboliza la actividad creadora, el interior es azul y simboliza el espíritu. Hay siete radios que representan a los planetas y a sus fuerzas astrales. La manivela de la Rueda es el arranque del ciclo, el primer impulso dado por Dios que luego deja rodar solo el mundo, según su destino.

El personaje de la derecha ha sido identificado como el dios egipcio Hermanubi, de cuerpo azul de energía benéfica, simbolizando el crecimiento espiritual del individuo. La cabeza y el traje son amarillos para representar la fuerza ascendente; en la mano derecha lleva el caduceo, la varita de Mercurio que tiene poder regenerador y sanador representa las fuerzas positivas, el calor, la vida, el solsticio de invierno, el espíritu ascendente y desnudo de lo material que se dirige hacia el juicio de la esfinge; es su ascención lo que crea movimiento en la Rueda.

El personaje de la izquierda es Tifón, un monstruo acuático terrestre. Tiene el cuerpo verde simbolizando las fuerzas materiales a las que deberá someterse de nuevo en su ciclo circular. La cabeza y el traje son rojos, y representan las egoístas pasiones materiales. El tifón es el genio de la materia en desorden, el solsticio de verano, la condensación; el tridente y las aletas le sirven para moverse en el agua. Es un ser espiritual a punto de reencarnarse.

Arriba de la Rueda tenemos la esfinge, principio de equilibrio. Lleva, como la Justicia una espada, porque su presencia también está asociada con el destino o karma; tiene rostro humano, pechos de mujer, alas de águila, patas y garras de león y cuerpo de toro. Es, pues, una síntesis de los emblemas de los cuatro evangelistas. Representa las cuatro fuerzas de la naturaleza, las cuatro razas humanas y los cuatro cuerpos:

FÍSICO
ETÉREO
ASTRAL
ESPIRITUAL

La cara roja simboliza el fuego, las alas azules simbolizan el aire, el pecho y las patas verdes simbolizan el agua y las patas traseras de color marrón simbolizan la tierra.

La Rueda de la fortuna es la visión de Ezequiel, la rueda del destino. El iniciado ha comprendido los secretos de la vida, gracias a la búsqueda interior.

El hombre elige el cuerpo físico para la purificación.

Ha pecado de presunción, pero puede volver al mundo de la luz.

La ley del karma permite rectificar, le da una nueva oportunidad.

La imagen de la Rueda de la fortuna está también ligada fuertemente a la del destino. En Grecia, el destino era simbolizado por las moiras, hilanderas y arañas que tejían la historia de los hombres. Es la mujer triple diosa, virgen, madre y hechicera en esta última manifestación.

Las moiras hallan su homólogo en otras culturas: parcas, nornas, *wyrds*. De ahí la importancia de la rueca en los cuentos populares: La Bella Durmiente, Penélope, la Hilandera de Mallorca. Las *Weyrd sisters* de Shakespeare, profetizan el éxito de Macbeth y su condena final. La escena de las hilanderas del *Holandés Errante* de Wagner tiene también connotaciones parecidas.

Existe una relación entre uno de los personajes de la Rueda de la fortuna y el Jano bifronte. Así lo atestigua este párrafo:

«Jano es un espíritu con dos cabezas, una de cristiano y una de animal, y cualquiera que desee un favor de ellos tiene que invocar a ambos y para ello tiene que sacar dos cartas del tarocco, generalmente la Rueda de la fortuna y el *diavolo indiavolatto* y ponerlas en el hierro de la cama y decir:

Diavolo che sei capo
di tutti i diavoli
la testa ti voglio stiaccare
fino che lo spirito di Jano
per me mon vai a pregare.»

El otro personaje pudo también representar al rey Midas. Cuentan que éste era tan estúpido, que después de curado de su desgracia de convertir en oro lo que tocaba votó en un juicio musical a favor de Pan contra Apolo. Éste, pues, le obsequió con dos grandes orejas de asno.

Las figuras de Hermanubi, Tifón y la esfinge sustituyeron a las que hemos mencionado a partir de la escolástica medieval. Ésta las utilizó como iconografía de la virtud de la prudencia, en una figura tricéfala ligada al concepto de tiempo. La prudencia tricéfala se remonta a Cicerón.

MEMORIA   = PASADO
INTELIGENCIA = PRESENTE
PROVIDENCIA   = FUTURO

La Rueda de la fortuna está ligada al simbolismo del diez: fin, llegada, retorno al uno.

El arcano número diez se llama también el Gran Arcano porque encierra todos los secretos de los iniciados.

XI. La Fuerza

La Fuerza cierra la primera vía del sistema binario. Es la vía activa, masculina.

Está representada por una mujer que lleva un ancho sombrero cuyos contornos dibujan el símbolo del infinito, el ocho horizontal que ya vimos en el sombrero del Mago. Sobre el sombrero vemos una corona de cinco puntas, símbolo de la realeza espiritual y la quintaesencia. Los cabellos son rubios: se trata de la sublimación de la materia. El rostro está sereno, denotando una gran paz espiritual que contrasta con la fuerza de su gesto. El traje es azul para denotar espiritualidad. Las mangas y el cuello de la capa son verdes y simbolizan la vitalidad. El escote está ribeteado de blanco para indicar la pureza. El manto es rojo, signo de energía, con un cordón espiral amarillo que representa dos corrientes, la positiva y la negativa, entrelazadas entre sí y en un movimiento complementario de izquierda a derecha y viceversa.

La Fuerza abre las fauces del león. Éste representa el mundo material, la pasión, los instintos, la ambición, los vicios y la negatividad del ser, que es lo que la Fuerza domina y controla serenamente.

La Fuerza es mujer dulce y voluntariosa, que obtiene su dominio sobre las fuerzas negativas con una gran suavidad.

La Fuerza no mata al león, solamente lo domestica utilizándolo después para hacer el bien.

La sabiduría de la Fuerza hace que comprenda que todos los seres son necesarios en este mundo. Su gran inteligencia está en corregir las energías desviadas, no en anularlas, ahogarlas o reprimirlas. Los instintos más bajos no deben matarse, sino sublimarse. La fuerza de voluntad se alcanza con la renuncia, se dominan los vicios con su eliminación gradual. La Fuerza simboliza en alquimia la transmutación de los metales. La Fuerza es la transformación.

Cuando el iniciado ha comprendido el misterio de la vida, debe efectuar la transformación, renovarse, cambiar de vida, de trabajo, de amistades. Así brotará el verdadero yo. Gracias a la fuerza interior se superan con facilidades todos los obstáculos.

Como en el caso de la Justicia, la Fuerza goza de un repertorio muy amplio en la iconografía cristiana, así como en la literatura, el teatro y la poesía.

Además, su imagen está ligada a los mitos y leyendas relacionados con pruebas de fuerza, como las hazañas de Hércules, y después las de Polichinela en la *Commedia del l'Arte*.

Hay en todas estas imágenes un claro sentido de sublimación de la sexualidad. A dicha sublimación ha ido siempre ligada la fuerza física, hasta el punto de que muchas veces ha recaído esta triste función sobre el deporte.

La Fuerza está asociada también al poder de domesticar las bestias: los casos más frecuentes son la domesticación solar, que se centra en la figura de un hombre dominando por la fuerza física a un león, y la lunar, una doncella dominando a un unicornio por la dulzura y la castidad.

En la Iglesia católica, el dominio de las bestias está enormemente generalizado en las vidas de los santos: san Jorge y el dragón, santa Margarita, san Antonio y el lobo, san Miguel y la bestia...

En muchas culturas y bajo muchas formas se ha desarrollado la fuerza de dominar a las bestias. Éste es un poder atribuido a las brujas y a las gitanas. En Irlanda existen hombres llamados susurradores de caballos, capaces de calmarlos y reducirlos a la obediencia.

Varios indios de Norteamérica tienen también secretos de comunicación con las bestias que les otorgan un poder especial sobre ellas. Un caso típico, extraído de siglos de mitología popular, son los domadores de los circos: desde los de elefantes a los de pulgas. Para domesticar caballos parece ser que existe una pócima de fabricación casera y transmisión popular.

La pócima se compone de avena, miel y medieagosativa, amasada con el sudor del domador al ponerla en contacto con su piel. Hay que hacer ayunar al caballo durante veinticuatro horas y después darle a comer el ungüento poniendo un poco de saliva del domador en la boca del animal, o algo de su pelo o de su sangre en la comida.

La Fuerza está ligada al símbolismo del número once.

El once suma al equilibrio del sello de Salomón, representado por el número seis, el símbolo del hombre, el pentagrama, representado por el número cinco. Es por ello el número del hombre en equilibrio, el pentagrama en el hexagrama. El once es un número muy favorable.

XII. El Ahorcado

El arcano del Ahorcado inicia el segundo ciclo de la división binaria: vía pasiva, femenina e interior. El mazo ya no influye en la acción, sino en la introspección. Por eso al colgado le cuelga, floja, la pierna izquierda, y tiene las manos atadas a la espalda. Vemos al Ahorcado colgado de un tronco amarillo que representa el pensamiento estático de la fe a la cual se ha unido. Este tronco amarillo se apoya en dos troncos verdes que representan la pasividad y la actividad. Uno tiene seis ramas rojas: es la espiritualidad activa, el doble hexagrama. El otro tiene las ramas cortadas: representa el sacrificio, la inmolación, de la cual el ahorcado es ejemplo.

La suma de ambas ramas es doce, el número de los signos zodiacales, el número también de la carta.

La cabeza del Ahorcado está mirando hacia la tierra. Esto indica que su tarea es terrestre: ayudar a los demás por una parte y, por otra, sintonizar con la naturaleza y vivir armónicamente con ella.

El traje es blanco y rojo: simboliza la pureza y la actividad que se enfoca a dispensar el bien.

En las faldas lleva dos medialunas opuestas. La medialuna blanca a la izquierda es creciente. Simboliza la intuición y la imaginación. La medialuna roja de la derecha es menguante: simboliza el esfuerzo de la aplicación y el desgaste que produce la actividad.

En el traje, el Ahorcado lleva seis botones. Dos de ellos son blancos y representan la fe y el misticismo.

Los otros cuatro son rojos: su simbolismo es el de una actividad que conduce a la renuncia y al sacrificio por los demás. El Ahorcado elige el sacrificio, pero su rostro es sereno y sonriente.

Sus brazos sostienen dos saquitos de los que caen monedas de oro y de plata. Estas monedas representan los tesoros espirituales que el Ahorcado posee y dispensa generosamente.

Las monedas de oro, asociadas al sol, simbolizan las ideas justas y la capacidad del conocimiento. Las monedas de plata, asociadas a la Luna, simbolizan el alma con sus sentimientos y sus deseos. Estas monedas caen porque el Ahorcado disculpa a los demás y les regala sus dones, fecundando así la tierra con su bien. En total son cinco monedas, el número de la quintaesencia.

Existe una fuerte relación entre el Ahorcado y la figura del sacrificio de Jesucristo en la cruz. En primer lugar encontramos en ambos la forma de cruz, aunque los cuerpos que la forman no sean los mismos. El Ahorcado está al revés para insistir en su condición humana frente a la de Cristo, divina. En ambos se halla también la idea de sacrificio feliz y de inmolación por los demás. Las monedas que caen del Ahorcado recuerdan a aquellas que Judas obtuvo por la venta de Jesús.

Con la cabeza y los brazos, el Ahorcado forma el triángulo con el vértice hacia abajo, símbolo del microcosmos y de la condición humana. El Ahorcado simboliza el sacrificio del iniciado, su alto grado de misticismo alcanzado a base de disciplina y pruebas, su santidad y su ascetismo. Simboliza también el sacrificio de la propia vida, la muerte escogida libremente para ayudar al prójimo sostenido por una fe superior.

En otro orden de cosas, también se puede interpretar que el Dyonisos/iniciado debe morir para renacer.

En Grecia, en invierno se colgaba de los árboles la figura de Dyonisos para asegurar la próxima fertilidad de las plantas y su crecimiento robusto en primavera.

La leyenda europea de *Jack y la habichuela* nos da otro ejemplo de personaje colgando de una planta. Jack colgaba de la habichuela mágica que creció repentinamente hasta el cielo.

El árbol puente entre el cielo y la tierra es muy corriente en todas las mitologías, y no es raro encontrarlo asociado al sacrificio voluntario de un hombre.

En el antiguo poema nórdico *La caída de supremo* podemos leer lo siguiente:

¡Durante nueve noches de tormenta colgué del árbol
herido por mi propia espada
Odin a Odin consagrado
una ofrenda a mí mismo
atada a ese poderoso árbol
cuyas raíces no conocen los
                    [hombres
nadie me dio de comer
nadie me dio de beber
abajo en el abismo anduve errante
y examiné, los misterios!
Luego caí en las tinieblas con un
                    [fuerte grito
logré el renacimiento
y también la sabiduría
pues me hice fuerte y eminente en
                    [mi crecimiento
así de un misterio fui llevado a un
                    [segundo
de una acción a otra.

Aunque el poema se refiere oficialmente a Jesucristo, podemos ver claramente raíces más antiguas y referencias al arquetipo al que también representa el Ahorcado.

Judas Iscariote, el apóstol traidor que vendió a Jesucristo, también se ahorcó.

En todos estos ejemplos encontramos el símbolo del árbol sagrado —presente en infinidad de culturas y religiones— y el de la inversión. Ambos son enormemente antiguos y primitivos y están extendidos por todo el mundo. Son parte de ritos iniciáticos de pasaje. En la ópera *Die Zauberflote* de Mozart el príncipe Tamino y la princesa Pamina también pasan las pruebas atados y con los ojos vendados.

Desde una pespectiva junguiana, el Ahorcado representa un punto de cambio en la vida psíquica del individuo. Se produce un enfrentamiento cara a cara con el subconsciente, simbolizado por un descenso al submundo.

Desde el punto de vista numerológico, el doce es la unión del siete y del cinco, es decir, del hombre con el mundo visible. Es el número de los apóstoles cristianos, la semilla que extendió el cristianismo por el mundo entero. Representa el sacrificio del hombre.

Es también el número zodiacal por excelencia.

XIII. La Muerte

Este arcano no corresponde a ninguna letra hebrea en la interpretación cabalística del tarot. Además, está numerada con el XIII, pero el nombre del arcano no está escrito.

La Muerte es una imagen hermana de la Rueda de la fortuna. Ambas nacieron en la misma época y fueron hijas de una misma sociedad, cultura e ideología.

Concretamente la imagen de la Muerte se popularizó durante las pestes del siglo XIII, y sobre todo del XIV, en toda Europa. Las pestes atacaron a la población con una violencia que jamás se había conocido. Nadie por entonces, ni los que asistieron a la Cruzada, ni los más ancianos, habían visto morir tanta gente en tan poco tiempo.

La peste, a diferencia de otras enfermedades no infecciosas, atacaba, además, completamente al azar. Morían niños, ancianos, jóvenes, mujeres embarazadas, hombres recios como robles. No había ninguna selección lógica, ningún orden, ya que la enfermedad dependía exclusivamente del contagio, y las condiciones sanitarias del momento no permitían evitarlo, ni siquiera conocerlo clínicamente. De estas circunstancias nació la idea de que la muerte era tan aleatoria como la suerte y de que, en definitiva, era lo que a todos los mortales podía igualar: algo que los grandes cambios sociales del Renacimiento habían hecho muy comprensible, por otra parte.

En toda Europa se popularizaron las llamadas *danzas de la muerte*, poemas con imágenes en las que podía verse cómo la muerte segaba las vidas de una extensa galería de personajes: reyes y reinas, mendigos, artesanos, comerciantes, madres, ladrones, eclesiásticos y monjes...

La Iglesia católica aprovechó la imagen de la muerte como una advertencia contra el pecado, en el que la muerte podía sorprender al individuo repentinamente, condenándolo al infierno. Éste fue un tema favorito en la escultura y la pintura barrocas y de la literatura y el teatro, especialmente en España.

La Muerte está representada en la carta por un esqueleto color carne que simboliza la muerte del materialismo. Representa también el cambio continuo, y engloba en este sentido a las doce cartas anteriores.

Lleva una guadaña blanca, símbolo del alma que acaba de ser abandonada por el cuerpo. La guadaña es la que restituye el cuerpo a la tierra a quien pertenece.

Su mango rojo simboliza el fuego que transforma y purifica todo aquello que toca, aunque también lo mata. En el suelo vemos algunas cabezas cortadas.

La cabeza desnuda de mujer significa el amor y la simpatía espiritual. La cabeza coronada es signo de inteligencia, voluntad, nobleza y otras cualidades que no pueden morir con el cuerpo. Las manos significan la acción, que tampoco se interrumpe con la muerte del individuo. Los pies, a su vez, son símbolo de la continuidad y de la pervivencia de las ideas.

La carta indica por tanto que el hombre es espiritual, no físico. Muere su cuerpo pero no su alma. Por todo ello, el arcano de la Muerte representa la vida y la renovación. Esta misma idea es la que simbolizan las plantitas que acaban de nacer esparcidas por el suelo. El iniciado, para proseguir, debe morir y renacer: renunciar y después construir por la nueva vía. Es algo que ya hemos visto insinuado en la carta anterior, pero que ahora se consuma completamente: el resultado del sacrificio voluntario del ahorcado es la muerte y el objetivo una nueva vida.

El hombre domina aquí sus cuerpos más sutiles:

— El cuerpo etéreo
— El cuerpo astral
— El cuerpo mental inferior
— El cuerpo mental superior

Accede así a los dones de clarividencia y taumaturgia.

La muerte es, pues, un nacimiento y el nacimiento es una nueva muerte.

En la iniciación, la muerte significa cambio y se asimila al proceso de la semilla y de la crisálida.

Encontramos de nuevo la imagen de Saturno, el tiempo, con su guadaña y su reloj de arena. Es también Caronte, el barquero que transportaba las almas de los muertos a través de río Aqueronte, que bordeaba el Averno, sede de los infiernos. Los cadáveres se enterraban en Roma con monedas en la boca, destinadas a Caronte, para que cumpliera con mayor interés su misión y condujera el alma del muerto a su destino con toda prontitud. En Egipto, el dios Anubis cumplía la misma función de guía de muertos, y recibía también toda clase de ofrendas en los ritos funerarios. Durante la Edad Media la cristiandad asignó esta función al Ángel de la Muerte, que los cabalistas llaman Azrael.

Numerológicamente, la Muerte está asociada al trece, un número problemático para los supersticiosos pero que, como hemos visto, tiene connotaciones negativas solamente si se lee incorrectamente.

Jesucristo con los doce apóstoles es representado por el número trece. Se considera que cada apóstol es una faceta suya. Se ejemplifica así como el mal (Judas) es tan necesario para el Todo como el bien, ya que Judas contribuyó a la crucifixión que redimió al mundo. El mal que se utiliza no se dispersa, sino que se integra en algo que le engloba y le supera, contribuyendo en definitiva al bien.

XIIII. La Templanza

La Templanza cierra la segunda vía de las tres de siete, la que corresponde al alma, es decir, a los estados anímicos. Es la tercera de las virtudes cardinales que se halla representada de manera explícita en el tarot.

Se trata de una mujer alada, ya que su campo de acción es el elemento trascendente. Está pasando el líquido de una ánfora de plata que tiene en la mano izquierda, a una de oro que tiene en la derecha. Cambiar los líquidos de vasija sucesivamente es lo que tradicionalmente se hace para enfriarlos, es decir, para *templarlos*, como indica el nombre del arcano.

El ánfora de plata simboliza el sentimiento, la imaginación y la introspección. También representa al conocimiento en ciencias ocultas, magia y experiencias místicas. El ánfora de oro representa la conciencia, la actividad, la razón, el conocimiento superior al servicio de la vida física. Toma de un depósito superior las energías vitales que, condensadas, crean el equilibrio mágico. El líquido que pasa de una jarra a otra es la sustancia que produce el gran cambio, lo que los alquimistas llaman transmutación.

Todo el arcano simboliza que el iniciado es capaz de absorber el conocimiento superior oculto, que le viene de lo alto misteriosamente, y de repartirlo y aplicarlo en este mundo, en todos aquellos casos que se le presenten y para todos aquellos que lo necesiten. Es el equivalente del prana hindú y del santo que obra milagros materiales en la religión cristiana, y en general casi todas las religiones.

El vaso de oro está a disposición de todos. Aquel que intente curar a los demás poseyendo sólo el vaso de oro y sin absorber sustancias del superior de plata, podrá practicar sólo pequeños prodigios útiles; el magnetismo y la utilización de la energía vital que poseen todos los seres vivos. Gastará muchas energía para obtener pequeños resultados. Tendrá que sacrificar mucho de sí y de otros seres para obtener un pequeño beneficio supranatural. Pero aquel que pueda absorber la sustancia del vaso de plata, el conocimiento de lo alto, recibirá las vibraciones etéreas y podrá obrar prodigios sin desgaste alguno, ya que los dones de lo alto se otorgan a cambio de nada. Ésta es la medicina de los taumaturgos y los sabios, distinta de la de los curanderos y los oportunistas.

La mujer que representa a la Templanza es rubia y lleva el signo del sol en la frente. Esto significa que su acción está dominada por las directrices del espíritu, por la luz del conocimiento. Su traje rojo, azul, verde, blanco y amarillo, simboliza la actividad, el espíritu, la vitalidad, la pureza y el mundo material que tiene como campo de acción.

A sus pies nace una flor roja que está a punto de abrirse. Esa flor es alimentada por el líquido que se ha vertido. Tiene tres hojas, representando la Trinidad.

La Templanza está asociada al ángel solar, Raphael.

El líquido vertido recuerda el bautismo de Cristo y el sacramento del bautismo cristiano en general, la purificación y los ritos de iniciación.

Se asocia, pues, al agua y la sangre (el agua es el elemento anímico de la tierra, la sangre de la tierra. Ésta se evapora y al condensarse cae en lluvia, arrastrando consigo el aire, elemento espiritual del planeta). Se asocia también al signo de Acuario, y a Ganímedes, el copero de Zeus. El bautismo es el rito del compromiso, la confirmación del camino elegido; confirma también la libertad de elegir y la elección propiamente dicha.

Algunos expertos asocian la figura de la Templanza con las instrucciones de la *Tabla Esmeraldina*, un texto atribuido a Hermes Trismegisto difundido por el alquimista árabe Jabir ibn Hayyan en el siglo VIII, que fue considerado durante mucho tiempo como clave de la transmutación para la obtención de la piedra filosofal. Obviamente, el significado de la *Tabla Esmeraldina* es oscuro y se presta a toda clase de interpretaciones. A continuación lo citamos para que el lector juzgue por sí mismo:

Tabla Esmeraldina
de Hermes Trismegisto

«De veras no hay mentira,
es exacto, sumamente cierto.
Lo que es arriba es igual a lo que
[es abajo
como es abajo es arriba,
de modo que pueden realizarse por-
[tentos por esta Unidad Cósmica.
Todas las cosas se vuelven reales
[por esta Unidad,
todas las cosas fueron creadas en
[un principio por adaptación a ella.
Su padre es el Sol y su madre la
[Luna.
El viento la lleva en su matriz y la
[Tierra la cuida.
Es autora de todo milagro en todo
[universo.
Su poder es total.
Puede ser descendida a la Tierra
donde procede a separar la tierra
[del fuego
lo espiritual de lo grosero.
Luego suavemente y con gran
[ingenio
lo eleva de la Tierra al cielo otra
[vez.
Sólo para descender una última vez
habiendo unido en sí misma
los Poderes Ocultos del arriba y
[del abajo.
De este modo puedes llegar a tener
[la luz del universo entero
tal que toda oscuridad habrá de
[huir de ti.
Esta Cosa es la esencia del poder
abarca todo lo que es sutil
y penetra todo lo que es sólido.
De este modo fue hecho nuestro
[mundo.

Y de este modo pueden realizarse
[muchas maravillas.
Y por causa de ello me llaman
[Hermes Trismegisto
tres veces grande
porque tengo tres tercios de la
[sabiduría del mundo entero.
Lo que tengo que decir
de la Operación del Sol
está ahora terminado.»

Numerológicamente la Templanza se asocia al catorce, que es un doble siete: dos veces el mundo.

Simboliza la purificación del alma por el bautismo. También representa la perseverancia, la constancia y el tesón.

Es el acuario renovador, que se presenta ante un futuro audaz y libre en el que hay un fuerte equilibrio entre consciente e inconsciente (las dos ánforas).

XV. El Diablo

El arcano del Diablo inicia la tercera vía ternaria de siete, que está consagrada al cuerpo.

La figura del diablo está ampliamente ilustrada en la iconografía cristiana, y también en las mitologías griega y romana, así como en las religiones orientales. Esta profusión de imágenes aplicables a la idea del diablo hacen de este arcano una figura excepcionalmente rica en símbolos, procedencias y evocaciones.

El Diablo está representado de pie, en un pedestal encadenando a dos diablillos subordinados. Con la cabeza, los cuernos, las orejas y la barba, forma la inversión del pentágono que representa al hombre; el pentagrama. Se trata del mismo pentagrama que aparece en el Arcano V, el Papa, pero puesto del revés.

Este pentagrama es el inverso del hombre.

El inverso del hombre es la Bestia, cuyo número es el 666.

El Diablo es el amo del mundo material. Esto es lo que quiere decir el color amarillo de sus cuernos; a través de ellos el diablo recibe la energía del mundo como si fueran antenas.

Entre los dos cuernos tiene un pequeño rizo que surge de su cabeza roja. Simboliza el fuego de los instintos y las pasiones, que surge de su mente. En la frente luce un pentagrama blanco: también en el diablo hay algo de la divinidad, y en potencia el hombre que dominará la materia. El diablo es andrógeno, hermafrodita, tiene caracteres de los dos sexos. Los pechos tienen pezones rojos que simbolizan la alimentación material de la que se nutre el Diablo. En el pubis lleva el símbolo de Mercurio, formado por los de Venus y la Luna. Este símbolo significa su bajeza y su incapacidad para evolucionar y desarrollarse. La cruz invertida simboliza el deterioro, la detención de la evolución en el ser. La guadaña significa la actividad material. Juntos, se unen el sol masculino y la luna femenina. El tórax, los pechos y el ombligo forman un triángulo con el vértice hacia abajo. Representa el microcosmos, el mundo de la materia. Con la mano izquierda sostiene la unión entre los dos sexos. El horizontal es amarillo, pasivo y femenino. El vertical es fálico, rojo, activo y masculino.

En la mano derecha lleva un cirio encendido: en él arden, alimentándolo, el egoísmo y los deseos. Su fuerza se disuelve en humo hacia la luz astral de la tierra.

Así, el brazo derecho disuelve y el izquierdo coagula.

Cada vicio tendrá una repercusión en el mundo físico, esto es lo que los hindús llaman el karma negativo.

Gracias a estas energías el hombre podrá tener un cuerpo físico en el mundo y la oportunidad de purificarse hasta alcanzar el Nirvana.

Las piernas del Diablo son de cabra, con escamas verdes: simbolizan sus bajos instintos, salvajes como la cabra y rastreros como los de la serpiente.

En el Diablo vemos así representados los cuatro espíritus elementales:

GNOMOS, TIERRA	=	PEZUÑAS Y PATAS
ONDAS, AGUA	=	ESCAMAS
SÍLFIDES, AIRE	=	ALAS
SALAMANDRAS, FUEGO	=	CABEZA ROJA

Las alas azules son de murciélago para representar el ser negativo creado por los pensamientos oscuros y turbios de los hombres. Este ser se mueve en la oscuridad y siente terror al agua y la luz.

Las garras en las alas indican que el diablo es un ser espiritual, de naturaleza etérea, que ha escogido una vía material de realización: he ahí su contradicción. En este sentido la imagen del Diablo hace referencia al ángel caído del Génesis y al origen angélico de Satanás.

El hombre alimenta al diablo con su comportamiento, el diablo perdudará mientras el hombre aliente deseos y vicios.

El pedestal en el que se apoya el diablo es el mundo material en el que acontecen sus acciones. Es de color azul para indicar que el diablo se mueve también en el ámbito de lo espiritual. Los tres escalones superiores e inferiores, sirven para indicar la doble acción: «lo que es arriba es abajo», como dice la *Tabla Esmeraldina*.

A un lado el Diablo tiene una diablilla encadenada, representando la polaridad negativa, femenina. Su color es verde, correspondiendo a Venus, la diosa a la que está asociada. Simboliza los vicios capitales femeninos:

ENVIDIA
GULA
LUJURIA
SOBERBIA

Al otro lado está el diablillo que representa la polaridad positiva, masculina. Su color es amarillo, correspondiendo a Saturno, el Dios al cual está ligado. Simboliza los vicios capitales masculinos:

IRA
PEREZA
AVARICIA

El Diablo capta el fluido vital del sátiro y lo pasa a la fauna a través de la pezuña. La fauna lo recoge con sus cuernos y pezones y lo envía al sátiro por el nudo de la argolla que los ata al pedestal y por sus pezuñas y orejitas amarillas. Esto significa que estas energías pasan a través del mundo material.

El iniciado al comenzar su camino está inmerso en este mundo de materia. Debe eliminar sus vicios, controlar sus deseos y utilizar las fuerzas inferiores al servicio de un objetivo superior. Sin embargo, el iniciado debe también saber que el mal existe porque existe el bien, como las sombras existen en función de la luz. El mal nunca podrá ser erradicado totalmente: se trata de utilizar su fuerza para fines positivos. Siendo el hombre un ser espiritual que habita un mundo de ilusión, puede siempre transcender y volver al mundo espiritual al cual pertenece.

La baja magia nos ata a estas fuerzas. La magia negra también nos ata a ellas. Sólo la alta magia blanca puede ayudar al iniciado a transcender. Dentro de una perspectiva cristiana, el diablo es el mundo material, luz entretejida de la que Lucifer es el artífice, el Gran Maestro.

La Naturaleza nos atrae y la muerte nos da miedo: eso es el apego a la vida material, reino del diablo. El diablo es la sombra de Dios. Como tal, indica que la luz existe; las tinieblas ponen en evidencia la luz.

Las fuerzas materiales pueden ser bien utilizadas y purificadas por su uso, pero el loco sucumbe a ellas y por ellas es dominado.

Éste es exactamente el mensaje eclesiástico sobre el diablo: de una representación simbólica de un lado de la realidad, la Iglesia ha hecho una amenaza para acrecentar su poder y su control.

El diablo es un ser del submundo en todas las religiones. Tiene a su cargo a los antepasados y a los muertos. El infierno no era antes del cristianismo un lugar de dolor, sino simplemente la residencia de aquellos que ya no están en este mundo.

De ahí que el diablo pasó a ser en la mitología griega y romana guardián y capitán de titanes, vampiros y monstruos. Finalmente, el cristianismo convirtió el infierno en lugar de tormento para sus moradores, los muertos en pecado. El diablo pasó a ser Rey de este desagradable lugar, fue la Iglesia quien hizo del diablo un ser amenazador, negativo y terrible, con el cual atemorizar y esclavizar a los creyentes.

El demonio tiene cuernos de cabra como el Dyonisos griego, alas de murciélago como el ángel caído y un tridente o antorcha como Poseidon, el dios de las profundidades marinas. Su iconografía se asocia a la de Mitra, Dyonisos y Orfeo, todos ellos relacionados con el solsticio de invierno y la prueba a realizar antes de nacer a la nueva vida.

El Diablo, asociado al número quince representa la quintaesencia de los tres cuerpos ($3 \times 5 = 15$): material anímico espiritual.

Las piernas del hombre corresponden a los cuernos del diablo, los brazos a sus orejas, la cabeza a su hocico. El Diablo es el Gran Cabrón de las confesiones de las brujas a la Inquisición, probablemente inventado por los eclesiásticos más que por las brujas.

El Diablo es tradicionalmente el rey del mundo material, capaz de transmutar las piedras en diamantes y el hierro en oro, sus aspectos negativos corresponden a los siete planetas:

SOL	=	ORGULLO
MERCURIO	=	ENVIDIA
JÚPITER	=	GULA
SATURNO	=	AVARICIA
LUNA	=	PEREZA
MARTE	=	IRA
VENUS	=	LUJURIA

XVI. La Torre
(La Torre fulminada)

El Arcano XVI, correspondiente a la Torre, es uno de los más complejos del tarot.

Corresponde a un monumento muy antiguo con claras implicaciones fálicas, asociado por la imagen con la Torre de Babel, y por ello relacionado con la problemática del lenguaje y de la comunicación.

Simboliza también la encarnación humana del espíritu en esta vida.

Los ladrillos son las partes del cuerpo, y a nivel colectivo los individuos de una sociedad. En ambos casos representan la materia viva.

Las almenas ribeteadas de oro son el signo del espíritu, y sus ladrillos rojos la representación de la actividad espiritual, mientras que los verdes simbolizan el misticismo: toda la parte alta de la Torre está referida simbólicamente a la religión.

Según la interpretación cristiana, la parte que cae representa la caída de las «falsas» religiones (todas las que no son el cristianismo, evidentemente). En la Torre hay una abertura grande, sin puerta. Significa que es fácil entrar en ella. Más arriba hay pequeñas aberturas bordeadas de rojo, simbolizando la actividad constructora: una corresponde a la ciencia y a la tecnología, otra al razonamiento y a la psicología, y la tercera a la ambición, la presunción y las especulaciones sobre temas religiosos.

Un violento rayo de sol fulmina la torre. Es la ley divina que viene de lo alto. Los dos rayos rojos representan la acción purificadora. La nube es la energía etérea que se expande. Los dos personajes están cayendo de la torre; son castigados por su presunción. El rey cae, pero conserva la corona, lo cual significa que puede caer el individuo, pero no la institución; al caer escribe la palabra AYN. Los colores de su traje son simbólicos: azul por la espiritualidad, rojo por la voluntad, verde por el misticismo y el amarillo de la pierna izquierda y la cintura por el materialismo y los vicios.

El otro personaje que cae es el arquitecto constructor de la Torre.

Los colores de su traje son el rojo para indicar la actividad constructora y las mangas azules símbolo de espiritualidad. El arquitecto de la Torre (que representa al cuerpo) se pone al servicio del rey (el alma) y construye un hombre.

Fulminado el hombre, el arquitecto morirá con él. Un ladrillo le caerá en la nuca.

En la explosión de la Torre vemos dispararse esferas multicolores, que representan la condensación de las energías vitales. Las rojas hacen referencia al cuerpo astral. Las verdes al cuerpo etéreo. Las amarillas al cuerpo físico.

Las esferas subsisten un tiempo en el aire, entremezcladas, antes de caer definitivamente a tierra.

Hay dieciséis esferas, ya que nos encontramos en el Arcano XVI.

De la Torre caen siete ladrillos, que representan el setenario base del mundo material.

La Torre nos advierte: construir buscando los bienes materiales e inmediatos trae la desgracia. Es como edificar la torre sobre la arena. Los placeres, las riquezas y el poder poco valen, y su valor se diluye como la niebla en la mañana; si no queremos caer y volver a empezar tenemos que ser dueños y no esclavos del mundo.

En el tarot francés la Torre viene denominada como *Maison-Dieu* u *Hospital*. *Maison-Dieu* era el nombre que recibía en Francia el hospicio donde iban a parar los enfermos no contagiosos, los locos, los huérfanos y los indigentes. La palabra *casa de Dios* puede referirse a la idea de templo o a la de lugar de caridad, y en ambos casos estar asociada a la edificación divina.

En este sentido puede también hacer referencia al Templo de Jerusalén, y por oposición a la casa del diablo.

Ya hemos mencionado la asociación de la Torre con Babel. En esa ocasión, Dios, viendo que los hombres pretendían llegar hasta el cielo, para castigarlos confundió sus lenguas y fomentó la incomprensión y la incomunicación entre ellos. Por esta razón se hundió la Torre. La Iglesia católica tiende a eludir este dato, culpando a los hombres por sus peleas en la construcción de la Torre, pero la Biblia es bien clara al respecto: la Torre de Babel fue una venganza del Dios de Israel porque los hombres habían imaginado poder igualarle en fuerza.

En la misma línea, la Torre se hace extensiva a toda una ciudad y puede ser relacionada con Sodoma y Gomorra, o incluso con la Atlántida.

CINCO ESFERAS AMARILLAS	
CINCO ESFERAS VERDES	ENERGÍA MATERIAL
SEIS ESFERAS ROJAS	ENERGÍA ESPIRITUAL

Simboliza la renovación de la materia muerta por un fuego completamente exterior: el fuego de lo divino.

La materia es el revestimiento del ser. El cuerpo físico es el de nivel más bajo. Está unido a seis cuerpos más, en el siguiente orden:

CUERPO FÍSICO
CUERPO ETÉREO
CUERPO ASTRAL
MENTE INFERIOR
MENTE SUPERIOR
CUERPO CAUSAL
SI ESPIRITUAL

Cada cuerpo se une al que le sigue y depende del que le precede. El cuerpo material también debe ser cuidado con esmero, ingiriendo alimentos apropiados, llevando un ritmo de vida sano y respetándolo sin divinizarlo.

La Torre es el Arcano XVI, asociado a Marte, a la guerra, y a la destrucción de la materia. Simboliza también la disciplina y el autocontrol necesarios para alcanzar cualquier objetivo.

XVII. La Estrella (Las Estrellas)

La Estrella por excelencia es Venus, el lucero del alba, la estrella que brilla con más fuerza en el cielo nocturno. De ahí el tarot toma la simbología iconográfica que se halla unida a algunos otros elementos mitológicos, todos ellos relacionados con la belleza, la luz y el bien. Es ésta una carta sumamente favorable.

La Estrella representa la evolución del cuerpo, el aspecto positivo del mundo material y la comunión con la naturaleza.

El hombre no debe sacrificarse hasta el punto de morir; el respeto por el cuerpo debe acompañar también al crecimiento espiritual y al descubrimiento de las grandes verdades interiores.

La Estrella simboliza también el amor a la naturaleza, y la vida en sintonía con ella.

La Estrella está representada por una joven muchacha desnuda de largos cabellos rubios. En la mano izquierda sostiene un ánfora de plata, con la que vierte líquido sobre la tierra. En la derecha sostiene un ánfora de oro y vierte el líquido sobre el espejo del agua. En ello, la Estrella se asemeja a la Templanza. Su ánfora de plata significa el sentimiento, la imaginación y el saber oculto y superior. Su ánfora de oro representa la conciencia, la actividad y los poderes de la razón.

El líquido que cae sobre la tierra es la parte física. El líquido que cae sobre el agua es la parte anímica. Ambas conforman la comunión con la naturaleza.

A la derecha de la joven vemos un árbol. El árbol es una acacia que simboliza la inmortalidad. Sus hojas nuevas significan el brote de la búsqueda interior.

A la izquierda vemos un arbusto. El arbusto es un rosal rojo y simboliza el amor y la belleza.

Tiene dos ramas con cinco hojas cada una; en total son diez hojas. El número diez es la realización total del amor y la belleza. Las plantas viven gracias a los fluidos vitales que les llegan de la tierra. La madera de acacia y la rosa son los símbolos primarios de los rosacruces, cuyo lema es la fe no ciega, sino investigadora.

Sobre la rosa, vemos algunas mariposas azules. Son los pensamientos elevados del alma del iniciado. Las manchas rojas significan la acción. La mariposa es el símbolo más característico de la transformación: elimina las escorias, se libera de su peso y se da alas. A partir de entonces se alimenta de flores. Asimismo, el pensamiento se eleva dirigiéndose al bien y al amor.

Al fondo del paisaje vemos un gran precipicio, para indicar que el equilibrio de la Naturaleza es fuerte, pero a la vez frágil, y puede ser alterado por el hombre consciente o inconsciente.

En el cielo vemos ocho estrellas: siete de ellas forman el setenario, y la más grande es Venus, o Lucifer, dispensadores de energía material.

La Estrella tiene ocho grandes rayos verdes que indican el deseo de materializarse. Los rayos de oro son signo de la ley divina y de su trascendencia. Cuatro estrellas de oro forman un cuadrado. Representan a Mercurio, Marte, Júpiter y Saturno, planetas próximos a Venus.

De las dos estrellas azules, la de la derecha es la razón y la de la izquierda es la intuición y los sentimientos. La estrella azul sobre la cabeza de la muchacha representa la estrella personal de cada uno, nuestro destino escrito en el cielo, el espíritu guía y ángel custodio.

Según Paracelso, a cada hombre correspondía una estrella en el cielo, y su historia estaba ligada a su curso. Esta idea se inserta en el contexto del microcosmos y el macrocosmos, en donde «como es arriba es abajo».

Según la astrología tradicional el hombre no es de naturaleza terrestre, sino astral. Nace en un tiempo zodiacal prefijado, tiene un destino regido por los astros e influencias astrales notorias. El arcano de la Estrella corrobora esta idea. Los astros poseen alma y espíritu.

La carta representa también el sueño profundo, durante el cual el hombre puede dejar su cuerpo y viajar astralmente.

El arcano se refiere en todo a Venus o también a la figura del Dyonisos renacido, llamado Iaco. Nótese la relación de Iaco con Iago (Santiago) y la asociación del Camino de Santiago de Compostela con el Camino de las Estrellas.

Venus es la Istar, Astarté babilónica.

La Estrella es también el cometa de Belén que vieron los Reyes Magos e interpretaron como signo de nacimiento, renovación, noticia de alegría. La estrella es luz materializada, emanada por Lucifer (Lucifer significa el-que-hace-la-luz), el cual materializa todo lo que en este mundo existe.

Es también signo de tiempos propicios, alegría, felicidad y realización. Las influencias astrales y el entorno nos serán favorables.

La Estrella es el bien, la belleza y el amor conquistados por la sabiduría y ofrecidos en forma de regalo por la naturaleza misma.

XVIII. La Luna

La iconografía que da sentido a esta carta es esencialmente la astrología. Las connotaciones del arcano son claramente las atribuidas al satélite de la tierra, la fuerza femenina, el Cáncer por excelencia.

La Luna significa la magia, el conocimiento de las fuerzas ocultas. Indica un camino peligroso, lleno de trampas y de engaños. No se podrá recorrer sin pasar por muchas pruebas y haciendo incontables renuncias y sacrificios. El camino de la Luna está lleno de peligros.

Vemos un cangrejo rojo en un lago. Así se mueve el inconsciente en la psique del hombre, siempre en el pasado o a partir de los recuerdos e imágenes almacenados.

El cangrejo devora los «contenidos arrepentidos» de nuestra mente, todo lo que no queremos saber o recordar, lo que no puede emerger a la conciencia, siendo arrastrado a lo más profundo del agua que representa la mente.

A la orilla, un sendero bordea el agua: es fácil caer en ella. El sendero pasa entre dos perros. A partir de ahí se vuelve cada vez más tortuoso y finalmente se pierde.

El perro de la derecha es negro, grande. Está estirado en el suelo, simboliza el materialismo y ladra a todos aquellos que están en contra de lo establecido e inclinados al vicio. A la izquierda hay un perro blanco, pequeño, que está sentado. Es símbolo de pureza y elevación. Ladra a los incrédulos, a los impíos y a los ateos; en resumen, a los que atentan contra la legitimidad de los valores espirituales de la Iglesia católica, ya que la interpretación es en este caso cristiana.

Para seguir su camino el hombre debe pasar entre esos dos perros. Los perros guardan relación también con la manada de sabuesos de Diana, custodios del infierno.

Al fondo del arcano vemos dos torres como la del Arcano XVI, pero a diferencia de aquélla estas torres están vivas. Tienen almenas de oro, representando la inteligencia. Abajo tienen ladrillos rojos para indicar la actividad que desarrollan. Todo el arcano encierra una gran advertencia: la meta no puede ser alcanzada sin luz.

La luz de la Luna es buena para los secretos de lo oculto porque distorsiona y falsea lo evidente.

La torre de la derecha advierte que no se debe perder el equilibrio psicofísico ni el control del cuerpo. Su puerta es visible, porque la advertencia se refiere al mundo físico conocido.

La torre de la izquierda advierte de los peligros que encierra la propia mente, la exaltación, el delirio, las alucinaciones, la paranoia, las depresiones y las neurosis. La puerta no es visible, porque los peligros de la mente no son aparentes o tangibles.

Las torres pueden ser también entendidas como columnas del Templo de Salomón, Jakin y Boaz, o como las dos columnas de Hércules a los dos lados del estrecho de Gibraltar.

La Luna en el arcano tiene un perfil femenino con trazos algo hinchados: representa la falsa belleza.

Sus dieciocho rayos amarillos indican la actividad material. Sus rayos rojos, la débil acción espiritual.

Estos rayos significan que la Luna, la visión y el temperamento lunáticos favorecen una apreciación subjetiva de la realidad.

Las gotitas al revés son energías que se evaporan, ya que la Luna no da energía y calor, sino que lo absorbe. El mensaje al iniciado es el siguiente: para proseguir el camino hay que pasar por la luna para dirigirse al sol.

Quien se encamina hacia lo paranormal y se detiene allí, se queda a medio camino y en falso terreno: es el lugar de la perdición que desemboca en la locura. La luna es un lugar de paso.

La luz de la luna favorece la maduración para la gran verdad. Es la sede de la imaginación, la intuición, el inconsciente, lo femenino. La luna está asociada a la plata como metal.

Según su posición simboliza diferentes estados:

CON LAS PUNTAS HACIA ARRIBA	= TRIUNFO SOBRE LA MATERIA
CON LAS PUNTAS HACIA ABAJO	= SUMISIÓN Y SERVILISMO A LA MATERIA

Levantada por el pie del hombre, significa que éste controla y domina sus fuerzas (así es como se representa a la Virgen María).

El infierno ha sido conquistado. Después de derrotar al diablo, el iniciado renace y es recibido en el averno como Osiris, Dyonisos o Mitra.

Las fases de la Luna son las tres formas de la diosa femenina:

NUEVA	=	DONCELLA	=	PERSEFONE
LLENA	=	SEÑORA	=	ASTARTE
OSCURA	=	HECHICERA	=	HECATE

Existe una fuerte asociación entre la luna y todas las cosas reflectantes: al espejo se le llama «luna» y también al cristal, por la leyenda de Medusa, el escudo de Perseo. Otra razón es que la luna refleja la luz del sol, del mismo modo que el espejo no tiene imagen propia. Según esto, están asociados a la luna los espejos, cristales, el agua, la plata y el estaño.

Por otra parte, la relación de la luna con el agua del mundo tiene un soporte físico (corriente y mareas), así como en el caso de la luna y la mujer.

La idea de reflejo nos lleva a las connotaciones de engaño y alucinaciones, propias también de este arcano.

El iniciado deberá distinguir el engaño de la verdad, las alucinaciones de las realidades. Evitará quedarse en los meandros de la baja magia anecdótica; no se contentará con lo pequeño, como doblar clavos con la mente o adivinar cartas, o leer en libros cerrados: la mediocridad es peligrosa.

Irá más allá hasta alcanzar el amor y la taumaturgia. Sólo así podrá librarse de los peligros que acechan a los que han sido introducidos en los secretos de las ciencias ocultas; sólo yendo más allá será capaz de dominar el más acá y de no sucumbir a sus peligros.

XVIIII. El Sol

Como la carta anterior, la simbología de este arcano procede principalmente de la astrología. También al igual que la luna, el sol tiene connotaciones inconfundibles no sólo en nuestra cultura, sino en todas: principio activo, masculino, brillante, diurno, dador de energía positiva.

En el ciclo del tarot, con el Sol llegamos a la luz por el camino que la Luna indicaba. Hemos llegado al lugar de la actividad. Ahora los objetos se desvelan tal y como son.

El iniciado distingue lo verdadero de lo falso y se encamina seguro hacia su meta. El sol no sólo le da luz, sino también energía y calor.

La joven pareja que vemos en la carta simboliza la unión del alma y el espíritu.

Ella representa el alma pasiva. Su falda es azul para indicar su espiritualidad. Él representa el espíritu activo. Su vestimenta es roja para indicar su actividad.

En estos cuatro símbolos, el sentimiento se une a la razón en perfecta armonía.

El iniciado ha superado los dualismos, porque en él se ha producido un gran cambio interior.

La pareja está rodeada de un aura de flores azules (el espíritu), amarillas (el conocimiento), y rojas (la actividad).

La pareja está dentro del aura, inmersa en sus virtudes.

El aura es circular, acentuando el simbolismo del sol.

El pie derecho de él y el pie izquierdo de ella están apoyados en el aura. Esto simboliza que la razón y el sentimiento se unen en un solo cuerpo por el amor.

El aura verde es la esencia vital en la cual los atributos florales toman vida y se desarrollan.

Detrás hay un muro con cinco filas de ladrillos, representando la quintaesencia. Dos de las filas son azules, aluden a la espiritualidad de la religión. Otras dos filas son amarillas y rojas; son la energía activa y el saber adquirido. Este muro fue levantado por los Hijos del Sol, transformando los bajos instintos en el «oro moral».

LA FUERZA VENCE AL MIEDO
LA INTELIGENCIA VENCE
  A LA ESTUPIDEZ
EL AMOR VENCE AL EGOÍSMO

Los doce rayos del sol rectos y amarillos son signo de luz. Los doce rayos ondulados y rojos son signo de calor y operatividad. Estos rayos hacen referencia al zodíaco astrológico. Rozan la cabeza de la joven pareja para transmitirles toda la abundancia, para que reciban más de lo que dan.

El Sol es la carta del amor, de la felicidad interior, de la alegría de vivir. Es la manifestación del esplendor divino que se refleja en todas las cosas. Significa la aceptación y más aún la participación activa en la realización del gran plan de la creación, realizándose perpetuamente, sin fin. Es el calor interior que consiste en comprender el verdadero sentido de las cosas.

El iniciado arroja lejos de sí a monstruos y fantasmas, al fin ve claro. El fuego interior arde con calma y sin excesos, no se apaga nunca. Es luz espiritual, verdadera, auténtico logro de la inteligencia y del discernimiento.

El Sol se relaciona también con el Géminis astrológico, y con Dioscuros.

Son personajes guardianes del Sol o de tesoros asimilables a él, en los que el oro es el principal material; Álberich guardaba el anillo de los nibelungos.

El Sol se relaciona también con las divinidades volcánicas y con los diversos dioses representativos del fuego. Para hacer «bajar» al sol, se enfocaban sus rayos con una lente cónica hasta encender unas hojas o unas ramitas.

El Sol está relacionado con la cabeza humana y con el fuego. De ahí las fiestas con hogueras en el solsticio de verano, que en la cristiandad se celebra como la noche de san Juan.

Según el decir popular, las hierbas que se cogen esa noche en el campo, o en el palo que preside la hoguera, curan las enfermedades, especialmente la epilepsia, la locura y las migrañas.

XX. El Juicio

El Arcano XX, el Juicio, se refiere al Juicio final, el día en que despertarán los cuerpos y se unirán a las almas para encaminarse a su eterno destino. El significado pone el acento sobre la idea de fin, culminación y consumación espiritual que posteriormente será refrendada por la consumación material en el siguiente arcano, el Mundo.

Habiendo visto la luz, el iniciado va a pasar a un plano superior.

En el Juicio aparecen tres figuras: el padre tiene los cabellos rojos, es el *Yod*, principio masculino. La madre tiene los cabellos rubios. El iniciado, rubio, está unido a la madre Naturaleza por su cuerpo físico.

El iniciado surge del ataúd azul y blanco que simboliza su espiritualidad y su pureza. Debajo del ataúd está la tierra marrón que representa el pasado y las pruebas ya superadas. El Mago ha llegado a la meta. Su madre representa el amor, la religiosidad, los sentimientos fervientes. Su padre representa la razón, la inteligencia y el conocimiento. Ambos están inmersos en el líquido verde del alma terrestre.

El hijo recoge estas virtudes y las une en su persona; ha heredado sus valores espirituales.

El ángel del juicio tiene las alas verdes, indicando el reino entre el cielo y la tierra. Su traje azul y blanco simboliza la espiritualidad y la pureza. Las mangas rojas son signo de su acción incesante para despertar a las almas con la trompeta del último día. La trompeta de oro trae el mensaje de Dios al iniciado. De ella cuelga una bandera con cuatro cuadrados separados por doble cruz; son el signo del conocimiento filosofal total. El rojo significa la cuádruple realización.

La cruz de oro indica el principio divino y la cruz amarilla significa la plenitud del espíritu.

El sombrero púrpura del ángel señala su actividad.

Sus cabellos de oro son atributo de su inteligencia transcendente. Este ángel es símbolo del sol, luz divina.

El ángel está en una nube circular, símbolo de las fuerzas etéreas inspiradoras. Es una abstracción concretizada.

De la nube surgen seis rayos de oro que son las ideas y los pensamientos.

Los seis rayos rojos son la ayuda a la acción que aporta el amor.

Los doce rayos alcanzan al iniciado que los recibe como dones del cielo.

El iniciado ha llegado aquí a maestro. Ha muerto su viejo yo y ahora posee un nuevo cuerpo con órganos mentales. Puede leer el pensamiento de los otros. Tiene el don de curar las enfermedades con su mente y la imposición de sus manos. Vive fuera del tiempo y del espacio, y es capaz de trasladarse espiritualmente en ellos. Es indiferente a las pasiones del mundo.

El Juicio tiene también una interpretación teosófica y cabalística: En la cábala, el arcángel Miguel es el espíritu que guía las almas en el juicio final. Esta guía está asociada a la mitología del planeta Mercurio y a la del Sol. En ambos casos, despierta a los muertos. Guía el alma del iniciado a su nuevo mundo, en el que todo es diferente de éste. Es Anubis, dios egipcio. Es Hermes psicopompo.

Es Odín, elector de asesinados. Como ellos, el arcángel Miguel guía hacia la salida del laberinto, y como ellos guía hacia la resurrección y hacia el triunfo del renacimiento.

El Juicio hace también referencia a los espíritus celestes.

El iniciado se ha compenetrado con las fuerzas superiores, por eso ahora le resulta sencillo seguir sus directrices.

Esas fuerzas encuentran ahora en él el medio para desarrollarse y cobrar cuerpo, para actuar. El iniciado es como un embudo donde se recogen las energías ofrecidas por los espíritus superiores.

Los millones de entidades espirituales que residen en los planetas y estrellas están esperando para intervenir en el hombre. Cada planeta, cada estrella tiene su entidad celeste, y cada astro su jerarquía, posición y función distinta. Esto es lo que quiere decir la designación angélica:

—Ángeles
—Arcángeles
—Virtudes
—Tronos

—Dominaciones
—Potestades
—Querubines
—Serafines

Todos forman parte de una unidad llamada Dios. El iniciado ve todo esto, cree sin necesidad de fe porque se ha convertido en hombre de conocimiento y tiene ojos nuevos.

XXI. El Mundo

Del mismo modo que el Juicio era la culminación en lo espiritual, el Mundo lo es en lo material.

En este arcano se ve el resumen de todo el trabajo que ha hecho el Mago; es el triunfo del iniciado sobre la materia y su total posesión de ella.

Ahora es el amo del mundo porque ha conseguido no depender de él, ni necesitarlo.

Hasta los ángeles acuden presurosos a él.

La mujer que vemos en el centro de la orla lleva una banda roja que indica el incesante movimiento mundano. Esta mujer representa el alma universal, la creación y la vida de todos los seres de la tierra.

En la mano izquierda lleva dos varitas. Una acaba en una esfera azul y es la energía insuflada. La otra lleva una esfera roja y es la energía captada. Con la mano derecha ofrece energía al mundo y también al Sabio.

La guirnalda tiene tres filas de hojas verdes, sujetas por dos lazos cruzados: significa que vive gracias al espíritu regenerador de la mujer.

Los lazos cruzados son el polo positivo y el polo negativo del movimiento inicial del mundo. Estos lazos representan el movimiento perpetuo de los astros.

Las tres filas de hojas son el doble ternario, símbolo del macrocosmos y del microcosmos unidos.

A los lados vemos los cuatro símbolos de los evangelistas, cuyas relaciones se establecen tal como se especifica a continuación:

LUCAS	TIERRA	PRIMAVERA	TORO	CUERNOS	ROJO	ENERGÍA
MARCOS	FUEGO	VERANO	LEÓN	CRIN	AMARILLO	CALOR
JUAN	AIRE	OTOÑO	ÁGUILA	PICO	AZUL	ESPÍRITU
MATEO	AGUA	INVIERNO	ÁNGEL	ALAS	VERDE	IDEAS

Las cuatro fuerzas de la naturaleza son puestas en movimiento por la muchacha en la dirección de las agujas del reloj, mientras que los símbolos indican los cuatro puntos cardinales. El toro de la tierra es transformado por el león del fuego. El león del fuego se convierte en vapor de águila. El vapor de águila se condensa en agua de ángel. El agua de ángel cae a la tierra y se transforma en toro de nuevo.

Los Evangelios revelan el significado esotérico de cuatro aspectos distintos del mismo personaje total; Jesucristo como representante del Todo y Uno. Estos cuatro aspectos son los siguientes: físico, etéreo, astral y mental.

El mundo es principio y fin, génesis y consumación. Es el lugar del movimiento. Es el ojo divino y la manifestación de la respiración de Dios.

El iniciado se ha convertido en maestro.

Es un hombre de fe y caridad, pero hasta tal punto reservado que a los ojos de algunos aparece como cínico y duro.

Vive en un plano superior, posee la clarividencia.

El maestro sabe mucho de los demás pero calla. Deja que cada cual siga su camino y no interfiere en él. Finge no saber a pesar de que todo se mueve a su voluntad; pero su voluntad es a la vez un «no-deseo».

En este Gran Arcano, el maestro se funde en uno con el mundo.

El Mundo aparece en algunos mazos del tarot representado como un castillo: en este sentido puede asimilarse a la Jerusalén celestial de la religión cristiana y a otras ciudades o países de utopía: Tir-an-Og o Avalon.

En esta carta el iniciado es presentado a la ciudad, al castillo, al país o al mundo. Sale a la luz e inicia su vida pública.

Los Arcanos Menores

Los Arcanos Menores representan al mundo afectivo y sobre todo las efemérides de la vida diaria. Son importantes especialmente en las consultas sobre las cuestiones cotidianas y prácticas, a las cuales simbolizan. También es importante su función como complementos y detalles de la simbología de los Arcanos Mayores.

Los Arcanos Menores están formados por cuatro grupos de catorce cartas cada uno, de las cuales diez se encuentran numeradas del uno al diez, siendo la primera de ellas llamada *as*. El resto de cartas de cada palo son la sota, caballo, reina y rey. El total de los Arcanos Menores es de cincuenta y seis cartas.

Cada grupo recibe un nombre y una imagen característica, que se reproduce de una u otra manera en todas las cartas. El nombre de cada grupo es *palo*.

Los palos son los siguientes: oros, copas, espadas y bastos;

Cada uno de ellos simboliza un aspecto particular, al cual corresponden.

Astrológicamente, los palos se reparten de este modo:

— Los bastos corresponden al elemento fuego
— Las copas corresponden al elemento agua
— Los oros corresponden al elemento tierra
— Las espadas corresponden al elemento aire

Todos los reyes tienen la corona ceñida sobre largos cabellos, con formas que señalan en símbolo matemático del infinito, el ocho horizontal.

Las reinas llevan solamente corona.

Por regla general, las figuras sostienen en la mano el símbolo que corresponde a su palo.

La orientación de la figura indica la naturaleza de la acción, matizada por otros detalles como el vestido, la posición de las extremidades, los objetos, el entorno, etc.

— El perfil izquierdo indica meditación
— La posición frontal es signo de acción directa
— El perfil derecho significa arrastres de la acción; evolución
— Las figuras de pie indican trabajo latente, actividad, mando y energía
— Las figuras sentadas indican espíritu pasivo, inercia, resistencia y elaboración interior

La cabeza prevalece sobre el cuerpo: si se halla en posición distinta a éste, la actitud de la cabeza antecede a la del cuerpo, o es más fuerte que esta última. La cabeza es signo de voluntad y gobierno:

— Si está descubierta: la voluntad no se expresa en lo físico
— Si está coronada: mayor mediación del poder
— Si lleva sombrero: menor voluntad o voluntad más impersonal.

Los cabellos son el símbolo del fluido de la energía vital:

— Cabellos incoloros; poca fuerza de lo mental

— Cabellos rubios: formalidad, materialización, institucionalización
— Cabellos azules: fuerza en lo espiritual que tiende a disminuir
— Cabellos sueltos: fuerza, voluntad
— Cabellos recogidos: voluntad algo más contenida
Barba: mayor fuerza de voluntad

El cuello es el puente entre lo mental y lo sentimental:

— Cuello descubierto: comunicación entre planos que se realiza con facilidad
— Cuello completamente descubierto: libertad, independencia
— Cuello cubierto: actitud tendente hacia uno u otro lado según los casos (color del cuello)

El busto representa lo anímico.

Los botones y adornos simbolizan los enriquecimientos anímicos del sujeto y también sus particularidades de carácter.

Cuando un traje es de dos colores puede indicar doble sentido de las acciones e intenciones.

El pecho representa la parte espiritual del carácter.

El vientre representa la parte material.

La cintura y el cinturón señalan que la razón ciñe las tendencias irreflexivas y los impulsos demasiado súbitos.

Los brazos son los ejecutores de lo mental y de lo anímico.

Según el color de las mangas prevalece una tendencia sobre la otra.

- El brazo izquierdo corresponde al altruismo, el afecto y la intuición. Está dirigido por el psiquismo.
- El brazo derecho muestra las acciones, decisiones, voluntades y esperanzas. Está dirigido por la razón.
- Un brazo caído significa que la acción ya ha dado frutos, o bien que no puede haber acción alguna.
- Un brazo elevado significa la conexión con lo alto y la captación de energías.
- Un brazo a la cintura es signo de circulación entre lo anímico y lo físico.

Las piernas representan la realización de los proyectos y los pensamientos mediante la acción.

- Personaje de pie, parado; la acción se asienta.
- Personaje con las piernas cruzadas; espera.
- Personaje con un pie en el aire: partida, viaje, o toma de decisión.

Generalidades sobre los palos

Palo de espadas

El palo de espadas está asociado a la fuerza, el poder y el dominio que confiere la realeza. Es también el palo de la energía que mana del interior, de lo activo, masculino, solar. Por tanto, las cartas de espadas son símbolo de actividad, progreso y realizaciones, tanto en lo positivo como en lo negativo. Es también el palo de los jefes y los guerreros. Símbolo, en general, de acción penetrante, que también puede referirse al intelecto o a la palabra, no necesariamente a la fuerza física o a los hechos.

Expresa, además, agresividad y la fusión habitual de poder y fuerza.

Rey de espadas

Está sentado en su trono. Lleva una flamante armadura con hombreras ornamentales en forma de máscaras, representa el poder, la autoridad, el triunfo de los que imponen la ley. Con la mano derecha sujeta la espada de la autoridad, que es a la vez símbolo del palo. Apoya la mano izquierda en una pequeña daga desenvainada, pronta al uso, que confirma, aún más si cabe, su autoridad.

Reina de espadas

Sentada en un trono, de frente pero algo ladeada, envuelta en un espléndido ropaje. Lleva la espada levantada en la mano derecha, símbolo de presteza y eficacia. La mano izquierda, alzada a nivel del pecho simboliza generosidad. Tiene la mirada llena de ansiedad, como la de quien ha sufrido una grave pérdida y soporta su desgracia con entereza.

Caballo de espadas

Está cubierto por una armadura real y cabalga sobre un corcel encabritado. Blande una espada; curiosamente lo hace con la mano izquierda. En el hombro izquierdo lleva una hombrera con adorno de máscara. Defiende el bien y combate el mal, simbolizando todos los valores de la caballería medieval. Es de buen corazón, animoso y activo. Sus rasgos insinúan una rara astucia: está en guardia contra las astucias de sus adversarios.

Sota de espadas

La sota de espadas lleva un hermoso traje de época y un sombrero de gigantescas proporciones. Se apoya bien en el suelo, y con la mano izquierda empuña la espada, mientras que con la derecha se apoya en un bastón.

As de espadas

Mano que sostiene una espada en alto y cerca de la punta sostiene una corona de la que penden unos ramos como de olivo.

Significado positivo: conquista.

Significado negativo: imprevisión.

Palo de bastos

Está asociado con el espíritu de iniciativa y dinámica, el trabajo por el progreso, el desarrollo y la animación. Es también signo de energía y empuje. Es también el palo de los trabajadores y los obreros, y en este sentido puede indicar modestia, humildad y trabajo que se hace en la sombra, pero de manera eficaz y constante.

Está considerado como insignia y bastón de mando, emblema de fecundidad viril, símbolo fálico e imagen de la fuerza.

Puede relacionarse socialmente con los políticos, agricultores, empleados y personas que por su medio, naturaleza, condiciones de vida, psique o afectos están unidas profundamente a la naturaleza.

Rey de bastos

Tiene una noble expresión, se sienta en un trono ligero. Lleva un magnífico traje de brocados y encajes. En la cabeza luce una corona y en la mano derecha sostiene el bastón que da nombre a su palo. Es leal, comprensivo y honrado.

Reina de bastos

Es muy hermosa. Lleva una magnífica túnica que cubre una capa entreabierta. Con la mano derecha sostiene un grueso cetro. En la cabeza, una corona le ciñe los largos cabellos ondulados que le caen sobre los hombros. La reina es una persona práctica, llena de sentido común.

Caballo de bastos

Es un caballero muy joven, en un corcel ornado con ricos arneses, cincha y correas. Lleva un sombrero de alas anchas con el ocho horizontal. Empuña un tronco de árbol con la mano izquierda, el basto de su palo. Mira hacia abajo; su rostro y la inclinación del cuerpo recuerdan algunas figuras de san Jorge.

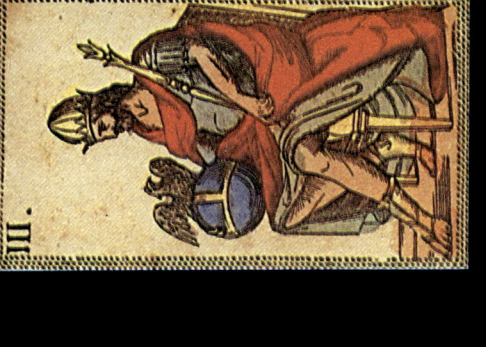

Tarot florentino clásico

Tarot italiano de principios de siglo

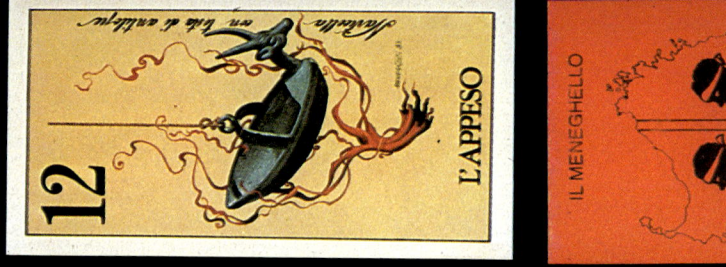

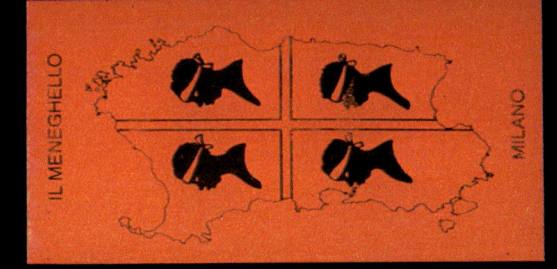

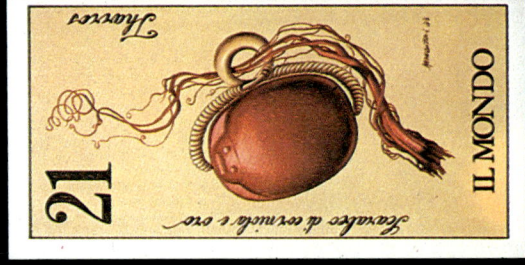

Tarot de Cerdeña

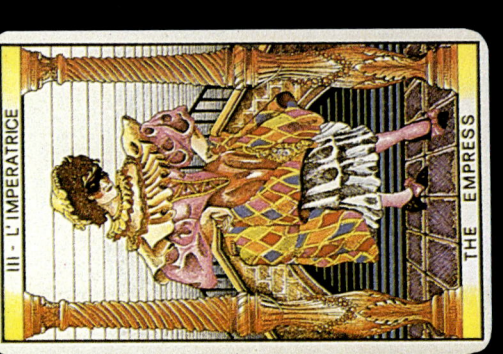

Tarot inspirado en el carnaval de Venecia

▲ Tarot histórico
de la ciudad de
Ferrara

Versión reducida
de los Proverbios
de Mitelli

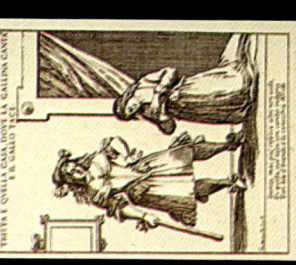

VII DER WAGEN

THE CHARIOT - IL CARRO

VI DIE LIEBENDEN

THE LOVERS - L'INNAMORATA.

VIII DIE GERECHTIGKEIT

JUSTICE - LA GIUSTIZIA

Sota de bastos

Es un joven ricamente vestido, pero de pie y en actitud sumisa y más humilde que la de sus compañeros. Sostiene un garrote enorme, con nudos de ramas no pulidas. Está de perfil, ligeramente vuelto de espaldas. Puede ser un mensajero o un portador de insólitas noticias. Está muy próximo a la naturaleza.

As de bastos

Aparece una mano que se eleva dominando una gran extensión de terreno. De un tronco florido caen algunos efluvios semejantes a semillas.

Significado positivo: inicio.

Significado negativo: fin (extinción).

Palo de copas

Como norma general, las copas son el palo del amor, de la felicidad, de los placeres sensuales y la alegría. Aunque también hay que asociarlo con la sabiduría, la receptividad y la percepción. Corresponde a grandes pasiones y sentimientos profundos. Es el palo de las personas compasivas y humanitarias, y también de los artistas.

El dibujo del ánfora, cóncava o convexa según se mire desde el interior o el exterior, evoca la figura femenina y todo cuanto a ella se halla asociado; dulzura, gracia y capacidades artísticas.

Socialmente está relacionado con los intelectuales, los artistas y todos aquellos cuyas profesiones están relacionadas con la cultura.

Rey de copas

Luce un corto jubón y capa también corta, rica y majestuosa. Está sentado en un trono que es casi un escabel. Tiene barba, bigote, y una mirada llena de comprensión. Lleva una gran corona y con la mano derecha sostiene una gran copa cerrada que apoya en su rodilla. Representa una personalidad amable y comprensiva, aunque llena de poder. Es pacífico y le interesan las artes y el buen vivir.

Reina de copas

Está sentada en un trono con baldaquino, del cual vemos sólo una parte. Lleva una hermosa túnica y está coronada sobre sus largos cabellos no recogidos; con la mano derecha sostiene una copa cerrada y con la izquierda un cetro. Personifica a seres amables entregados y prácticos, capaces de llegar a donde sea por realizar sus sueños y aspiraciones.

Caballo de copas

El caballo de copas recorre la tierra sin demasiados ornamentos. No lleva sombrero ni corona, los cabellos lacios le caen sobre los hombros. En la mano derecha lleva el cáliz cubierto que caracteriza a todas estas figuras. Con la izquierda sujeta las riendas de su corcel. Es un soñador que apunta muy arriba y que va en busca de su destino.

Sota de copas

Es un paje que toca con un gorro plumado adornado con pedrería y galones. Tiene la expresión absorta y seria. Con la mano derecha sostiene una copa que levanta frente a sí, y en cuyo pie hay una cruz grabada. En la mano izquierda lleva otro sombrero, como signo de sumisión y obediencia (evoca a quienes se descubren ante sus superiores en señal de respeto).

As de copas

Manos en el centro que sostienen una copa. De la copa mana una fuente que va a parar a la tierra, y de esta manera se funden entre sí perfectamente las tres imágenes.

Significado positivo: armonía.
Significado negativo: inestabilidad.

Palo de oros

En las versiones supuestamente egipcias del tarot, los oros simbolizan el orden social de los comerciantes. En general, los oros están asociados con lo material, el dinero, lo financiero, negocios, etc. Son cartas que significan también un gran empeño y mucha sensibilidad. Es el palo de los mercaderes y los comerciantes.

El oro es expresión total del poderío material y económico. Cuando se considera una expresión de lo espiritual, significa el estudio y la inteligencia, señala a los intelectuales, literatos, periodistas e investigadores de alto nivel, tanto en ciencia y tecnología como en humanidades.

Socialmente el oro corresponde a los comerciantes y mercaderes en todas sus variedades. El oro tiene una profunda relación con el intercambio frente a la producción y su materialidad. Sin embargo, esta relación es poco evidente y permanece oculta para la mayoría.

Rey de oros

Está sentado en su trono, que es una silla de brazos no muy grande. Tiene las piernas cruzadas, significando soltura, desenvolvimiento y relajación. Con la mano derecha sostiene un enorme disco, un oro como corresponde a su palo. Tiene barba blanca, largo bigote y la expresión serena y experimentada de un hábil y acomodado personaje. Lleva vestiduras muy ricas y un sombrero en forma de ocho horizontal.

Reina de oros

Con gran solemnidad, de perfil permanece en pie ante su trono. Lleva un traje muy rico, compuesto de túnica, capa y ceñidor, sobre los cabellos recogidos hacia atrás luce una corona de inspiración oriental. En la derecha lleva un gran oro y en la izquierda un cetro de poder rematado por un bello adorno.

Caballo de oros

Cabalga majestuosamente en un corcel que hace el paso árabe. Lleva jubón y botas sin espuelas. Los estribos cuelgan ante sus pies. Se toca con gorro plumado y en la derecha lleva un bastón, pero no burdo y primitivo como los del palo de bastos, sino bien pulido. A su izquierda está suspendido en el aire el oro característico del palo. Tanto el caballero como el caballo transmiten seguridad y firmeza. El caballero es un materialista en condiciones de triunfar en casi todo aquello que se proponga.

Sota de oros

Rechoncha y contenta, sostiene una gran moneda con la mano derecha.

Lleva el ropaje que corresponde a un joven o a un adolescente. A sus pies hay otro oro, y en las colinillas que se aprecian al fondo del paisaje brotan las plantas como signo de abundancia. Su mirada se pierde en el infinito con un aire ausente e irreal.

As de oros

Una mano sosteniendo un círculo de oro con una estrella de cinco puntas grabada en él. Debajo se ven hermosos campos cubiertos de vegetación y frutos:

Significado positivo: riqueza.
Significado negativo: superchería, estafa.

Aspectos específicos de los palos de copas y de oros

PALOS DE COPAS

Rey de copas

Significado positivo: persona responsable y creativa. Designa a alguien culto que ejerce una profesión liberal. Hombre de negocios, abogado, artista, diseñador, publicista. Persona religiosa o entregada a alguna causa laica, pero humanitaria. Científico, humanista. Amable y fiel, responsable y flexible. Interés por las artes y las ciencias. Generosidad.

Significado negativo: temperamento artístico o lunático; segundas intenciones, falta de honradez, escándalo, ruina, pérdida, injusticia. Alguien astuto, de muy baja calaña y sin escrúpulos. Persona escurridiza.

Combinaciones al derecho:
Junto a la Rueda de la fortuna: socorro inesperado.
Junto al Mundo: el amor es una fuerza capaz de salvar todos los obstáculos.
Combinaciones al revés:
Después del Ermitaño, estando éste al revés: traición de una persona de elevada posición.
Junto a sota de espadas: precaución, el consultante puede ser objeto de una trampa.

Reina de copas

Significado positivo: persona afectuosa, tierna. Elevado sentido de la justicia. Poética, musa de un artista, inspiradora, alentadora. Amada, adorada. Buena madre, buena amiga. Esposa fiel, en quien puede confiarse. Mujer práctica y honesta, buena gerente de una empresa. Inteligencia amable e intuitiva, más sensible que analítica.

Significado negativo: dignidad dudosa o inestable. Inmoralidad probable. Falta de honradez o de credibilidad. Falta de lealtad. Desconfiar de alguien que aparece como amigo o familiar próximo y solidario.

Combinaciones al derecho:

Junto al rey de oros: un hombre demostrará su confianza en el consultante.

Junto al as de copas: excesiva euforia.

Combinaciones al revés:

Entre la Luna y la reina de espadas: murmuraciones, chafardería.

Junto al Emperador: amor clandestino y desafortunado.

Caballo de copas

Significado positivo: a la vista, ocasión propicia en un futuro inmediato. Invitación o solicitud. Llegada de alguien. Proximidad de compañeros, avance, atracción, aliciente, proposición sincera, demanda, seducción.

Significado negativo: artificio, artimaña, engaño. Estafa velada, apariencias inciertas. Infidelidades de amigos muy próximos.

Combinaciones al derecho:

Junto al siete de oros: feliz conclusión del proyecto que ocupa al consultante.

Junto a la reina de copas: enamoramiento.

Combinaciones al revés:

Junto al cuatro de bastos: un joven mostrará su fuerza física para resolver una situación.

Sota de copas

Significado positivo: persona introvertida, sumida en sus cábalas, autorreferencias, reflexiva, meditativa. Lealtad, deseo de ofrecerse a una gran causa, a un objetivo concreto. Persona servicial y dispuesta. Trabajador serio, leal, honesto y eficaz.

Significado negativo: inclinación, desviación, distracción momentánea. Persona susceptible, ofendida involuntariamente. Seducción. Adulador.

Combinaciones al derecho:

Junto al as de copas; noviazgo formal con la persona amada.

Después de la Muerte: funerales de una persona adolescente.

Combinaciones al revés:

Junto a la reina de bastos: amistad peligrosa del consultante con una mujer.

Después de las Estrellas, estando éstas al revés: penas de amor.

Diez de copas

Significado positivo: casa, hogar, felicidad doméstica, placeres familiares. Paz, amor y deseos colmados, vida serena y tranquila en una familia estable. Gran estima, virtud y prestigio.

Significado negativo: pérdida de una gran amistad, y por ello desgracia. Pleito familiar con graves consecuencias. Sordidez, rabia, lucha, oposición. Discusiones con seres próximos e inestabilidad de relaciones. Diferencias de opinión. Divorcio. Separación de padres e hijos. Disputas entre hermanos adultos.

Combinaciones al derecho:

Entre rey de bastos y la Justicia: matrimonio por interés. Al lado de los de oros y siguiendo a la Justicia: contrato.

Combinaciones al revés:

Junto a la Luna: enfermedad infecciosa.

Junto al siete de espadas: calumnia, maledicencia.

Nueve de copas

Significado positivo: éxito, buenos resultados en proyectos personales. Buena salud y abundancia material. Las dificultades han sido superadas.

Significado negativo: errores, pérdidas materiales, error de cálculo. Sobreestimación de una situación o proyecto. Infravaloración de algo o alguien. Libertad sólo aparente, diferencias de criterio, disputa, disensiones sin objeto o sin resultado para nadie.

Combinaciones al derecho:

Junto al Mundo: desplazamientos por motivos amorosos o sentimentales.

Al lado del tres de oros: éxito profesional.

Combinaciones al revés:

Después de la Torre: amor pisoteado, despreciado.

Junto al ocho de oros: proyecto contrariado.

Ocho de copas

Significado positivo: intentos truncados, desilusión, abandono de proyectos en curso. Timidez o modestia. Éxitos no valorados o no tenidos en cuenta por los demás o por superiores mal informados.

Significado negativo: felicidad. Perseverancia en el empeño de alcanzar el éxito o un objetivo concreto. Alegría, celebración, fiesta, goce, regocijo.

Combinaciones al derecho:

Junto al nueve de copas: felicidad asegurada.

Al lado de la sota de oros: llamada telefónica de un antiguo amigo, amante o pretendiente.

Combinaciones al revés:

Junto al cinco de espadas: intervención quirúrgica de carácter ginecológico.

Entre el Loco y el rey de copas: hombre muy peligroso.

Siete de copas

Significado positivo: actitudes utópicas. Persona dotada de una gran fantasía o de capacidades imaginativas fuera de lo común. Soñar despierto, deseos imposibles, éxitos ilusorios pasajeros. Obsesiones sin fundamento y sin posibilidades de materialización.

Significado negativo: deseo, decisión, voluntad de hierro, indestructible e insobornable. Meta que casi es alcanzada, camino recorrido más allá de la mitad. Resolución implacable, fuerza de voluntad extraordinaria.

Combinaciones al derecho:

Junto a las Estrellas: un amor que no es libre pero capaz de entusiasmar.

Entre cuatro y cinco de copas: un pariente del consultante precisa ayuda.

Combinaciones al revés:

Junto al dos de espadas y antes del tres de oros: se respeta un plazo fijado.

Después de la Justicia y antes del rey de espadas: encuentro o entrevista con un abogado.

Seis de copas

Significado positivo: recuerdos, hechos del pasado que perviven e influyen en el presente. Psicoanálisis, revisión de la infancia o de un pasado remoto. Nostalgia, deseo de volver atrás. Imágenes borrosas pero insistentes.

Significado negativo: futuro, perspectivas, planes, proyectos. Acontecimientos inminentes que van a cambiar la vida del consultante. Nuevos puntos de vista, grandes puntales que pueden fallar y efemérides que pueden revelarse fundamentales. Todo lo que está a punto de verificarse.

Combinaciones al derecho:

Junto a la Templanza; paralización de proceso de matrimonio o matrimonio realizado.

Junto al Mundo: un antiguo amor vuelve a presentarse en la vida del consultante.

Combinaciones al revés:

Junto a la Muerte: unión destinada a la ruptura y al fracaso.

Junto al as de espadas: miedo ante la actuación.

Cinco de copas

Significado positivo: pequeña pérdida. Amistad poco profunda, superficial, coyuntural. Matrimonio sin amor, pareja frívola, unión de conveniencia o temporal. Imperfección o defecto. Relación o unión que no se consuma o que no se completa desde el punto de vista de la intensidad.

Significado negativo: perspectivas prometedoras y expectativas propicias. Llegan nuevos contactos o relaciones de todo tipo. Regresa un viejo amigo. Reconciliación con una relación importante y cercana. Reanudación de una vida de pareja. Matrimonio que vuelve a unirse.

Combinaciones al derecho:

Junto a la Fuerza: importante obsequio.

Entre la Justicia y el Mago: renovaciones de cualquier tipo.

Combinaciones al revés:

Entre la Justicia y el caballo de espadas: desahucio ejecutivo.

Cuatro de copas

Significado positivo: gran aversión, saturación o disgusto. Desilusión, infelicidad. Experiencia amarga que no se entiende bien. Período estacionario de depresión e inactividad.

Significado negativo: aparecen nuevas perspectivas en el horizonte. Nuevas relaciones, contactos, amistades, amores. Se replantean de otro modo viejos problemas, aparecen en un contexto nuevo que hace que se vean de distinto modo. Conocimientos nuevos, nuevas nociones, descubrimientos científicos, aplicaciones tecnológicas.

Combinaciones al derecho:

Junto al as de oros: llegada al consultante de una importante suma de dinero.

Combinaciones al revés:

Después del nueve de espadas: próximo motivo de luto.

Tres de copas

Significado positivo: un problema se soluciona, alivio, descanso, regocijo, tranquilidad. Resultado satisfactorio, fin exitoso de las pruebas. Curación física. Compromiso. Satisfacción.

Significado negativo: demasiados placeres, juergas, dependencias. Exceso de bienes materiales superfluos, peso de lo innecesario. Superficialidad, frivolidad. Pérdida de la reputación, retrasos, indignidad. Ingratitud.

Combinaciones al derecho:

Después de la Sacerdotisa: maternidad.

Junto al seis de copas: afirmación y consolidación en campo literario.

Combinaciones al revés:

Junto a la sota de espadas: testimonio infiel.

Al lado del Ermitaño: soledad sentimental.

Dos de copas

Significado positivo: inicio de un gran amor o reanudación de una vieja e interrumpida amistad. Pasión, solidaridad, unión, pareja, noviazgo, relaciones amorosas, relaciones sexuales intensas. Comprensión, comunión, colaboración, ayuda, relación. Matrimonio, pareja estable.

Combinaciones al derecho:

Junto al rey de bastos: rico matrimonio.

Junto a la Luna: relación secreta.

Combinaciones al revés:

Entre el Ahorcado y la reina de oros: una amiga coquetea con el amado de la consultante.

As de copas

Significado positivo: enorme abundancia, satisfacción y alegría. Goce, fertilidad, perfección, riqueza, plenitud, productividad, belleza, alegría, placer, toda clase de bienes materiales y espirituales. Proyectos que van a cumplirse, negocios que dan mucho dinero, relaciones afectivas sin problemas. Bondad alrededor, ambiente de comprensión, solidaridad y progreso.

Significado negativo: cambio, alteración. Algo que no funciona provoca una inestabilidad creciente. Aborto o esterilidad. Amor no correspondido o insastisfecho. Falsedad en los sentimientos, falso afecto o falsa alegría. Engaño, inconsistencia.

Combinaciones al derecho:

Antes del caballo de bastos: alejamiento del hombre amado.

Después de la Luna: sueño revelador.

Combinaciones al revés:

Junto al caballo de copas: manifestaciones afectivas que no son sinceras.

Junto a la Torre: noviazgo.

PALO DE OROS

Rey de oros

Significado positivo: alguien con suerte y con una gran experiencia, carácter fuerte y aguda inteligencia. Dotes para asuntos relacionados con los negocios. Aptitudes para las matemáticas y la economía. Amigo que no falla, o esposo fiel. Mercader o comerciante exitoso, banquero. Inversiones correctas o bien aconsejadas. Habilidad especial para ganar dinero o bienes materiales de gran valor.

Significado negativo: usurero, corrupto. Persona capaz de emplear cualquier recurso con tal de alcanzar sus objetivos. Avaricia, otros vicios. Vejez avariciosa. Falta de paciencia para alcanzar el fin. Infidelidad, peligro, insidia, perversidad, amenaza, acecho.

Combinaciones al derecho:

Junto al as de oros: gratificación que se añade al sueldo. Antes de la Luna y seguido por la reina de oros: amor secreto.

Combinaciones al revés:

Junto al seis de espadas: maldición.

Junto a la sota de oros: explotación del trabajo de menores.

Reina de oros

Significado positivo: prosperidad y bienestar. Persona que trae rique-zas y abundancia material, lujo, comodidades, regalos. Tranquilidad material, libertad de movimientos en asuntos de dinero, persona digna de confianza por su honradez y su generosidad. Caridad, amparo, solidaridad. Fundaciones culturales y sociales.

Significado negativo: prosperidad aparente que pronto va a derrumbarse. Temores a una crisis, negocios mal apuntalados. Responsabilidades descuidadas por una persona infiel, timorata o incapaz. Temor al fracaso que impide la acción.

Combinaciones al derecho:

Junto al cinco de bastos: amor y riqueza.

Junto a la sota de copas: una mujer rubia ama a un hombre moreno.

Combinaciones al revés:

Junto a las Estrellas: escándalo.

Junto al Diablo: enfermedad venérea.

Junto a la reina de espadas: posible traición.

Caballo de oros

Significado positivo: alguien maduro y responsable, fiel, metódico y paciente, apto para trabajos de coordinación, control y seguimiento. Habilidades para acabar proyectos iniciados, gran perseverancia y laboriosidad. Espíritu de trabajo muy desarrollado, organización impecable, eficiencia y una gran seguridad en sus actos.

Significado negativo: estancamiento, dejadez, persona negligente e insegura. Falta de determinación, de concentración o de seguridad. Direcciones equivocadas. Dispersión de energías. Tacañería. Dogmatismo. Pereza, indolencia.

Combinaciones al derecho:

Junto a la Sacerdotisa: el consultante y alguien más conseguirán serenidad.

Entre el Sol y el Enamorado: nueva historia amorosa a la vista.

Combinaciones al revés:

Junto al dos de copas: inconstancia amorosa.

Junto a la Luna: conducta ligera que fomentará críticas.

Sota de oros

Significado positivo: absoluta concentración y aplicación al trabajo propuesto. Estudios científicos o humanísticos. Empeño intelectual, gran reflexión y trabajo riguroso. Admiración por el saber y grandes deseo de aprender, adquirir nuevos conocimientos y compartir ideas. Portador de noticias, persona aficionada a los debates, a la reflexión en común, a los coloquios y al estudio en general.

Significado negativo: persona poco práctica, incapaz de ver las evidencias y de reconocer lo obvio. Persona dispersa y soñadora, con gran falta de sentido lógico. Rebelde, despilfarrador, perdedor. Noticias desagradables.

Combinaciones al derecho:

Junto al dos de oros: está a punto de llegar una llamada telefónica de asunto de negocios.

Al lado de la Justicia: gastos debidos a los estudios de un hijo.

Combinaciones al revés:

Junto al Diablo: tenaces enemistades.

Junto a la Muerte: un hombre será fuente de desgracias.

Diez de oros

Significado positivo: prosperidad, progreso, abundancia, opulencia, riqueza. Tranquilidad en asuntos de orden económico. Seguridad que otorga la familia o los familiares. Linaje que aporta dinero, herencia, asuntos importantes. Casa, hogar, albergue.

Significado negativo: enorme riesgo con pérdidas importantes y muy probables. Muy pocas probabilidades de éxito material. Azar negativo, pérdidas en juegos, despilfarro que no trae siquiera satisfacciones. Robo, rapiña, suplantación. Se pierde una herencia.

Combinaciones al derecho:

Junto al Carro: herencia.

Al lado de las copas: fiesta familiar.

Combinaciones al revés:

Entre la Luna y el Ahorcado: robo.

Después de la Justicia, estando ésta al revés: pérdida de una herencia.

Nueve de oros

Significado positivo: se realiza un proyecto. Discernimiento, inteligencia, habilidad para llevar a cabo tareas inmediatas. Discreción e intuición en una persona. Tranquilidad en asuntos materiales y bienestar en la familia. Gran amor y compenetración con la naturaleza.

Significado negativo: abusos, dispersión, peligro, tempestades. Pérdida probable de buenos amigos, parientes cercanos, confidentes o compañeros de trabajo fieles. Posible pérdida de posesiones muy apreciadas. Mala fe, conspiración o sabotaje.

Combinaciones al derecho:

Entre el Mago, la Torre y el Ahorcado; discusiones en el trabajo que pueden tener como consecuencia el despido.

Entre la Rueda de la fortuna y el as de oros: gran golpe.

Combinaciones al revés:

Junto al Loco: complot.

Al lado del tres de oros: préstamo que no será devuelto.

Ocho de oros

Significado positivo: aprendizaje bajo la supervisión de maestros eficaces. Habilidad artesanal. Facilidad para aprender y buena disposición. Candor, sinceridad y franqueza. Predisposición para un trabajo manual en una persona modesta y sencilla. Grandes esfuerzos personales para mejorar.

Significado negativo: falta de horizontes, de proyectos, de ambiciones y deseos. Vanidad, estupidez y jactancia sin base alguna. Desilusión, hipocresía, adulación o intriga.

Combinaciones al derecho:

Junto al nueve de copas: intimidad sentimental.

Junto a la reina de oros: encuentro sentimental.

Combinaciones al revés:

Junto al Loco: complot.

Entre el Mundo y las Estrellas: período de dudas.

Junto a la Emperatriz, estando ésta del revés: complicidad.

Siete de oros

Significado positivo: persona ingeniosa, buenas ideas, creatividad aplicada al desarrollo de un trabajo. Trabajo duro, hecho con intensidad y aplicación. Éxito merecido, gestiones que llegan a buen puerto, dinero, buenos negocios, opulencia, ganancias importantes aunque no rápidas ni fáciles.

Significado negativo: impaciencia, ansiedad, estado transitorio e inestable. Se pierde dinero por imprudencias. Inversiones impulsivas o muy mal aconsejadas. Trabajos que se interrumpen.

Combinaciones al derecho:

Junto a la Rueda de la fortuna: victoria.

Junto al Sol: enorme ayuda de amigos muy queridos.

Junto al Carro: fabuloso éxito.

Combinaciones al revés:

Junto al caballo de oros: temor de pérdidas económicas.

Junto al Ermitaño: quiebra ruinosa.

Seis de oros

Significado positivo: generosidad, amor e interés por lo demás, filantropía, fundaciones culturales o sociales. Asuntos benéficos, amabilidad, recompensa, regalos. Ganancias materiales importantes.

Significado negativo: avaricia, falta de generosidad, malos acuerdos por excesiva tacañería. Egoísmo inútil, envidia o celos. Aislamiento por incapacidad de dar a los demás o de compartir cualquier clase de bienes, soledad merecida. Deudas que no van a pagarse, insolvencia.

Combinaciones al derecho:

Entre el tres de oros y la Rueda de la fortuna: ingresos sorprendentes.

Junto al Sol: intensa relación sexual.

Combinaciones al revés:

Entre el Enamorado y el Diablo; celos en cuestiones de amor.

Al lado del Ahorcado: pasión ilícita y peligrosa.

Cinco de oros

Significado positivo: lamento por pérdidas materiales importantes. Cese o destitución en un alto cargo empresarial. Pérdida, bancarrota, ruina, desolación, error, empobrecimiento. Aparece un amante. Persona enamorada, ayuda afectuosa, cariño, solidaridad.

Significado negativo: fin de un período difícil, de desgracia o tristeza. Cambio de situación con nuevos intereses. Repetición de una ruina. Malas relaciones sentimentales, matrimoniales o de pareja.

Combinaciones al derecho:

Junto a la Rueda de la fortuna: victoria.

Junto al Emperador: próxima sucesión.

Junto al Enamorado: superación de una crisis afectiva.

Combinaciones al revés:

Junto a la reina de oros: amor no correspondido.

Cuatro de oros

Significado positivo: amor a los bienes materiales. Avaricia, usura, tacañería, ansiedad por lo material, poca generosidad. Incapacidad para hacer a otros partícipes de los propios bienes o proyectos, y para compartir con los demás los bienes acumulados. Necesidades materiales excesivas, que sujetan a un individuo privándolo de libertad.

Significado negativo: grandes pérdidas de tipo material, descenso en el nivel de vida, regresión monetaria, crisis económica. Obstáculos y oposiciones a nuevas ganancias. Retrasos en pagos y suspensiones empresariales. Momento de gran cautela económica, en inversiones y gastos.

Combinaciones al derecho:

Entre el Mago y el Mundo: una nueva y afortunada orientación profesional.

Junto al rey de oros: regalo que ha de hacerse a un funcionario.

Combinaciones al revés:

Al lado del cuatro de bastos: enemistad entre colegas.

Tres de oros

Significado positivo: gran habilidad comercial o laboral. Capacidad para enseñar a los demás el trabajo eficaz. Gran sentido de la perfección. Habilidad artística y artesanal. Dignidad, fama, prestigio, adquisición de poder.

Significado negativo: chapucería, mediocridad, estupidez, bajeza de sentimientos e ideas, pocos recursos. Problemas de dinero. Estupidez, ideas triviales y poco interesantes. Falta de habilidades. Preocupaciones.

Combinaciones al derecho:

Al lado de la Sacerdotisa: crédito concebido.

Junto al Mago: excelente afirmación profesional.

Combinaciones al revés:

Al lado de la Justicia: el consultante no recuperará algunos créditos.

Al lado de la Luna: el consultante no debe confiar en una promesa alentadora.

Dos de oros

Significado positivo: cualidades literarias y gran creatividad. Mentalidad flexible y ágil. Alegría fingida, o diversión poco auténtica. Carta, mensaje o envío importante.

Significado negativo: dificultades para salir adelante con proyectos nuevos, situaciones difíciles, crisis, grandes retos y obstáculos que deben superarse antes de alcanzar la meta. Llegan desgracias imprevistas y complicaciones. Embarazo. Aprensiones, no siempre infundadas.

Combinaciones al derecho:

Al lado del siete de oros: aumento de sueldo.

Junto al as de oros; noticias y comunicados favorables.

Combinaciones al revés:

Entre la Justicia y la Torre: sociedad en quiebra.

Al lado de la sota de oros: llamada telefónica anónima.

As de oros

Significado positivo: perfección, fin, realización, llegada a la meta, progreso, prosperidad, bienestar y riquezas materiales.

Estado de euforia y arrobamiento, gran felicidad. Asunto relacionado con oro, monedas, piedras preciosas, metales nobles, o bien acciones, obligaciones, letras, cheques, etc. En general, prosperidad material y espiritual.

Significado negativo: riquezas materiales que no traen la felicidad, que son mal empleadas, despilfarradas. Bienes materiales que privan de libertad. Codicia exagerada que ofusca e impide disfrutar del dinero. Corrupción y desconfianza por asuntos económicos. Ruptura de amistades por dinero.

Combinaciones al derecho:

Al lado de la Rueda de la fortuna: grandes riquezas.

Al lado del Loco: préstamo que puede causar problemas.

Combinaciones al revés:

Al lado de la Muerte: comunicado que anuncia problemas.

Los arcanos en relación con otros símbolos y métodos mágicos y religiosos

Aunque es importante considerar la identidad y las diferencias de cada sistema mágico o religioso, es innegable también que todos ellos proceden de la misma inquietud por conocer lo oculto y de un saber basado en arquetipos universales. Por ello, algunos autores y estudiosos del tarot lo han relacionado con la simbología de sistemas religiosos y de meditación como los mandala, la teoría zen del yin/yang, la cábala o la astrología.

Aunque no todas las asociaciones tienen la misma seriedad, ni idéntica verosimilitud, citaremos todas las correspondencias que se han establecido a fin de que el lector pueda juzgar por sí mismo el rigor y pertinencia que les corresponde.

El mandala como representación del mundo

Mandala es una palabra sánscrita, cuyo significado es el de círculo y centro. Es un círculo que se dibuja en el suelo o en una tela en el transcurso de un ritual sagrado.

Por extensión, un mandala es una figura de formas concéntricas, dibujada en una tela que se usa para la meditación. Además, reúne las siguientes condiciones:
— Posee un centro origen desde el cual todo empieza para desarrollarse y ramificarse a partir de él.
— Es de carácter simétrico.
— Tiene una orientación espacio temporal precisa.

El mandala es como un psicocosmograma, una imagen geométrica del universo, que a la vez puede pasar a ser un plano de la mente por los mecanismos que ya conocemos de conexión del microcosmos con el macrocosmos.

Es un vehículo de meditación que se emplea en los rituales de liberación del espíritu, ya que con él el hombre representa el mandala en el universo y a sí mismo en el gran mandala universal.

La estructura del mandala, el círculo, es una de las formas básicas, como el cuadrado y el triángulo. Concretamente el círculo junto con las líneas curvas está asociado a todo lo relacionado con lo orgánico y la biología. Ejemplos de círculos en la vida y en la naturaleza son los ojos, la tierra, el sol, los planetas y sus órbitas, etc.; ejemplos de círculos en el sentido temporal son las estaciones, el ciclo vital, el zodíaco, los días y las noches...

La imagen del círculo representa simbólicamente el universo. El círculo con un punto en el centro es el símbolo de la creación, y más concretamente de la luz solar.

El círculo con una cruz en su interior simboliza la unión de los principios femenino/masculino, pasivo/activo y los cuatro elementos.

Los arcanos y los mandala

Varios Arcanos Mayores contienen imágenes relacionables con los mandala:

Arcano X: La Rueda de la fortuna.

La Rueda de la fortuna es en sí un mandala que toma forma en la rueda. Los personajes que forman el arcano están fuera del círculo que rueda; ellos son los que generan el movimiento.

El mandala de la Rueda de la fortuna está relacionado con la toma de conciencia y la construcción.

Arcano XVIIII: El Sol.

La pareja de gemelos tienen cada uno un pie en el mandala y el otro en una aureola. La muchacha tiene en el mandala el pie derecho, y el muchacho el izquierdo.

Representan al andrógino, pero su comportamiento es estático.

El mandala unifica la búsqueda interior con la actividad exterior creadora, los principios masculino y femenino.

Arcano XXI: El Mundo.

El personaje del arcano está dentro de una guirnalda circular. Es el centro activo del mundo, como indica su simbología. Desarrolla una actividad plena, total e incesante con la ayuda de las fuerzas naturales: todo-tierra, águila-aire, ángel-agua, y león-fuego.

De este modo, los círculos que integran algunas de las formas de tarot se integran a los arcanos, añadiendo a ellos su peso simbólico y la carga de su tradición.

Los arcanos y la meditación

La relación entre los arcanos y los mandala es ya de por sí un nexo de meditación, ya que estos últimos forman parte de la metodología contemplativa oriental.

Sin embargo, existen otros usos de los arcanos del tarot con fines meditativos; estos usos también incluyen la contemplación de las cartas una a una, pero además presuponen la asociación de ciertos conceptos, que son más característicos de nuestra tradición occidental.

Para la meditación tradicional con los arcanos hay que tener presente, al menos mentalmente, la estructura de las tres vías y sus triplicidades correspondientes. Recordemos que las triplicidades se obtienen en los ejes verticales del esquema de la disposición de los arcanos por el rito de las tres vías:

1	2	3	4	5	6	7
8	9	10	11	12	13	14
15	16	17	18	19	20	21
I	II	III	IV	V	VI	VII

Las triplicidades indicadas en este esquema por números romanos corresponden a los siete chakras o centros energéticos de las fuerzas vitales en el hombre.

Estas correspondencias se utilizan en meditación y relajación, haciendo corresponder los tres arcanos a cada uno de los chakras:

I PELVIS
Situado en la pelvis, bajo el vientre
II HIPOGÁSTRICO
Situado bajo el estómago
III PLEXO SOLAR
Situado en el pecho, en el centro del esternón
IV CARDÍACO
Situado a la altura del corazón

V LARÍNGEO
Situado en la garganta, debajo de la barbilla
VI FRONTAL
Situado en la frente, entre las cejas
VII MENTAL
Situado en la cabeza, en la parte superior

Las triplicidades tienen también correspondencias con los colores. Estas correspondencias se utilizan para la meditación si se desea un método más abstracto y más centrado en el plano mental. A veces resulta útil concentrarse en esta metodología cromática después de haber hecho un trabajo previo de relajación corporal por el método anterior.

Las correlaciones de triplicidades y colores son las siguientes:

I.   ROJO
II. NARANJA
III. AMARILLO
IV. VERDE
V.   AZUL
VI. AÑIL
VII. VIOLETA

El tarot y la cábala

Como hemos visto en el capítulo dedicado a la historia y la erudición del tarot, muchos autores han insistido en la relación de los arcanos del tarot con la cábala hebrea. Estas relaciones se basan en diferentes parentescos simbólicos y correlatividades. Pero para otros autores, los planteamientos de la cábala van más allá en el terreno religioso que los arcanos del tarot, los cuales sólo darían a conocer algunos aspectos de esta profundísima filosofía.

¿Qué es la cábala?

La cábala es un sistema filósofico religioso que tiene por objeto la comprensión mística de Dios.

La cábala sostiene que la creación del mundo se llevó a cabo por una emanación del Ser Total, y en este sentido aún continúa.

En cierto modo, la cábala puede clasificarse entre los sistemas filosófico religiosos de corte panteísta, en los que Dios es equivalente a las fuerzas y leyes del Universo. Sin embargo, la diferencia entre la cábala y otros panteísmos más radicales radica en algunos matices introducidos por la cábala en algunos textos sagrados: según éstos, la creación del universo no sería totalmente una emanación divina, sino que Dios habría instruido a unos ángeles para llevar su misión a cabo. Éstos, a su vez, instruyeron a Adán, el cual adiestró a sus descendientes hasta llegar a Noé, Abraham y Moisés.

En otras versiones, Dios entregó la cábala a Moisés durante los cuarenta días que éste hizo penitencia en el monte Sinaí, y él la transmitió a los setenta Ancianos.

El contenido del mensaje transmitido por Moisés se hallaría disperso en los cuatro libros del *Pentateuco*: *Génesis*, *Éxodo*, *Levítico* y *Números*.

Sefer Yezirah

La cábala está compuesta por dos libros: *Sefer Yezirah* y *Sohar*. *Sefer Yezirah* significa *Libro de la Creación*, o bien *Libro de la formación*: en él hay una interpretación del universo a partir de los textos bíblicos.

Las veintidós letras del alfabeto hebreo son consideradas expresión de las verdades divinas de las estructuras. Unidas a los diez números-letra del alfabeto hebreo forman las llamadas treinta y dos vías de la sabiduría, que estructuran gran parte del conocimiento a través de la cábala.

El número 10, fundamental en el universo cabalístico, se divide en los números 6 y 4, que simbolizan la formación del mundo.

El resto de connotaciones simbólicas de los números son las siguientes:

1: Espíritu único, origen Dios.
2: Evolución del universo por emanación de alientos del espíritu.
3: Agua. Deriva de la condensación del aire.
4: Éter cósmico o fuego. Deriva de la evaporación del agua.
5: El Este de los cuatro ángulos de la tierra.
6: El Oeste de los cuatro ángulos de la tierra.
7: El Norte de los cuatro ángulos de la tierra.
8: El Sur de los cuatro ángulos de la tierra.
9: La altura.
10: La profundidad.

En el centro de los cuatro puntos cardinales se halla el Templo Sagrado, sostén de todo el sistema.

Las veintidós letras del alfabeto se dividen en tres grupos:

— Letras matrices o fundamentales (3 letras)
— Letras dobles (7 letras)
— Letras simples (12 letras)

Sohar

Sohar es el segundo libro que conforma la cábala.

Según la tradición, Simon Ben Jochai vivió en los años 70-110 de nuestra era, época de la destrucción del Templo de Jerusalén, y fue condenado a muerte por Tito. Escapó con su hijo, refugiándose en una caverna durante doce años. Durante ese tiempo estudió la Cábala ayudado por el profeta Elías, que lo visitaba a menudo, le revelaba sus secretos y le daba sus consejos.

El hijo de Ben Jochai, llamado Eliezer, su secretario Abba y sus discípulos compusieron con las enseñanzas del maestro el *Sohar*, o *Libro del Esplendor, Libro de la Luz*.

Según el *Sohar*, todo procede de En Soph, el dios eterno e ilimitado, incomprensible, indescriptible. Precisamente por ello En Soph no puede manifestarse en sí mismo y debe hacerlo a través de sus inteligencias o emanaciones llamadas *Sephiroth*.

Las Sephiroth son inteligencias de Dios representadas como facetas manifiestas al hombre de la naturaleza divina.

Las Sephiroth

Las Sephiroth no han sido creadas, sino que emanan de En Soph. La creación es distinta de la emanación. Lo creado nació, y por ello está destinado a perecer. En cambio, lo emanado es inmutable, no ha nacido ni debe morir y por tanto no comparte ninguna de las características de las cosas de este mundo.

Las Sephiroth forman con En Soph un todo único. Son aspectos de un mismo ser y proceden de la misma luz. La relación de las Sephiroth con En Soph se parece a la de las Personas de la Santísima Trinidad en el dogma de la religión cristiana.

La identidad y diversidad de las Sephiroth es semejante a la unidad y diversidad de los colores de la luz; teniendo cada uno su identidad, sin embargo todos son uno en la luz blanca, inseparable.

Las Sephiroth son infinitas y perfectas, como partes de En Soph. Consideradas independientemente de En Soph, son finitas e imperfectas.

Los atributos de las distintas Sephiroth, son los siguientes:

1: KETHER = CORONA
(Arquetipos. Mundo del cual emanan las réplicas como en el sistema platónico)
2: HOKMAH = SABIDURÍA
3: BINAH = COMPRENSIÓN (INTELIGENCIA)
4: HESED = COMPASIÓN
5: GEBURAH = FUERZA
6: TIPHERETH = BELLEZA

7: NETSAH   = VICTORIA
8: HOD   = ESPLENDOR
9: YESOD   = FUNDACIÓN
10: MALKUTH   = REINO, ACCIÓN FINAL,
                RESULTADO, MATERIA

El árbol de la vida

Las Sephiroth no se presentan de manera secuencial, ni en formaciones arbitrarias; por el contrario, se ordenan en una estructura simbólica llamada *árbol de la vida*.

El árbol de la vida distribuye las Sephiroth de la siguiente manera:

```
                    1

   3                            2

   5                            4

               6

   8                            7

               9

               10
```

Los números corresponden a las Sephiroth que se han citado.

El triángulo formado por 1, 2 y 3 representa al espíritu y al intelecto. Es un triángulo con los vértices hacia arriba.

4, 5 y 6 forman otro triángulo con el vértice hacia abajo. Corresponde al alma, al mundo moral y sensorial y reproduce la imagen de dos brazos unidos por la belleza.

7, 8 y 9 es el tercer triángulo, cuyo vértice es hacia abajo. Es el que corresponde al cuerpo, al mundo material. La fundación une las dos piernas ligándolas a las raíces de la tierra.

Estos tres aspectos de En Soph, representados por los tres triángulos, se llaman *rostros*. Precisamente de sus combinaciones surge el árbol de la vida.

En el eje vertical, entre 1 y 6 encontramos dos puntos de cruce, que llevan a veces los números 11 y 12.

11 simboliza el Saber
12 simboliza la Justicia

Las Sephiroth de la derecha son masculinas y representan el principio activo.

Las Sephiroth de la izquierda son femeninas y representan el principio pasivo.

Las Sephiroth del centro son unificadoras y representan la interacción de los dos principios.

A la derecha encontramos la pilastra de la Misericordia, formada por las Sephiroth 2, 4 y 7.

A la izquierda está la pilastra del Juicio, formada por las Sephiroth 3, 5 y 8.

En el centro tenemos el eje formado por las Sephiroth 1, 6, 9 y 10 es la columna de la Benignidad.

Los veintidós senderos que se establecen en las líneas que unen las Sephiroth corresponden a las veintidós letras del alfabeto hebreo y a los Arcanos Mayores del tarot.

Los veintidós senderos más las diez Sephiroth de los números constituyen las treinta y dos Vías del descendimiento de la Sabiduría Divina.

Las veintidós letras y los Arcanos
Mayores: los veintidós senderos

Las correspondencias de las letras del alfabeto hebreo con los Arcanos Mayores organizadas en la estructura del árbol de la vida, forman los veintidós senderos, clave de la relación de la cábala con el tarot. Estos senderos, junto con las diez Sephiroth forman las treinta y dos vías a través de las cuales la sabiduría divina desciende, en estadios sucesivos, sobre el hombre. Éstos permiten al hombre subir hasta la Fuente de Sabiduría, recorriendo de forma ascendente los veintidós senderos (la evolución).

Esta evolución comienza en el reino de Malkuth, que corresponde a los pies de Adán celeste. El nombre divino correspondiente es Adonais (nombre divino y humano).

El hombre debe buscar dentro de sí mismo con el intelecto, con la moral, con el físico; debe actuar con el cuerpo, con el alma, con el espíritu. Deberá estar en sintonía con la Naturaleza y amar a sus semejantes.

Los atributos de los veintidós senderos son los siguientes:

BETH: MAGO
De la Inteligencia a la Corona.
Inicio de la actividad, de la razón, movimiento de las fuerzas interiores, astucia.
GHIMEL: SACERDOTISA
De la Belleza a la Corona.
Descubrimiento de las fuerzas ocultas. Lectura de los textos sagrados.

DALETH: EMPERATRIZ
De la Inteligencia a la Sabiduría.
Acumulación y crecimiento de los conocimientos adquiridos, plena acción generadora.
HE: EMPERADOR
Del Fundamento al Triunfo.
Dominio sobre las fuerzas de la Naturaleza y sobre los espíritus elementales (de los elementos); victoria sobre las tentaciones gracias a la voluntad.
VAU: PAPA
De la Misericordia a la Sabiduría.
Conocimientos esotéricos, enseñanzas.
ZAIN: ENAMORADO
De la Belleza a la Inteligencia.
Victoria sobre las tentaciones; reflexiones, perseverancia.
HETH: CARRO
De la Severidad a la Inteligencia.
Continuidad, acción constante, victoria sobre el mal.
TETH: JUSTICIA
De la Belleza a la Misericordia.
Comprensión de los grandes misterios; cíclico, empleo del libre albedrío, control del karma.
YOD: ERMITAÑO
De la Belleza a la Misericordia.
Búsqueda interior, necesidad de soledad, meditación.
KAPH: RUEDA DE LA FORTUNA
De la Severidad a la Misericordia.
Búsqueda del equilibrio entre las dos fuerzas opuestas. Eliminar el juicio, aceptar a los demás, dominar los pensamientos y comprender las energías anímicas.
LAMED: FUERZA
De la Severidad a la Misericordia.

Autocontrol, fuerza de voluntad, victoria sobre las tentaciones.

MEM: AHORCADO

Del Esplendor a la Severidad.

Espíritu de sacrificio, elección de una fe o de una corriente espiritual. Religiosidad, altruismo.

NUN: MUERTE

De la Severidad a la Belleza.

Renacimiento, mutación, cambio de personalidad, nuevo modo de comprender la vida.

SAMEK: TEMPLANZA

Del Fundamento a la Belleza.

Control de las energías, empleo de las energías superiores, conocimiento de los planos sutiles.

AYN: DIABLO

Del Esplendor a la Belleza.

Dominio sobre la materia, vicios, tentaciones, toma de conciencia de la espiritualidad.

PE: TORRE

Del Esplendor al Triunfo.

Demolición de la parte negativa, valoración de los peligros. Alejamiento de las ideas o religiones negativas.

TSADE: ESTRELLAS

De la Belleza a la Sabiduría.

Conocimiento de los espíritus celestes y utilización de los tiempos propicios.

QUOPH: LUNA

Del Reino al Triunfo.

Conocimiento de la luz astral o gran agente mágico. Uso de los conocimientos anímicos de la tierra. Facultades paranormales y clarividencia.

RESCH: SOL

Del Fundamento al Esplendor.

Amor a sí mismo y a los demás.

Felicidad por la elección afectuada, recompensa de las esferas superiores.

SCHIN: JUICIO

Del Reino al Esplendor.

Interacción con las fuerzas superiores. Impregnación espiritual, nuevas energías entran en el hombre.

TAU: MUNDO

Del Fundamento al Reino.

Completa realización, movimiento de las energías, felicidad y dinámica.

ALEPH: LOCO

De la Sabiduría a la Corona.

Anulación, pérdida de la individualidad, totalidad y nulidad, irreconocible e incomprensible.

De la definición de los veintidós senderos y las treinta y dos vías se desprende toda la simbología cabalística que se aplica a los Arcanos Mayores, la cual tiene una importancia considerable, al ser la cábala uno de los sistemas de pensamiento con más fuerza analógica de entre los que han influido en la imaginería del tarot.

Los arcanos y el yin/yang

En el mapa simbólico del tarot, la dinámica de oposición entre yin/yang es fundamental.

Los términos yin y yang son orientales, sin embargo la casi totalidad de las civilizaciones tienen en sus esquemas culturales la idea de una división binaria, en forma de oposición dinámica, generadora de vida y movimiento.

Yin es el principio femenino, pasivo, receptivo.

Yang es el principio masculino, activo, influyente.

Yang representa al cielo, al hombre que insemina, mientras que yin es la tierra, la mujer que recibe la simiente y la guarda en su seno mientras crece y se prepara para la vida independiente.

La colaboración interactiva de yang y yin es imprescindible para obtener un resultado, una materialización de lo que, de otro modo, se perdería en la idea o en la inercia y el inmovilismo de lo no fecundado.

En el tarot, el principio femenino (yin) corresponde a la inactividad, la interiorización, la apatía, el frío, la noche y la oscuridad.

El principio masculino (yang) corresponde a la actividad, la sensibilidad, el calor, la luz diurna.

Resultaría ingenuo atribuir valoraciones positivo/negativas a estos dos principios, sobre todo en razón de su complementariedad: ninguno de los dos puede existir sin el otro.

En el Arcano II, La Sacerdotisa, está representado el libro del equilibrio mágico, en el cual se encuentran y colaboran el principio femenino y el principio masculino.

En la secuencia de los Arcanos Mayores, encontramos unos que son femeninos y otros que son masculinos:

Arcanos femeninos

SACERDOTISA
EMPERATRIZ
JUSTICIA
FUERZA
TEMPLANZA
ESTRELLAS

Arcanos masculinos

MAGO
EMPERADOR
PAPA
ENAMORADO
CARRO
ERMITAÑO

Hay otros arcanos que no tienen un género determinante, como la Luna, el Sol, el Juicio...

II
LA PRÁCTICA DEL TAROT: CONSULTAS, TIRADAS E INTERPRETACIONES

Cómo consultar el tarot

La consulta del tarot resulta aparentemente fácil, aunque en realidad es muy difícil. Fácil en el sentido de que no resulta complicado disponer las cartas según unos esquemas preestablecidos que aquí y en otros libros se facilitan, destaparlas y referirse a los significados adivinatorios que se desprenden de la simbología de cada carta. Pero difícil, en realidad, porque la interpretación no puede remitirse simplemente a unas pautas iguales y constantes, que encorsetarían la realidad del mundo y la del consultante.

La lectura adivinatoria tiene tres fases: cortar y barajar el mazo, disponer las cartas e interpretarlas. En las dos primeras fases sólo cuentan la sensibilidad y la intuición del adivino.

Para la tercera dispone de una serie de ayudas, como son el cono-cimiento histórico e iconográfico de las cartas, sus relaciones con otros sistemas de pensamiento y con el misticismo, etc. Pero nada ni nadie puede dar la respuesta que el adivino se plantea cada vez que consulta las cartas. Éstas estimulan, no obstante, la mente del adivino y revelan una historia en la que el significado original es interpretado de manera sensible e intuitiva.

Algunos ocultistas mantienen al respecto una posición fatalista: de nuestras vidas todo está escrito en el libro del destino. Por ello es posible conectar con esferas superiores para conocer el destino inexorable de una persona; lo que no es posible entonces, es modificarlo.

Sin embargo, otros expertos admiten una versión menos radical de esta teoría: el destino no sería una fatalidad, sino la expresión de una tendencia. Lo que el adivino vería sería más bien la dirección y la orientación de la vida del consultante en los temas y aspectos que fueran observados. Así, el adivino revelaría al consultante los vectores de fuerza que según su consulta estarían interviniendo en su vida en un momento dado y hacia dónde se dirigirían esos vectores. Ésta sería una información preciosa para el consultante, ya que de este modo él podría libremente reorientar su camino o insistir y perseverar en él de forma que se cumplieran sus objetivos.

Ocho reglas para ejercer con provecho la adivinación por el tarot

El oficio de adivino es cosa de iniciados, y desde luego nada se puede alcanzar con sólo leer un libro o dos. Lo más importante es, desde luego, la práctica y la perseverancia en la meditación de manera regular y diaria.

Aquel que lleve una vida de búsqueda interior, llegará con el tiempo a adivinar el futuro con tarot o sin él, ya que lo más importante de lo venidero está ya en la sabiduría secular. No puede demostrarse ni está claro que este espíritu religioso de vida comprometida pueda otorgar un real conocimiento sobre el futuro. Pero lo que está claro, por lo menos, es que si no se «vive» el tarot con un verdadero compromiso religioso, es imposible acertar en la adivinación a través de él.

Existen algunas normas para comenzar a trabajar en la consulta del tarot, que pueden ser útiles al principiante. Para el iniciado son tan obvias, que puede tranquilamente olvidarlas sin temor a equivocarse.

1. *Manipulación frecuente*

Manipular cada día el mazo del tarot (siempre el mismo), tocar mucho las cartas, transmitirles la propia energía, mirarlas a menudo, pensar en ellas y en su simbolismo.

Concentrarse en las imágenes varias veces al día.

Esconder las cartas de extraños y de incrédulos, y también de aquellos que van a favorecer una aproximación frívola y sin posibilidades de profundización o intensidad.

Practicar las tiradas aunque no se desee hacer ninguna pregunta, observar cientos de esquemas y configuraciones de las cartas, e irse acostumbrando a esta diversidad que reproduce la variedad y la diversidad del mundo real.

2. *Relajación previa*

Para disponerse a consultar el tarot hay que sentirse bien, estar relajado, no tener prisa ni estar preocupado por otras ideas o estímulos. Es imporante estar dispuesto a oír los «mensajes del corazón», las intuiciones, sensaciones y presentimientos, y que estas sensaciones no sean interferidas por preocupaciones de otro tipo. Un cierto desinterés por los resultados, libre de curiosidad, es también aconsejable.

3. *Atmósfera circundante de paz*

Para consultar el tarot es conveniente crear una atmósfera de tranquilidad, calma y silencio que favorezca la concentración y la supresión de las tensiones. En el lugar en el que se echan las cartas hay que evitar la música, ruidos o voces de charlas. Es importante también tamizar la luz y evitar los colores vivos y excitantes. Durante las consultas deberá estar presente el interesado y a ser posible nadie más.

La presencia de varias personas en una consulta puede crear interferencias causadas por las vibraciones de los subconscientes de los presentes, que no necesariamente serán las del consultante.

4. *Documentación y práctica*

Conviene leer sobre el tarot, documentarse bien, y adquirir progresivamente algo de criterio, ya que la literatura sobre ciencias ocultas suele ser poco rigurosa. También es interesante leer sobre temas relacionados con el tarot, que pueden ayudarnos a comprender mejor su simbología y su proyección: cábala, historia de Occidente y de Oriente medio, arte, religión cristiana, filosofía griega y del Renacimiento, astronomía y astrología...

En cualquier caso, ninguna lectura puede sustituir el conocimiento empírico y la sabiduría que le dará simplemente un trabajo a fondo, diario y constante con su mazo de tarot.

5. *Honestidad*

Con el tarot es muy importante la honestidad. Cuando alguien solicita una consulta, realiza en cierto modo lo que los psicólogos llaman una «transferencia» hacia el adivino. Transferencia significa que de algún modo el consultante confía su psique al adivino y se sitúa en una posición de inferioridad y confianza, como un niño pequeño, junto a su padre. Esta actitud es la que facilita la afluencia de datos y circunstancias que el consultante lleva sin saberlo dentro de sí y que, súbitamente, puede «ver» en la persona que tiene delante y en la disposición de las cartas.

Pero es obvio que esto es peligroso, y que otorga al adivino un poder sobre el consultante que no siempre merece y que no siempre está en disposición de utilizar responsablemente. A veces se usa el tarot para jugar; con frecuencia algunas personas se aproximan a él por curiosidad y sin demasiadas intenciones de compromiso vital, esto es normal, nada hay de malo en ello. Pero así y todo es importante ser prudente, no influir negativamente sobre personas con tendencias neuróticas, obsesivas, no abusar de la posición que otorga, aunque sea un simple juego. Se trata, pues, de huir del morbo, del catastrofismo y de problemas malignos o indiscretos que puedan dañar al consultante. Se trata también de no utilizar con fines perjudiciales para él la información que nos ha suministrado.

6. Rito no es regla

Las diferentes maneras de consultar el tarot, las tiradas, los sistemas de mezcla y corte, son ritos establecidos para ayudar a la concentración necesaria para efectuar la consulta en condiciones. Pero ninguno de ellos ata al adivino, de modo que éste puede utilizarlos indistintamente, o no utilizar ninguno de estos métodos si no le resultan cómodos. Se aconseja al principiante ceñirse de entrada a los ritos, de modo que el camino se le haga más fácil. Cuando más adelante tenga un conocimiento profundo de los arcanos, se podrá permitir abandonar los ritos e inventar sus propios caminos y maneras de hacer. En cualquier caso, uno debe sentir que el rito le libera. De otro modo, es mejor abandonar los esquemas demasiado estrechos.

7. Uso del tarot

El adivino no debe usar el tarot por capricho, ni frívolamente. No es bueno usarlo para fanfarronear, ni competir con otros sobre la previsión del futuro. No es bueno tampoco sacar el mazo en fiestas y reuniones de sociedad, a no ser que la aproximación que se haya hecho al tarot sea simplemente la de un juego no sagrado (esto no es ni bueno ni malo, pero constituye un punto de vista diferente al que estamos desarrollando aquí). Es importante respetar el tarot si se quiere utilizar como vehículo de aprendizaje trascendental. Algunos autores creen que no es posible que el adivino haga consultas para sí mismo; otros creen que puede hacerse. En todo caso, hay que tener presente que es bastante difícil tener una visión exacta de uno mismo, no ya del futuro, sino incluso del presente. Esta visión desapasionada se alcanza con unos niveles de madurez y sabiduría de la vida que no son los habituales: es evidente que para personas de este tipo no son muy necesarias recomendaciones y consejos.

8. Cartas al derecho y al revés

En las orientaciones referentes al significado de las cartas, muchos autores distinguen entre la presentación de la carta del derecho o del revés. En estos casos la posición al revés se refiere a la posición invertida de la figura respecto al adivino, no al consultante.

Las diferencias entre las cartas del derecho y del revés como condicionante del significado adivinatorio son recientes, y proceden de la idea mística de que todo tiene su simétrico y de que el mal no es más que la sombra del bien. Estas ideas no son del todo admitidas en la teoría clásica del tarot, por lo que el lector deberá escoger entre considerar o no el sentido de las cartas invertidas. Creemos que es una decisión a adoptar en función del contexto y las circunstancias de cada tirada.

Los Arcanos Menores son a veces dobles, o bien su figura es simétrica, de modo que no puede saberse cuándo una carta está invertida o no lo está. Para ello, el aspirante a adivino deberá marcar en su mazo con una pequeña señal la posición derecha de las cartas número dos, tres, cuatro, seis, ocho, nueve y diez de oros, as de oros y el ocho de espadas. La señal se suele hacer en el ángulo inferior izquierdo.

La cartomancia

Se llama cartomancia a la adivinación por medio de las cartas. La consulta adivinatoria del tarot es un tipo de cartomancia, pero existen muchas otras diferentes, según la cultura a la que pertenecen y la tradición en la que se inscriben.

En la cartomancia hay toda una parte relacionada con la simbología y la historia, pero la parte más importante cae dentro del dominio de la magia. Existen muchas interpretaciones distintas de las causas y los medios por los cuales la cartomancia alcanza sus objetivos; el único problema es, como siempre, que sus caminos no son demostrables, de modo que las explicaciones nos pueden dar solamente una aproximación descriptiva.

Los analistas de la cartomancia y las ciencias ocultas han establecido algunas razones o teorías que explican la adivinación a través de las cartas. Estas razones centran la atención a veces sobre los poderes del adivino, otras sobre la sensibilidad transferencial del consultante y, por último, sobre la interacción de ambos. Muy pocas veces se atribuye la

adivinación al poder de las cartas propiamente dichas, aunque esta posibilidad no está completamente descartada.

Las principales teorías sobre la adivinación con cartas han sido desarrolladas por ocultistas, parapsicólogos, psicólogos, antropólogos y sociólogos. Muchos de ellos admiten la imposibilidad de verificar sus conclusiones, así como la posibilidad de que varias de estas teorías actúen simultáneamente influyendo en distinto grado.

1. *Captación de mensajes inconscientes del consultante*

El adivino, tanto por su experiencia como por su concentración en el momento de la consulta, capta las ideas que se hallan en el inconsciente del consultante de modo latente y oscuro. El adivino trae esas ideas a la luz de la razón, expresándolas verbalmente y captándolas en un discurso comprensible. Las cartas desempeñan aquí el simple papel de motivadoras o vehículos rituales de la transmisión psíquica.

2. *Luz astral: trance del adivino*

El adivino entra en trance, alcanzando así un plano superior en el que el espacio y el tiempo son coordenadas no obligatorias.

Por este procedimiento el adivino entra en el reservorio del inconsciente colectivo y «lee» en él como si se tratara de una visión o revelación. El trance del adivino es independiente del consultante, incluso de su inconsciente, el cual en este caso es poco importante para el oráculo: el destino que el adivino descubre procede de un saber colectivo y secular que a ningún individuo le es dado contener.

Las cartas son aquí también un medio ritual para alcanzar el estado de trance, lo mismo que la presencia del consultante ejerce una influencia estimulante y protectora a la vez.

3. *Simple probabilidad*

El adivino ve el futuro del consultante por casualidad. En realidad no siempre acierta, pero el consultante, al pasar los días, sólo recuerda con exactitud aquellas predicciones que se van cumpliendo. El consultante ha decidido acudir al adivino, ha tenido confianza en él, le ha comunicado algunos de sus más íntimos problemas, y finalmente le ha pagado: todo ello aboga en favor de una confianza que necesariamente pone el consultante en el adivino. El consultante, una vez hecha la consulta «quiere» que lo que le ha dicho el adivino se cumpla tal como él lo ha señalado. No es que desee consciente y directamente que se cumpla todo lo que él le ha augurado —evidentemente, si se prevén malas noticias nadie desea que se cumplan—, pero desea en cambio que el adivino tenga razón, que no sea un charlatán o un estúpido.

Esto es muy importante, porque influye fuertemente en la actitud del consultante después de la consulta; si le han dicho que alcanzará el éxito en un proyecto que prepara, se dedicará a él con más tesón. Si el oráculo anuncia que su amor será correspondido, quizá se sienta con fuerzas de expresar sus sentimientos y, ante una actitud más natural, la relación tenga un desenlace feliz. En cambio, si se anuncian problemas con un asunto que ya no va muy bien, es fácil que el sujeto se acabe de desanimar al respecto, y al no poner todo su tesón e interés en él acabe por fracasar como estaba previsto.

Otro tema relacionado con la probabilidad es el de las características similares que rodean la vida de todos los hombres: la fuente de los arquetipos universales, precisamente. Un adivino es un gran psicólogo (por lo menos a menudo) y conoce la mente de las personas con gran rapidez. Lo que para un individuo es un problema personal, único, intransferible, para una mente entrenada en la psicología humana y en abstraer los pequeños detalles para llegar a lo esencial puede ser un simple ejercicio de clasificación. Al respecto es interesante señalar que muchos adivinos, cartomantes o no, enuncian sus previsiones en términos muy generales, sin especificar las circunstancias accidentales de cada situación: cuándo se producirá exactamente, cuánto dinero se va a perder o a ganar, con qué persona va a ocurrir tal acontecimiento, etc.

4. *Sincronicidad*

Se llama sincronicidad a la entrada en un nuevo contexto en el que la trama del espacio/tiempo deja de ser lineal. Es una idea que no está muy clara en parapsicología, sobre todo porque no pertenece a este ámbito, habiendo sido inspirado por las leyes de la física y de la psicología, a dos niveles distintos y de fuentes demasiado diversas quizá para armonizar con facilidad.

La física propone desde hace años una realidad libre de la trama espaciotemporal que conocemos. En esta realidad, que en todo caso no nos es accesible, la flecha del tiempo pasado/presente/futuro puede invertirse, o simplemente desaparecer, alterada por otro tipo de influencias. Es posible también la simultaneidad de opciones del mismo proceso al mismo tiempo, es decir, es posible que un acontecimiento ocurra y no ocurra a la vez, o que a la vez ocurra de una manera y de otra. Esto es algo bastante complejo, difícil de entender sin una preparación científica elevada y, sobre todo, muy seductor para transferir a toda clase de sueños, magias y especulaciones sobre la adivinación.

En otro orden de cosas, la psicología de Jung establece el concepto de sincronicidad para definir un estado especial alcanzable por dos o más personas que pueden comunicar sus mentes sin que para ello sea obstáculo el tiempo o la distancia. Jung creó el concepto de sincronicidad para explicar fenómenos como la telepatía o la comunicación con los muertos. Desgraciadamente, la psicología junguiana no ha tenido seguidores a la altura del maestro y estas ideas, al no desarrollarse, han dado lugar a un fuerte desprestigio del psicoanálisis junguiano.

5. *Telepatía y clarividencia*

Sabido es de todos que el ocultismo acepta los fenómenos de telepatía y clarividencia como realidades que no pueden ser descritas completamente y cuyo conocimiento sólo puede llevarse a cabo de forma empírica. La explicación sobre la causa de estas facultades es también oscura, y pertenece al ámbito en el cual se cree o no en las cosas. El adivino conoce el futuro y el pasado del consultante en una realidad global que le es revelada gracias a sus facultades.

El consultante tiene en este caso un papel pasivo, y las cartas son un medio ritual, pero no protagonistas de la adivinación.

6. *Impregnación arquetípica y simbólica*

Vemos aquí otro tema junguiano, el de los arquetipos, o modelos generales en el inconsciente colectivo, que se va repitiendo a través de los siglos y de las culturas revestido de infinitas formas y circunstancias. Sin embargo, el tema de los arquetipos es aquí utilizado de una manera muy heterodoxa, en la medida en que se atribuye la fuerza de esta carga secular a las propias cartas, de modo que serían ellas finalmente las responsables del oráculo.

Atribuir propiedades mágicas a los objetos es una actitud de una gran belleza simbólica y de gran interés para la antropología. Sin embargo, se trata de una idea muy primitiva, ya que privilegia el poder de los objetos sobre el del hombre.

7. *Espiritismo*

En este caso la impregnación arquetípica tiene tanta importancia como en el anterior. Sin embargo, aquí de nuevo las cartas son un medio y no las responsables directas del conocimiento adivinatorio.

Las facultades espirituales se desarrollan a través de las cartas, que cumplen una función mediúmnica sin la cual ninguna respuesta es posible, pero las piezas clave de la adivinación son el adivino y el consultante, de cuya interacción nace la información que después revelan las cartas.

8. *Espíritu guía*

Algunos ocultistas, especialmente los que están en relación con el sistema místico de la cábala, creen que cada ser humano tiene un espíritu guía que le acompaña siempre, aun cuando la mayoría de las personas no son conscientes de ello. Se trata de una versión más del ángel de la guarda cristiano. Según estos autores, si uno es capaz de comunicarse conscientemente con este espíritu puede conocer las realidades ocultas de la vida de los demás, todo lo que está en su inconsciente, los hechos de su pasado que están influyendo en el presente y los resultados de ese presente en el futuro.

Preparación de los tarots para la adivinación

Después de todo lo expuesto, queda claro que la adivinación con el tarot no es fácil y que implica un camino de sabiduría y ascesis. Hemos analizado las características de las cartas y la disposición del adivino, o del futuro adivino. Vamos a centrarnos ahora en los rituales de preparación del mazo, en la manera de tratar las cartas para adquirir un cierto grado de complicidad con ellas, recordando siempre que el valor de estos ritos es comunicativo y reflexivo.

Las cartas del tarot —como ya hemos observado en varias ocasiones— no son mágicas en sí, sino que constituyen un medio que nos permite aflorar lo que la mente más profunda, el inconsciente, sabe ya de nosotros o de la persona que tenemos enfrente, el consultante. Las cartas son importantes como un objeto íntimo, un medio simbólico que debe atraer profunda e intensamente nuestra mente y colaborar con nosotros en la adivinación.

Cómo conocer bien las propias cartas

En primer lugar es importante hacerse con un mazo que a uno le guste, no quedarse con el primero que nos caiga en las manos, o por lo menos no hacerlo si el mazo no nos resulta suficientemente sugerente.

Existen mazos en blanco y negro, preparados para que cada uno

THE FOOL

THE MAGICIAN

THE MOON

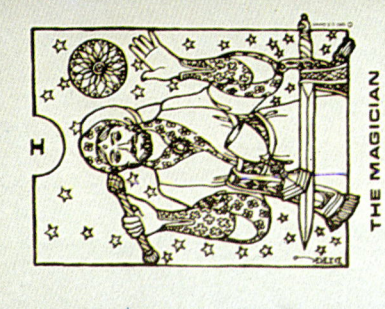

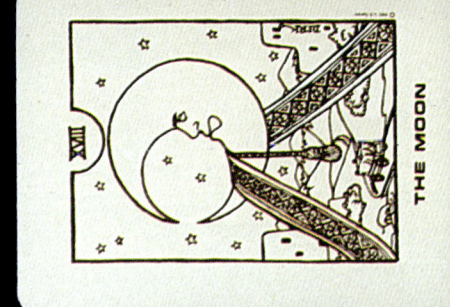

STRENGTH

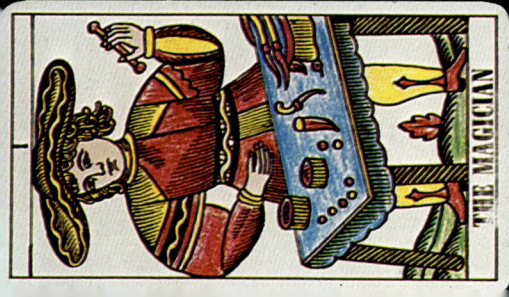

THE MAGICIAN

THE TOWER

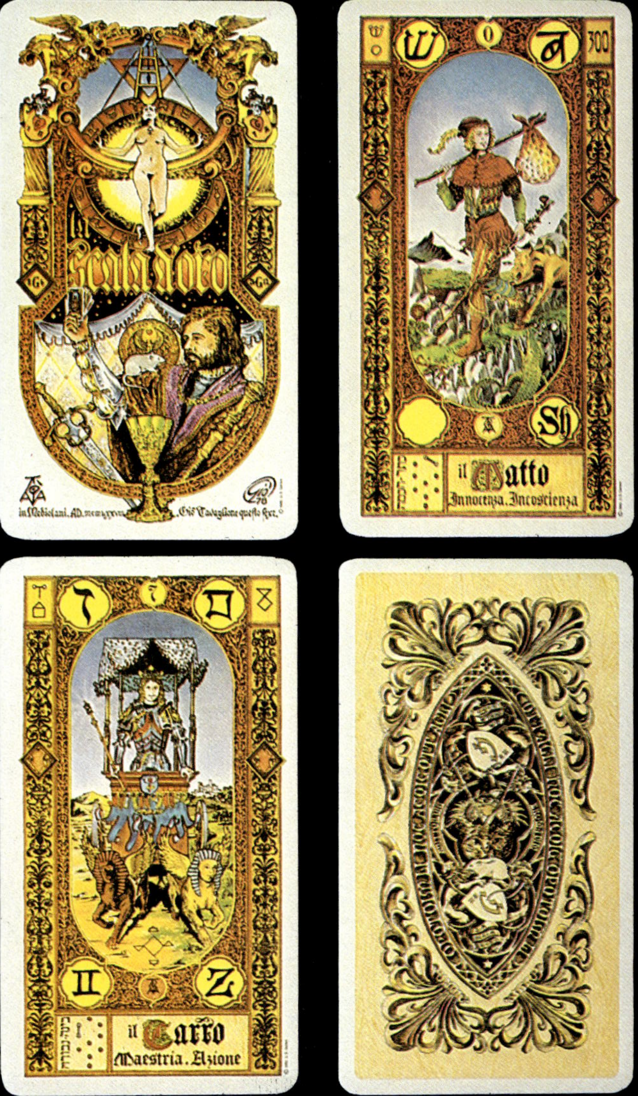

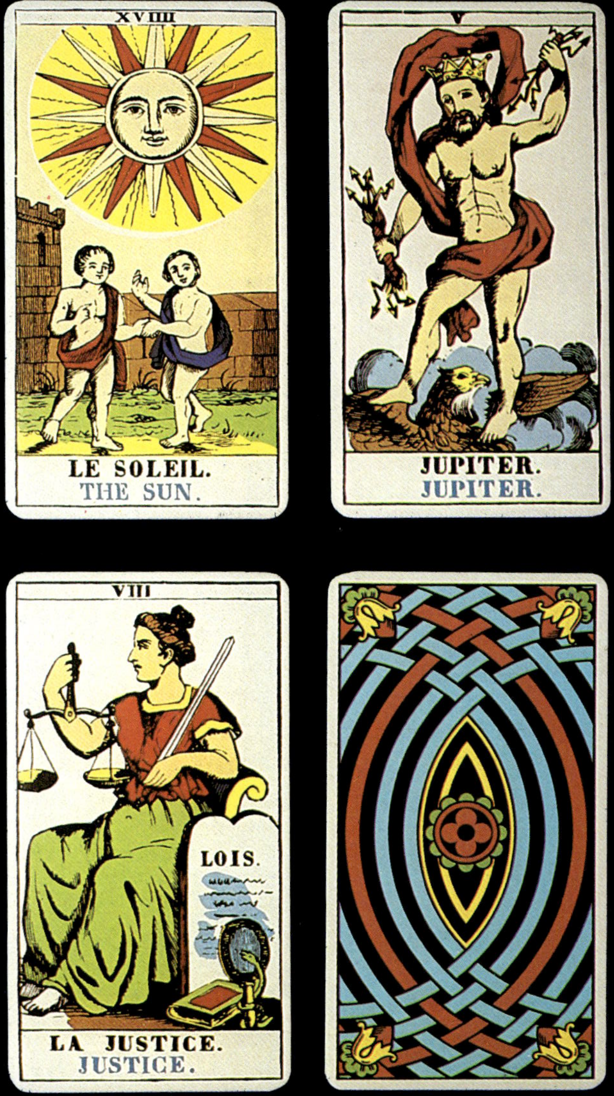

Izquierda.
Tarot Royal Fez

◆

Derecha.
Tarot d'Epinal

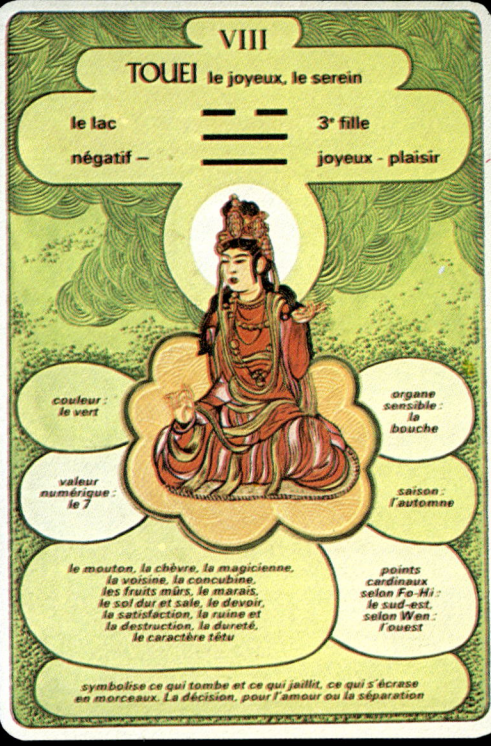

VIII

TOUEI le joyeux, le serein

le lac	⚌	3ᵉ fille
négatif −		joyeux - plaisir

couleur : le vert

organe sensible : la bouche

valeur numérique : le 7

saison : l'automne

le mouton, la chèvre, la magicienne, la voisine, la concubine, les fruits mûrs, le marais, le sol dur et salé, le devoir, la satisfaction, la ruine et la destruction, la dureté, le caractère têtu

points cardinaux selon Fo-Hi : le sud-est, selon Wen : l'ouest

symbolise ce qui tombe et ce qui jaillit, ce qui s'écrase en morceaux. La décision, pour l'amour ou la séparation

Ting

LE CHAUDRON

鼎

LE RICHE DOIT POURVOIR AUX BESOINS DU PAUVRE. UNE BONNE NOURRITURE SPIRITUELLE AVIVE LE FEU DE L'ÂME ET PEUT ÊTRE SAINEMENT DISTRIBUÉE.

GRANDE FORTUNE.

MODESTIE ET PERSÉVÉRANCE VOUS FERONT RÉUSSIR.

VOTRE FAIBLESSE VOUS VOUE À L'ÉCHEC.

PATIENCE : VOS QUALITÉS SERONT RECONNUES.

AGISSEZ HARDIMENT EN DÉPIT DES ENVIEUX.

MALGRÉ LES DIFFICULTÉS, L'HOMME VÉRITABLE ATTEINDRA LES HONNEURS.

50

I

K'IEN le créateur

le ciel	⚌	le père
positif +		fort

le prince

organes sensibles : la tête, les reins

le dragon

conditions extérieures : le froid, la glace

l'or

le cheval : bon, vieux, maigre, sauvage

forme : le rond

l'arbre fruitier

couleurs : le rouge foncé, le bleu clair, le bleu foncé

valeur numérique : le 6

points cardinaux selon Fo-Hi : le sud selon Wen : le nord-ouest

saison : l'été

symbolise la force invincible, la puissance, l'ascension, la production los coloree aplicando a las cartas una simbología cromática propia. Esto es importante, ya que el hecho de trabajar manualmente sobre las cartas facilita su conocimiento profundo y la concentración en ellas.

Existen muchos tipos de mazos si uno no desea el propio. El mazo Waite-Coleman, del que ya hablamos en la historia del tarot, relacionado con la filosofía de los rosacruces, tiene un espléndido tratamiento de colores. Las imágenes no son tradicionales, sino que se inscriben en el estilo de la época y en el particular estilo de la señorita Coleman Smith.

El mazo Zain está profundamente inspirado en los temas misteriosos de la egiptología, los dioses y los jeroglíficos. Tampoco es tradicional. El mazo Wirth, así como el diseñado por Harris y Aleister Crowley está inspirado en la cábala siguiendo las creencias de sus autores.

El mazo más tradicional es el de Marsella, que ha venido a representar en nuestros días el tarot clásico. Los tarots italianos siguen también la antigua tradición. En el caso de estos últimos es necesario marcar algunas cartas para definir su posición derecho/revés.

Una vez elegida la baraja, es importante familiarizarse con ella: jugar a las cartas, hacer solitarios, mirar las cartas una a una, inventar secuencias e historias...

Se pueden hacer juegos del tipo de asociar cada arcano con una persona conocida o con algún pasaje de nuestra vida pasada. También pueden asociarse los arcanos a valores abstractos, pero con una significación clara para nosotros. Otra posibilidad es la de crear personajes arquetípicos y asociarlos con los tarots.

Es importante reflexionar sobre las cartas buscando ejemplos de la vida diaria en los que aparezcan las situaciones y personajes que están representados en los tarots. Esto, y la búsqueda de asociaciones libres, inconscientes y espontáneas, son los dos mejores métodos para empezar a trabajar.

Las asociaciones espontáneas nos llevarán a nuestra simbología propia, íntima, personal, la simbología que construye espontáneamente y sin que lo sepamos nuestro subconsciente. Según algunos autores, las asociaciones libres nos conducen también hacia el inconsciente colectivo y de ahí hacia los arquetipos creados a través de los siglos y las civilizaciones.

Según esta teoría, el arcano es la punta de un iceberg (el subconsciente). Profundizar en él es entrar en diferentes planos de la realidad y conocer «otro» mundo. A partir de ahí ya sólo queda usar la imaginación para situar las cartas en un mundo real, en nuestro mundo cotidiano.

Es importante también mantener las cartas próximas a uno. Llevarlas en el bolsillo o en una bolsita colgando, dormir con ellas, poner bajo la almohada el arcano con el que se está trabajando. Esto aumenta nuestra sugestión, nos ayuda a dormirnos pensando en las cartas y a concentrarnos en ellas varias veces al día.

Algo sobre purificaciones y consagraciones

Entre ocultistas y cartomantes es costumbre purificar las cartas antes de empezarlas a utilizar, consagrarlas, apropiárselas por diversos ritos y ceremonias. A continuación citamos algunos ejemplos, métodos utilizados por algunos magos famosos o sistemas tradicionales que han pasado de generación en generación a través de las enseñanzas iniciáticas. Tienen un gran valor, aunque por otra parte su aislamiento los ha privado de la crítica y la depuración que provoca el constante contacto con otros sistemas. El lector escéptico verá en ellos mucho fetichismo y a veces incluso gazmoñería. El lector demasiado crédulo, en cambio, puede llegar a pensar que se le están revelando secretos que le permitirán conferir poderes mágicos a sus cartas.

Ninguna de estas dos posturas es totalmente válida. Los ritos de consagración y purificación son buenos ejercicios mentales, de modo que agudizan la sensibilidad de quien los ejerce y su capacidad de concentración. En cambio, no puede esperarse de ellos que transmitan ninguna clase de magia a las cartas. El uso del tarot aportará grandes descubrimientos sobre todo a quien ya tenga una mente sana y esté además dispuesto a aprender y a ejercitarse en nuevos caminos, como el Mago al principio de los Arcanos Mayores. Ni el tarot ni otros siste-

mas parecidos pueden ser útiles cuando la mente está enferma, si se es presa de obsesiones, neurosis, angustia, fetichismo o superstición. Si siente algún síntoma que le haga sospechar que padece alguno de estos problemas, pida antes ayuda al especialista que a las cartas o a los manuales sobre tarot.

El rito de purificación del tarot es, como todas las demás, una operación simbólica de ayuda. Puede hacerse o no, según la actitud del futuro adivino. Además puede hacerse de muchas maneras, según distintos rituales, sin olvidar que el propio sujeto puede tener un ritual personal. A continuación citamos uno de los muchos métodos posibles.

El objetivo del ritual es limpiar el tarot de los restos psíquicos que se le puedan haber acumulado: fuerzas magnéticas de otras personas que lo han utilizado, fuertes intereses distintos de los nuestros, usos del tarot como juego de cartas, y si se trata de una baraja nueva, improntas magnéticas de la impresión, del proceso de embalaje y transporte, de la venta...

Instálese en una mesa con un mantel blanco. Póngase en una silla cómoda, pero no baja ni excesivamente blanda. Debe mantenerse alerta y bien despierto durante todo el proceso.

Procure que la atmósfera de la habitación esté limpia, que no haya en ella restos de tabaco, comidas... puede perfumar el ambiente con alguna esencia ligera, incienso y otras fragancias que le resulten agradables y que le ayuden a sentir que está en un momento especial.

Una vez sentado en la mesa, dirija el rostro hacia el norte magnético. Podrá hacerlo fácilmente orientándose con una brújula, pero después de haberla utilizado, y antes de empezar, guárdela. Puede interferir en su purificación, y en cualquier caso no forma parte del rito tradicional. Apague las luces eléctricas. Deje sólo una vela que al cabo de unos minutos le resultará más que suficiente para ver.

Relájese y practique algunas respiraciones profundas. Debe inspirar el aire llevándolo hacia abajo del estómago intentando hinchar con él el vientre. Reténgalo un momento, y expúlselo despacio, comenzando por deshinchar el vientre. Repita esta operación varias veces durante unos tres minutos.

Coloque las manos extendidas con las palmas boca abajo y los dedos abiertos en el borde de la mesa, cerca de las cartas.

Cuando sienta que es el momento recite estas palabras:

«En sintonía con las fuerzas de la Naturaleza y de toda la creación, en el nombre de la bondad y el amor, pido que estas cartas sean purificadas. Os purifico, oh cartas en el nombre de la justicia y de la sabiduría, y que mi operación esté dirigida hacia el bien y hacia la búsqueda de lo espiritual.»

Consagración del tarot purificado

Una vez purificado, el tarot puede consagrarse. Para ello hay que proceder del siguiente modo:

— Rociar la habitación con el perfume zodiacal que nos corresponda, o quemar la hierba adecuada. Los perfumes zodiacales son los siguientes:

— Aries : ajenjo, basilisco, pimienta
— Tauro : melisa, jengibre, rosa
— Géminis : vainilla, acacia, menta
— Cáncer : sándalo, tilo, ámbar
— Leo : angélica, bálsamo, ciclamino
— Virgo : gardenia, acacia, aquilea rosa
— Libra : iris, almizcle, jacinto
— Escorpión : nardo, ginesta, luisa
— Sagitario : amaranto, fresia, calicantus
— Capricornio : narciso, jacinto doble, mentastro
— Acuario : serpentaria, muguet reseda
— Piscis : jelsomino, peonia, azahar

El primer perfume mencionado corresponde a los diez primeros días del signo; el segundo, del día 11 al 20; y el tercero a los diez últimos.

Puede resultar útil también añadir la hierba correspondiente al día de la semana, según la siguiente tabla:

DOMINGO	: SOL	= HELIOTROPO
LUNES	: LUNA	= IRIS
MARTES	: MARTE	= BREZO
MIÉRCOLES	: MERCURIO	= JUNÍPERO
JUEVES	: JÚPITER	= MENTA
VIERNES	: VENUS	= VERBENA
SÁBADO	: SATURNO	= AMAPOLA

— Poner las cartas sobre la mesa en dos filas de siete y una de ocho que incluya al Loco.
— Practicar respiraciones de la misma manera que se había hecho para la purificación del tarot. Al tiempo que se respira, visua-

lizar el color violeta, correspondiente a la máxima espiritualidad.

— Concentrarse en la idea de que uno es la esencia de los arcanos y que cada principio que los anima está también dentro nuestro.

— Pronunciar las siguientes palabras:

«Fuerzas del bien, espíritus de la luz, amor universal, yo os consagro estas cartas (decir los nombres de los Arcanos Mayores y los palos de los Menores) que de ahora en adelante estarán en sintonía con mi ser y listas para vibrar a cada pregunta mía, porque están dirigidas hacia la búsqueda del bien. Que así sea.»

— Una vez recitada esta oración, envolver las cartas en un trapo negro o de otro color oscuro, preferentemente de seda. Los tejidos sintéticos no son adecuados.

— No tocar las cartas durante siete días, dejándolas reposar en un lugar oscuro y tranquilo. Si se desea, añadir al paquete una fotografía nuestra.

— El trapo con el que se envuelven las cartas puede servir para guardarlas habitualmente y de tapete cuando se realice alguna tirada.

Impregnación del tarot consagrado

Impregnar el tarot significa cargar las cartas de nuestra propia energía. Es el tercero de los ritos que pueden hacerse para preparar el tarot antes de empezar a trabajar con él. Impregnar las cartas no es imprescindible, ya que si siempre utilizamos las mismas cartas, a la larga quedarán igualmente impregnadas.

Estarán automáticamente impregnadas también las cartas que hayamos fabricado nosotros mismos.

Ahora bien, si deseamos una impregnación rápida con unas cartas que hayamos comprado o recibido de alguien, realizaremos algunas operaciones para conseguirlo:

— Buscar un lugar aislado, donde nadie nos moleste. La soledad es importante, las energías de otras personas no deben interferir en las nuestras. Procuraremos que no nos alcancen ruidos, luces violentas, pasos de personas, etc. Es mejor realizar estas operaciones por la noche.

— Sentarse en una silla cómoda, pero no excesivamente baja ni blanda. Delante debe haber una mesa. Apagar todas las luces eléctricas y dejar sólo la luz de una vela.

— Durante cinco minutos, practicar respiraciones de la misma manera que se ha indicado para los demás rituales. Visualizar el color azul y mantener las manos abiertas, con los dedos separados, las palmas boca abajo y los pulgares bastante cercanos entre sí.

— Tomar el primero de los Arcanos Mayores. Acercar las manos en la posición que se ha especificado y aproximar los pulgares hasta que se rocen.

— En esta posición, concentrarse en la idea de que de las propias manos surge una luz roja. Ésta luz penetra en la carta. Mantener la imagen durante tres minutos aproximadamente.

— Después, imaginar que un rayo surge del ángulo inferior izquierdo de la carta y la recorre en zig zag hasta que llega arriba, volviendo a bajar de la misma manera y terminando en el ángulo inferior derecho. Esta operación debe durar aproximadamente siete minutos, y mientras se realiza hay que visualizar mentalmente nuestro color favorito.

— Cada día debe impregnarse una sola carta. A los siete días de realizarse esta operación se debe descansar un día.

— Se procederá de este modo hasta que se hayan impregnado todas las cartas. Entonces se harán tres días de descanso.

— A partir de aquí se inicia un nuevo ciclo. El primer día hay que poner las primeras once cartas de los Arcanos Mayores sobre la mesa y repetir la operación de impregnación con las once cartas a la vez. El segundo día se impregnarán del mismo modo las once restantes. Después se dejarán transcurrir tres días de descanso.

— Finalmente se hará una última sesión de impregnación con todas las cartas a la vez, después de lo cual se considerará que el tarot ya ha quedado impregnado de nuestra energía.

Todo el proceso constituye un ciclo de veintiocho días de impregnación y doce de descanso; en total son cuarenta días para realizar una impregnación completa. Si se interrumpe el proceso, exceptuando los días de descanso, habrá que comenzar de nuevo.

Ritual para la adivinación

El ritual que se indica a continuación es recomendado por algunos cartomantes para atraer la clarividencia, encauzando la mente en una dirección y facilitando la concentración. Puede utilizarse al principio, hasta que se haya adquirido suficiente práctica con el tarot y uno se sienta seguro de sí mismo. Recuerdo que conviene utilizar siempre el mismo mazo.

— Practicar la adivinación preferentemente durante la noche, en ayunas, y no beber alcohol ni fumar durante el proceso.

— Antes de empezar lavarse las manos con agua fría y no secarlas con ninguna toalla ni trapo.

— Si es posible, utilice siempre la misma habitación y los mismos muebles. Siéntese siempre en la misma silla, ante la misma mesa, y procure encontrar una uniformidad en las posturas una vez haya encontrado alguna que le resulte cómoda. Es mejor que lea las cartas y haga las consultas siempre en su domicilio o estudio. En su propio espacio se sentirá más seguro y las imágenes fluirán con mayor libertad.

— Cubra la mesa con un tapete oscuro —recuerde que puede ser el mismo que envuelve las cartas al guardarlas—. Los colores adecuados son el violeta, el añil o el azul oscuro. Todos ellos son colores con simbolismo espiritual. El azul oscuro, además, favorece la relajación. No eche las cartas sobre superficies reflectantes ni a la plena luz del sol.

— Cuando vaya a consultar las cartas no lleve encima objetos metálicos que no sean de oro o plata.

— Ilumínese con luz indirecta, una lamparilla de sobremesa, o una vela si le resulta suficiente para ver bien los arcanos. Procure evitar a su alrededor ruidos y agitación.

— No practique la adivinación en presencia de animales si no tiene usted un gran conocimiento sobre su influencia. Para los magos el espíritu de un animal puede ser tan influyente como el de una persona, o más aún.

— No cruce las piernas al sentarse. No hable más de lo necesario. Practique, antes de dejar entrar al consultante, algunas respiraciones que le ayudarán a relajarse.

— Haga todo lo posible por crear desde el principio una buena atmósfera de comunicación con su consultante. Piense que al principio éste puede sentirse cohibido, asustado por el respeto que infunde a algunas personas la cartomancia y otros tipos de adivinación, o profundamente preocupado por el problema que le lleva hacia usted. En parte, de usted depende deshacer ese hielo que puede obstaculizar el fluido espiritual con él.

— Mantenga con el consultante una breve conversación introductoria. Conseguirá tranquilizarlo y además hacerse una primera idea de conjunto sobre la persona que tiene delante, aunque al principio esto no le sirva de gran cosa, verá como a la larga le resulta de enorme utilidad para su adivinación. Quienes se ganan la vida echando las cartas ven a muchísimas personas con problemas que a cada una de ellas les parecen únicos, pero que en realidad son muy comunes. Todos nos parecemos mucho, pero sólo alguien que nos observe desde fuera desapasionadamente es capaz de darse cuenta. La psicología también se aprende así: viendo desfilar día a día a las personas con sus desvelos y sus esperanzas. Aproveche esta conversación para preguntarle si desea una consulta general o centrarse sobre un tema concreto. A la larga, como verá, esto condicionará el tipo de tiradas que usted va a escoger.

— Si es posible, antes de empezar, mantenga unos minutos la mano derecha del consultante en su mano izquierda, para recibir las energías de sus pensamientos. También es recomendable sentar al consultante a la izquierda del adivino, rozando el brazo derecho del primero, el izquierdo del segundo; se trata de un buen sistema para recibir mensajes.

— Mezcle las cartas, una, tres, cinco o más veces, siempre en número impar. También puede barajar diez veces, el único número par permitido. Puede barajar usted, o hacer barajar al consultante. También pueden alternarse ambos en la tarea, especialmente si usted desea barajar varias veces.

— Debe cortar la baraja siempre el consultante, y siempre con la mano izquierda.

— Una vez barajadas y cortadas, las cartas ya están listas para ser dispuestas. Según el tipo de consulta que usted vaya a hacer, le convendrá más realizar un tipo u otro de tirada. Es algo que sólo usted puede decidir, después de haber practicado un tiempo con todas las tiradas. Con todo, algunas tiradas se recomiendan usualmente para un tipo específico de preguntas. Lo veremos cuando examinemos los diferentes tipos de tiradas posibles.

— Una vez dispuestas las cartas, destápelas de izquierda a derecha, o bien girando la carta.

— Haga primero un análisis de conjunto no muy profundo. Se plantea así una hipótesis de trabajo, una serie de observaciones provisionales que irá matizando y corrigiendo a medida que avance la consulta. Si usted siente que su consultante le tiene confianza, pregúntele todo lo que necesite saber para completar la información de lo que ve en las cartas y trabajar así con el máximo conocimiento de causa. En cambio, si siente que el consultante está más preocupado por ponerle a prueba que por sus propios problemas, no le pregunte nada y siga adelante con el material de trabajo del que dispone con las cartas.

— Ahora analice las cartas una a una. Busque entre ellas la que puede representar al consultante. En algunas tiradas viene determinada por una posición; en otras, es el consultante quien la elige del mazo antes de empezar, mirando o sin mirar. Finalmente, si la tirada no consigna ningún representante por posición, el adivino debe elegir la carta de entre las que han salido en la tirada por interpretación.

— En principio, las cartas a su derecha tienen que ver con la razón y la lógica. Las cartas a su izquierda corresponden a la intuición y al subconsciente. De todos modos, ésta es una norma muy general que cambia según los condicionantes de cada caso.

— No se preocupe si al principio no tiene demasiadas sensaciones o intuiciones. Compense su inexperiencia con sentido común y con humildad. Sobre todo no se agobie ni transmita a su interlocutor sensaciones de inseguridad o temor. Tampoco se alarme si aparecen imágenes raras, con poca relación aparente con el consultante o el presente. Puede estar viendo cosas que van a ocurrir dentro de bastante tiempo, con lo cual es lógico que ahora no sea capaz de integrarlas en un discurso coherente. Además, la imaginación funciona con formas y apariencias dispares, desordenadas. No puede esperar usted de su subconsciente una ordenada tabla de correlaciones.

— Procure empezar leyendo las cartas a desconocidos, de modo que lo que usted sepa sobre ellos no interfiera en el momento de la consulta. Se sentirá más libre y más dispuesto a «leer» lo que venga, y no lo que su razón supone.

— Acabada la consulta, guarde silencio unos momentos para salir de su estado de concentración sin brusquedad. Despídase amablemente de su consultante.

Posibles interferencias: pensamiento ambiental

A menudo se producen mensajes completamente ajenos al consultante, y que el adivino no identifica como efluvios propios. Se trata de energías que han quedado flotando en el ambiente a consecuencia de escenas vividas muy intensamente o durante mucho tiempo por una o varias personas.

Para evitar estas molestias se deberá trabajar el espacio, hacerlo propio, amueblarlo con cosas que estén impregnadas de nuestra energía personal.

Existen ritos de creación de círculos mágicos y purificaciones sacerdotales, incluso dentro de la Iglesia católica.

Con todo, a veces hay que librar una verdadera batalla contra interferencias espirituales que se sienten agredidas cuando se inicia en un espacio una labor de carácter mágico o espiritual.

Esto es lo que dicen los magos. Evidentemente, nunca se han aportado pruebas suficientes al respecto. Se trata de creer o no, según el libre albedrío de cada uno.

Estados alterados de conciencia

Algunos cartomantes y magos, especialmente mujeres, practican la consulta del tarot de una manera especial, en trance o en algún otro tipo de estado alterado de la conciencia.

En las sesiones espirituales con tarot la médium escoge las cartas según las preguntas que se le van haciendo. Este método, sin embargo, no excluye la interpretación que es realizada por otra persona.

Otros cartomantes entran en trance ligero (anestesia) por medio de relajaciones o en trance profundo durante el cual tienen alucinaciones sensoriales o son susceptibles de hipnosis.

Estos estados pueden autoinducirse, o bien ser dirigidos por las palabras y consignas de otra persona. Uno de estos estados recibe el nombre de *trance lúcido,* porque la apariencia del adivino es normal y a pesar del trance está en condiciones de usar su raciocinio, según los expertos, «con toda normalidad». En realidad esto no es siempre así, y muchos de los que han querido introducirse en el mundo de lo oculto acaban por protagonizar verdaderos episodios de esquizofrenia muy difíciles de curar. Puede que algunos de ellos hubieran enfermado igualmente debido a una predisposición inicial, pero ello no quita a estas prácticas nada de su riesgo ni de su peligrosidad, sobre todo en personalidades frágiles y particularmente sensibles.

Tiradas e interpretación

A continuación se consigna un gran número de tiradas que el futuro adivino debe probar y familiarizarse, hasta que esté en condiciones de tener sus propios hábitos.

El lector encontrará también un inventario de significados adivinatorios referidos tanto a los Arcanos Mayores, como a los Menores. Después de todo lo expuesto, es evidente que estos significados sólo tienen un carácter orientativo, y que nada puede suplir el esfuerzo de síntesis que el adivino debe realizar en cada consulta.

Diversas disposiciones de la baraja del tarot

Las cartas del tarot pueden colocarse en la mesa de muy diversas maneras, que dependen del tipo de consulta, de la complejidad de la situación que se aborda, e incluso de la relación entre el consultante y el adivino. A continuación se citan algunos de los métodos más tradicionales junto a otros que, sin gozar de la reputación de los primeros, tienen sin embargo alguna función específica que los hace interesantes.

Método de las diez cartas

En este método se utilizan solamente los Arcanos Mayores. El adivino los ordena del I al XXI. El Loco se sitúa antes del I, entre las cartas XX (el Juicio) y XXI (el Mundo), o bien al final, después de la XXI, según las tradiciones que ya hemos tenido ocasión de examinar.

Después de que el consultante ha barajado y cortado, se disponen sobre la mesa diez cartas en el orden que se indica en el esquema. Todas las cartas se ponen en posición vertical salvo la segunda, que se sitúa en posición horizontal, sobrecruzando la primera.

Si al descubrir la primera carta el adivino ve que aparece invertida, la colocará en posición derecha y dará la vuelta al resto de cartas cubiertas por si el consultante ha puesto toda la baraja al revés. En general, si al descubrir las cartas aparecen más de la mitad invertidas, algunos expertos recomiendan enderezarlas para hacer un oráculo más preciso y concreto. No todos los expertos están de acuerdo en esta estrategia; en todo caso, si se hace de este modo debe también tenerse en cuenta a la hora de interpretar el cuadro general que las cartas ofrecen. La posición correcta de las diez cartas en este caso es la siguiente:

	CARTA 3			CARTA 10
	Meta			Resultado
				CARTA 9
				Emociones
CARTA 6	CARTA 1		CARTA 4	
Futuro	Presente		Pasado	
	CARTA 2			CARTA 8
	Influencia			Ambiente
	inmediata			
	CARTA 5			CARTA 7
	Sucesos			El sujeto
	recientes			

Cada carta corresponde a un área de influencia o aspecto de la vida del consultante:

CARTA 1: en el centro de la cruz. Corresponde a la situación actual del consultante, a su entorno más inmediato y a su área de influencia, representa la atmósfera en la que éste vive, trabaja y se desenvuelve.

CARTA 2: cruzada encima de la carta 1. Es el área de influencia inmediata del consultante. Indica la inmediata esfera de compromiso o los obstáculos inmediatos que puede encontrar el consultante.

CARTA 3: sobre las cartas 1 y 2. Es la carta del destino o de la meta hacia la cual se dirige la persona. Puede entenderse como un ideal o una finalidad a largo plazo, pero también como el fin previsible (aunque no inexorable) de un conjunto de acontecimientos o una situación, una actitud, etc. Cuando la consulta se refiere a un tema muy concreto, esta carta puede ser la clave de la respuesta.

CARTA 4: a la derecha de las cartas 1 ȳ 2. Elementos de base del pasado. Influencias y acontecimientos del pasado en los que se insertan los acontecimientos y situaciones actuales.

Es la premisa de hechos ya acaecidos, incorporada a la intimidad del consultante.

CARTA 5: se coloca debajo de las dos cartas centrales. Se refiere también al pasado, pero afecta a los acontecimientos pasados recientes o que están áun en curso. También puede representar el modo en que acontecimientos que sucedieron hace ya tiempo influyen en las circunstancias del pasado reciente.

CARTA 6: va situada a la izquierda de la cruz central. Corresponde al área de influencia futura en un tiempo próximo (futuro inmediato).

Una vez destapadas e interpretadas estas seis cartas, el adivino descubre las cuatro restantes que se refieren expresamente al consultante como individuo y a su entorno.

Estas cuatro cartas se sitúan formando una vertical a la derecha de la cruz compuesta por las seis cartas anteriores. Se descubren comenzando por la carta inferior, de abajo arriba.

CARTA 7: El sujeto. Corresponde al consultante. Define su presente, su «ahora y aquí», la actitud con la cual se presta a la consulta y una buena parte de su personalidad y de su carácter. En una palabra, trata de colocar al postulante en la perspectiva adecuada.

CARTA 8: Factores ambientales. Se refiere al ambiente que rodea al consultante, su entorno familiar, afectivo, laboral, etc. Define la influencia que el consultante ejerce sobre otros, y también la que las otras personas pueden tener sobre él.

CARTA 9: Emociones íntimas. Esperanzas, actitudes, temores, emociones y estado anímico del consultante. Pensamientos presentes o que surgirán más adelante, pero que ya se hallan de modo latente en su mente. Verdaderas intenciones al margen de lo explícito.

CARTA 10: Resultado final. Esta carta es un resumen de las nueve anteriores y de sus influencias recíprocas.

Las cartas no deben interpretarse únicamente aisladas, una a una, sino como un todo en el conjunto que forman, según lo que son en la posición que les ha correspondido. Especial atención merecen algunas correspondencias que pueden resultar claves para la interpretación:

Cartas 4 (pasado remoto) y 5 (pasado reciente).

Cartas 1 (situación presente del consultante) y 7 (el consultante en persona).

Cartas 6 (influencia futura de alcance inmediato) y 3 (meta o destino).

Cartas 9 (expectativas y actitud emocional del consultante) y 10 (resultado final).

La relación entre las cartas puede variar según los arcanos que aparecen en cada posición. La denominación de las diez áreas que se establecen como consecuencia de la disposición de las cartas también puede cambiar ligeramente en cada caso, según la superposición de las influencias que actúan sobre el consultante por lo que el adivino deberá atenerse siempre a la interpretación que le parezca más afín.

Variante del método de las diez cartas

Una variante del método de las diez cartas es la que tiene en cuenta, además de los Arcanos Mayores, los honores y ases pertenecientes a los Arcanos Menores. En este caso, la baraja se ordena antes de barajarse, de la siguiente manera:

As de espadas en primer lugar, Sota de espadas, Caballo de espadas, Reina de espadas, Rey de espadas, As de bastos, Sota de bastos, Caballo de bastos, Reina de bastos, Rey de bastos, As de copas, Sota de copas, Caballo de copas, Reina de copas, Rey de copas, As de oros, Sota de oros, Caballo de oros, Reina de oros, Rey de oros, Loco, resto de los Arcanos Mayores.

De este modo, antes de cortar la baraja, el as de espadas ha de estar en contacto directo con la superficie de la mesa.

Método de las siete cartas

Es un método particularmente útil en consultas de carácter radical, en las cuales las respuestas se reducen a sí o no. Cuando las cartas que aparecen invertidas son cuatro o más de cuatro, la respuesta es negativa, o bien se trata de un sí poco probable o aplazado en el tiempo.

El adivino ordena los Arcanos Mayores y los Arcanos Menores y después los separa. El consultante baraja los Arcanos Menores y pone primero los onces, uno a uno, cubiertos, sobre el montón de los Arcanos Mayores. Los cuarenta y cinco Arcanos Menores restantes se dejan aparte. El consultante baraja sucesivamente las treinta y tres cartas formulando en voz alta y clara la pregunta que le ocupa. Después el adivino dispone las primeras siete cartas, cubiertas, en una línea horizontal de izquierda a derecha. Las cartas se interpretan según el esquema que sigue:

PASADO		PRESENTE			FUTURO	
PASADO REMOTO	PASADO RECIENTE	INFLUENCIA ACTUAL	OBSTÁCULOS ACTUALES	SITUACIÓN ACTUAL	INFLUENCIAS FUTURAS	RESULTADO FINAL

Pasado

PASADO REMOTO: muestra los acontecimientos más importantes que sucedieron en el pasado del consultante y que influyen en su situación actual. Es la base sobre la que se apoyan las situaciones, las actitudes y toda el área de influencia del presente.

PASADO RECIENTE: carta que señala uno o algunos acontecimientos de la vida del consultante que han ocurrido recientemente y que han tenido una influencia especial. Estos acontecimientos han concluido, han sido superados o están a punto de serlo.

Presente

INFLUENCIAS ACTUALES: carta que mantiene una relación muy estrecha con la anterior. Define las

142

influencias que situaciones que acaban de ocurrir ejercen sobre el momento presente del consultante condicionando la situación de una u otra manera, tal como se verá en las dos cartas que le siguen.

OBSTÁCULOS ACTUALES: carta referida a la influencia que actúa de manera negativa, frenando o impidiendo un proceso. Si el aspecto de la carta es negativo, suele referirse a un peligro o estancamiento.

Si es positivo, la connotación es de nueva fuerza que desvía al consultante de su camino hacia lugares ignotos, en todo caso de sus metas auténticas.

SITUACIÓN ACTUAL: corresponde a la situación actual del consultante y suele ser un resumen de todas las cartas precedentes, es decir, influencias ambientales equilibradas por obstáculos presentes. Indica las posibilidades futuras de la actual esfera de influencia en la que el consultante vive y se mueve.

Futuro

INFLUENCIAS FUTURAS: se trata de una proyección de todas las influencias presentes en la vida del consultante, a las que se añaden las influencias de los acontecimientos pasados.

Es la influencia que va a introducirse en el futuro inmediato del consultante.

RESULTADO FINAL: es el resumen de todas las cartas anteriores y el resultado de la interacción de las influencias representadas por todas ellas.

El adivino lee las cartas de izquierda a derecha, creando una historia lineal que presupone una clara flecha del tiempo. Ello hace de este sistema un método sencillo y claro, pero algo pobre, ya que nuestra vida no suele trazar una horizontal tan recta, a menos que nos parezcamos a mecanismos de relojería.

Como siempre, las cartas al revés son débiles, retrasadas en el tiempo o de significado opuesto al que evidencian los Arcanos Mayores o los Arcanos Menores. Si la primera carta que se descubre está al revés, el adivino volverá las siguientes seis cartas, pero no de izquierda a derecha, sino de abajo arriba.

Método del nombre

Esta disposición se vale del nombre propio del consultante y para ella se utiliza toda la baraja.

Cuando el consultante ha barajado bien las cartas y ha formulado en voz alta su pregunta, el adivino descubre tantas cartas como letras haya en el nombre y los dos apellidos del consultante.

Imaginemos una persona cuyo nombre y apellidos sean Marina Gómez Sobradores. Tenemos veintiuna letras, de modo que el adivino colocará en tres filas veintiuna cartas de izquierda a derecha, de la forma siguiente:

	PASADO	
PASADO REMOTO	TRANSICIÓN	PASADO RECIENTE

	PRESENTE	
INFLUENCIAS DEL SUJETO SOBRE OTROS	ELEMENTOS DE BASE DEL PRESENTE	INFLUENCIA DE LOS OTROS SOBRE EL SUJETO

		FUTURO		
EMOCIONES ÍNTIMAS	METAS ESPECÍFICAS	FUTURO INMEDIATO	INFLUENCIAS AMPLIAS	RESULTADO FINAL

Si el nombre o el apellido del consultante no tiene el número mínimo de letras (tres para el nombre, tres para el primer apellido y cinco para el segundo), se completan las letras hasta llegar a este número. La carta central de cada fila, o la pareja de cartas si es el caso, es la carta clave.

Cuando el número de letras de cada fila es par, se agrupan todas ellas en parejas y la pareja central es la carta clave. Si el número de parejas es a su vez par, se considerarán clave las cuatro cartas centrales. Cuando el número de cartas de la fila sea impar, se agruparán las cartas por parejas dejando aislada la carta central, que será la carta conocida como clave.

La primera fila representa las experiencias vividas en el pasado por el consultante. A la izquierda de la carta central tenemos las influencias del pasado remoto, la base de la vida del consultante. A la derecha de la carta clave tenemos las influencias del pasado remoto, la base de la vida del consultante. A la derecha de la carta clave tenemos las influencias que han actuado recientemente, en los últimos meses, semanas, o incluso hace pocas horas. También pueden verse reflejadas experiencias que están a punto de ser superadas o que acaban de serlo.

La fila central, que correspondía al primer apellido de la persona, nos muestra al consultante en su presente inmediato. La carta clave define los elementos de base de esta situación presente y en cierta manera define también al sujeto consultante. La o las cartas de la izquierda de la clave tienen correspondencia con la influencia del consultante sobre otras personas, tanto en el área de poder como en los aspectos afectivo, pedagógico, familiar, laboral, etc. A la izquierda, simétricamente, tenemos las influencias que otros sujetos ejercen en el presente sobre el consultante.

La última fila es la referida al futuro. A la izquierda hallamos las emociones íntimas (aspiraciones, sentimientos, aversiones, temores, esperanzas, etc.) y las metas específicas que el propio consultante se propone.

La carta clave nos muestra el futuro inmediato como síntesis de las influencias que actúan desde el pasado y el presente. Finalmente, a la derecha, tenemos unas cartas correspondientes a todas las influencias con posibilidades de actuar sobre el consultante y el resultado final, síntesis del conjunto de cartas aparecidas.

Una vez interpretado el conjunto de las cartas, puede buscarse la *carta de la edad*. Se hallará contando las cartas aparecidas desde la izquierda de la primera fila hasta la derecha de la tercera y volviendo a empezar siempre que sea necesario hasta cumplir con la edad del consultante. La carta de la edad es de extraordinaria importancia, porque individualiza al consultante de manera mucho más precisa y también porque se trata de una carta que tiene una fuerza mayor que las demás. Su significado es una clave decisiva para la comprensión del presente, pasado y futuro del consultante.

Método de la herradura

El consultante tiene que barajar el mazo completo manteniendo siempre las cartas paralelas a la mesa. El adivino coloca la primera carta cubierta a su derecha en una zona de la mesa que se habrá marcado previamente con la letra A. Coloca dos cartas descubiertas en la zona de la mesa marcada con la letra B y sigue poniendo las cartas a razón de una en la letra A y dos en la B hasta que acaba con todas ellas. Así se forman dos montones: en el de la zona A hay veintiséis cartas y en el de la B hay cincuenta y dos.

El adivino toma entonces el montón de cartas de la zona B y lo divide en dos nuevos grupos C y D, de modo que en C coloca una carta por cada dos que coloca en D. De este modo las cincuenta y dos cartas quedan divididas entre C (18 cartas) y D (34 cartas).

El adivino procede ahora a dividir el grupo D en dos nuevos grupos E y F, de doce y veintidós cartas en cada caso. Como los grupos B y D ya no existen, puesto que han sido totalmente repartidos, tenemos ahora cuatro grupos solamente:

A = 26 cartas

C = 18 cartas

E = 12 cartas

F = 22 cartas

El proceso se ha realizado según el siguiente esquema:

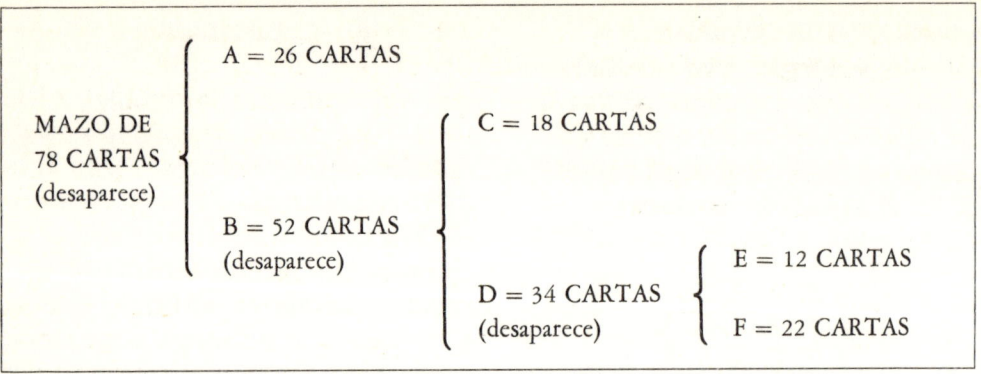

El adivino deja aparte el grupo F, ya que las veintidós cartas que contiene no van a usarse para la lectura.

Las veintiséis cartas del grupo A se disponen de derecha a izquierda en forma de herradura, con la primera carta en el lugar inferior derecha y la vigésimo sexta en el extremo izquierdo.

Una vez dispuesto así el montón de cartas, el adivino debe leerlas como si se tratara de una historia, con un hilo argumental. Después de hacerlo, aparejará las cartas leyendo a pares la primera y la vigésimo sexta, la segunda y la vigésimo quinta, y así sucesivamente.

Cuando haya terminado con el mazo de veintiséis cartas procederá de igual modo describiendo dos arcos más pequeños con los dos grupos restantes e interpretándolas primero en secuencia y después por parejas.

Método real

La denominación método real hace alusión al significado supuestamente de origen egipcio de la palabra TAROT.

En este caso se emplean cincuenta y cuatro cartas. Del mazo ya barajado, el adivino invita al consultante a escoger una carta clave entre las figuras. Esta carta representa al propio consultante. Después se elegirán cuatro cartas más. Éstas representan a personas que tanto en el pasado como en el presente han ejercido o ejercen una importante influencia sobre el consultante o bien están directa o indirectamente implicadas en la pregunta que se está formulando.

Casi siempre las espadas se refieren a personas de cabello moreno, los oros a cabezas color castaño, las copas a los rubios cobrizos y los bastos a los rubios rubios. Hay que interpretar estas cartas teniendo en cuenta las características propias de cada uno de los Arcanos Menores que se indican en el capítulo correspondiente, así como su significado adivinatorio.

No hay ninguna obligación de elegir de este modo, pero en general los reyes corresponden a los hombres, las reinas a las mujeres, los caballos a los muchachos y las sotas a las señoritas. Una vez que el consultante ha escogido su carta clave y las cuatro restantes, las dispondrá con las demás según se indica en el siguiente esquema:

```
          X X X
          X A X
    X X X X X X X
    X A X C X A X
      X X X X X
          X X X
          X X X
          X X X
          X X X
          X X X
          X X X
          X A X
      X X X X X
          X X X
```

C = Carta clave, A = 4 Cartas figuras, X = Cartas restantes

La carta clave se sitúa en el centro, en posición cruzada horizontal sobre una de las otras cartas.

El consultante baraja luego el resto de las cartas que el adivino dispone descubiertas, partiendo de arriba y de derecha a izquierda. Las cartas deben leerse combinadas en grupos según sus contenidos y su proximidad espacial. La interpretación de las cartas en esta disposición es bastante más difícil que las citadas anteriormente.

Método de la séptima carta

Para disponer las cartas según este método, el consultante empieza por extraer de la baraja completa una figura (rey, reina, caballo o sota) que le represente. Se coloca esta carta boca arriba dejando a su izquierda espacio suficiente para colocar siete cartas.

Después el consultante baraja las cartas por el sistema horizontal, hecho lo cual pasará las cartas al adivino para que disponga la primera carta, descubierta, a la izquierda de la carta clave elegida por el consultante. El adivino cuenta seis cartas y las coloca sin alterar su orden bajo el mazo. La séptima carta de la baraja es la que debe colocarse al lado de la anterior, siempre a la izquierda. Repetir el procedimiento siempre de seis en seis, hasta que se haya extraído veinte veces la séptima carta. Ahora tendremos veintiuna cartas formando tres filas horizontales, como puede verse en el esquema siguiente:

7	6	5	4	3	2	1	Carta clave
14	13	12	11	10	9	8	
21	20	19	18	17	16	15	

De derecha a izquierda, el adivino descubrirá las cartas y las leerá progresivamente sin alterar su orden.

Método zíngaro

El nombre del método hace alusión a los zíngaros egipcios que supuestamente introdujeron el tarot en Europa.

147

Según este método, el adivino quita los Arcanos Mayores de la baraja del tarot y entrega al consultante los sesenta y cinco Arcanos Menores. El consultante los baraja y coloca las primeras veinte cartas en un solo montón, todas cubiertas. Estos veinte Arcanos Menores se unen posteriormente a los Arcanos Mayores, formando así un mazo de cuarenta y dos cartas. El resto de las cartas son apartadas.

El consultante baraja el nuevo mazo y lo distribuye en seis grupos de siete cada uno, de derecha a izquierda con las cartas cubiertas de tal modo que las primeras siete cartas formen el primer grupo, las segundas siete el segundo, y así sucesivamente, como indica el esquema siguiente:

6   5   4   3   2   1

El adivino coge los seis grupos de cartas y las dispone cubiertas en filas de siete de derecha a izquierda formando seis filas iguales de siete cartas cada una, como vemos en el esquema siguiente:

INFLUENCIAS PASADAS

7   6   5   4   3   2   1

INFLUENCIAS PRESENTES

· 7   6   5   4   3   2   1

INFLUENCIAS EXTRAÑAS

7   6   5   4   3   2   1

INFLUENCIAS INMEDIATAS

7   6   5   4   3   2   1

POSIBILIDADES FUTURO

7   6   5   4   3   2   1

RESULTADOS Y CONCLUSIÓN

7   6   5   4   3   2   1

En esta disposición, el consultante si es hombre estará representado por la figura que elija de entre estos Arcanos Mayores: el Loco, el Mago, el Emperador.

Caso de ser mujer elegirá entre: la Sacerdotisa, la Emperatriz.

La carta que representa al consultante debe extraerse de la baraja cuando las cartas ya hayan sido dispuestas como se ha indicado. Si la carta se halla en la mesa, se colocará en la parte superior derecha de la mesa, cerca de la primera fila horizontal. El consultante deberá llenar el vacío dejado por esta carta con una de las cartas restantes que se habían retirado anteriormente.

Si la carta elegida no se halla entre las que se han dispuesto en la mesa, se procederá a extraerla de las cartas restantes sin deber entonces rellenar vacío alguno de las cartas que se han descubierto.

Las cartas se leen de derecha a izquierda, partiendo de la fila superior hasta la séptima carta de la fila inferior. La lectura da un panorama completo de la situación del consultante. Como en todos los casos en los que conviene una lectura global de la interacción de las cartas, la interpretación es más difícil, pero en cambio será también más rica y profunda. A veces puede ser útil estudiar primero el conjunto de las cartas y pasar después a analizar cada grupo y la posición de cada carta dentro de su grupo. En todo caso, habrá que tener en cuenta algunos datos evidentes del consultante como por ejemplo edad, posición social, nivel cultural, estado anímico, estado aparente de salud, etc. No debemos olvidar que los Arcanos Mayores tienen un mayor nivel de incidencia que los Arcanos Menores. El significado de cada una de las líneas de cartas es el siguiente:

Primera fila: influencias pasadas.

Experiencias del pasado que condicionan la situación presente a cualquier nivel: material, afectivo, emocional, profesional...

Segunda fila: influencias presentes.

Hechos, personas, cosas, situaciones, circunstancias que condicionan la situación presente del consultante o las situaciones en que se halla implicado.

Tercera fila: influencias extrañas o externas.

Factores ambientales, presiones, acontecimientos que suceden en el presente y que afectan directa o indirectamente al consultante, el cual no tiene poder de control sobre ellos.

Cuarta fila: influencias del futuro próximo.

Conjunto de influencias y acontecimientos que están a punto de entrar en escena o que ya lo están haciendo, y en los cuales se dispone a sumergirse el consultante. En este apartado se incluyen también los acontecimientos inesperados.

Quinta fila: posibilidades para el futuro.

Se trata de los acontecimientos e influencias del futuro que pueden propiciarse o evitarse porque caen dentro del área de control del consultante. Éste tiene casi siempre la opción de afrontarlos o rehuirlos según sea su deseo.

Sexta fila: resultados y soluciones futuros. Conclusión.

En esta fila se resumen los acontecimientos y circunstancias que en definitiva van a delinear el futuro del consultante.

Método de la estrella de Salomón

Este método incluye toda la baraja. Antes de comenzar, el consultante retirará de ella una carta de su elección entre las figuras y los Arcanos Mayores. Esta carta le representará. El consultante baraja, corta y le entrega el mazo al adivino. Éste, con las siete primeras cartas formará el sello de Salomón en el orden que se indica en el siguiente esquema:

<pre>
                5

     3   1

                7

     6   4

                2
</pre>

La carta número 7 debe colocarse precisamente sobre la carta que el consultante ha elegido para representarle.

Las cartas se descubren en el mismo orden que se han colocado. Su significado adivinatorio es el siguiente:

CARTA 1: marco de la situación presente. Actualidad. Estado de las cosas en el momento en que se realiza la consulta.

CARTA 2: pasado reciente. Hechos, situaciones, circunstancias, etc., que han influido recientemente en el consultante.

CARTA 3: entorno familiar, laboral, profesional, ambiente, ciudad, personas que influyen en el consultante, personas sobre las cuales él ejerce una influencia.

CARTA 4: elementos desfavorables. Dificultades, obstáculos, estancamientos, paradas, cambios bruscos o violentos, etc. Personas en contra del consultante.

CARTA 5: elementos favorables. Personas a favor del consultante. Fortuna, avances, ventajas, soluciones al alcance de la mano, etcétera.

CARTA 6: Destino. Influencias en el futuro del consultante.

CARTA 7: resultado final. Síntesis de las cartas anteriores y conclusión. Esta carta central es importante también para una interpretación conjunta de todo el diagrama.

Método llamado «seguro»

En este método se emplean solamente los Arcanos Mayores. El consultante deberá, como siempre, barajarlos y cortarlos. Después se colocarán sobre la mesa las cartas cuarta, octava, decimosexta y vigésima, con arreglo al siguiente esquema:

CUARTA CARTA

FUTURO   PRIMERA CARTA

QUINTA CARTA

PRIMERA CARTA: representa al consultante.

SEGUNDA Y TERCERA CARTA: definen la situación presente.

CUARTA Y QUINTA CARTA: corresponden al futuro, próximos desenlaces de una situación.

Las cartas deben interpretarse en su conjunto, especialmente las dos parejas. Este método, bastante sencillo, es bueno para resolver dudas concretas y cuestiones precisas sobre un solo tema.

Método de las tres cartas

He aquí otro método sencillo, apto para preguntas concretas que se resuelven con un sí, un quizás o un no.

Se retiran de los Arcanos Mayores las cartas del Loco, el Mago y la Sacerdotisa y se barajan hasta tener la certeza de que no se conocen sus posiciones.

Luego se colocan en línea horizontal sobre la mesa, de acuerdo con el esquema siguiente:

LOCO   MAGO   SACERDOTISA

Plantear mentalmente o de viva voz la pregunta cuya respuesta se quiere obtener. Tras hacerlo, escoger una de las tres cartas y descubrirla. Será la carta que dé la respuesta, según el siguiente código de significado:

LOCO: NO. Debilidad, tendencia al error.

SEGUNDA CARTA

PRESENTE

TERCERA CARTA

MAGO: QUIZÁ. Pocas posibilidades. Proyecto de cambio.
SACERDOTISA: SÍ. Fuerza, todo va bien.

Juego de las nueve cartas

Como de costumbre, el consultante barajará las cartas y las cortará. Sólo se tendrán en cuenta los Arcanos Mayores. El consultante escogerá siete cartas que el adivino dispondrá sobre la mesa de acuerdo al esquema siguiente:

$$3$$
$$7 \quad 5 \quad 1 \quad 4 \quad 6 = 8 \quad 9$$
$$2$$

De momento sólo se disponen las siete primeras cartas. Se descubren y se interpretan en su conjunto. Después el consultante escogerá las cartas 8 y 9, que serán la síntesis y el resultado final del oráculo.

Método cifrado

Para seguir este método es necesario mezclar la baraja de los Arcanos Mayores, cortar y luego escoger siete cartas de la siguiente manera: La primera carta es la primera de la baraja tal y como el consultante la ha mezclado y cortado. A partir de ahí se contarán tres cartas separando la cuarta cada vez hasta obtener las siete cartas en sucesión de tres. Se repetirá la operación con las cartas que han sido seleccionadas en este modo, y así sucesivamente hasta que

sólo quede una carta, o bien dos, o bien tres (en ese caso se usa el resto de dos como si fuera una cuarteta normal). La última carta es el arcano que nos da la respuesta a la pregunta formulada.

Método de la semana

Este método utiliza solamente los Arcanos Mayores. El consultante baraja y corta. El adivino dispone entonces las siete primeras cartas, en círculo en el orden que se indica en el esquema:

$$6$$
$$5 \qquad\qquad 7$$
$$4 \qquad\qquad\qquad 1$$
$$3 \qquad\qquad 2$$

Cada carta corresponde a un día de la semana, empezando con el número uno que corresponde al lunes, y sucesivamente hasta la siete, domingo.

Se interpretan los arcanos correspondientes a cada día y también su «convivencia» en la misma semana, para decidir si se trata de un oráculo favorable o no.

Método del Emperador

Para este método, como para el anterior, sólo se utilizan los Arcanos

Mayores. El .consultante baraja y corta. Luego extrae una carta del mazo, que será la que le represente. Esta carta se coloca encima de la mesa, descubierta, de cara al adivino. Entonces el adivino dispone siete cartas más, alrededor de la carta del consultante, con arreglo al orden que sigue:

<pre>
              6

     5   7

  4   C1

     3   2
</pre>

El adivino descubre las cartas de una en una y las interpreta individualmente. Después hace una interpretación global.

Este método es útil para preguntas de poca profundidad, de alcance concreto, relacionadas con el trabajo, los negocios o el dinero. También puede utilizarse en consultas sentimentales.

Método de las siete cartas

Para echar las cartas de este modo se emplean solamente los siguientes Arcanos Mayores: El Emperador, El Papa, El Enamorado, El Carro, La Justicia, El Eremita, La Rueda de la Fortuna.

Se colocan todas estas cartas cubiertas sobre la mesa. El consultante las hace rodar en el sentido de las agujas del reloj. Luego baraja y

corta. El adivino las coloca tapadas sobre la mesa en dos filas horizontales o verticales. El consultante debe pensar la pregunta con mucha intensidad y pasar la mano izquierda por encima de las cartas, rozándolas apenas. Cuando sienta atracción por alguna de ellas, debe descubrirla: ése es el Arcano que dará la respuesta a la pregunta formulada. Las respuestas son las siguientes:

El Emperador

Derecho: trabajando mucho y seriamente se alcanzará la victoria.
Revés: codicia castigada.

El Papa

Derecho: los resultados serán el premio.
Revés: pérdida de propiedades o prestigio.

El Enamorado

Derecho: concentrando todas las fuerzas, la meta puede aproximarse mucho.
Revés: no se está a la altura de las circunstancias.

El Carro

Derecho: va a llegar ayuda inesperada.
Revés: es necesario buscar nuevos caminos para llegar a la meta.

La Justicia

Derecho: ¡Gran fortuna!
Revés: cuidado con las pasiones que conducen al trabajo.

El Eremita

Derecho: se llegará a la meta sólo si se utilizan todas las facultades mentales.

Revés: fracaso y desengaño a causa de una persona astuta.

La Rueda de la fortuna

Derecho: fortuna limitada, ayuda de una mujer.

Revés: fortuna inconstante.

Método secreto

Se juegan sólo los Arcanos Mayores. El consultante baraja y corta. Luego el adivino dispone las cartas con arreglo al siguiente orden:

```
    1   2   3
    4   5   6   7   8   9
```

La carta 1 representa el pasado reciente.

La carta 2, el presente.

La carta 3, el futuro inmediato.

Las demás cartas representan el futuro, en una secuencia que se va alejando en el tiempo, hasta llegar a la carta 9, que es el resultado de todas las demás.

Método del tribunal

Este método, algo más complicado que los anteriores, puede utilizarse para consultar cuestiones más complejas o de mayor importancia. El consultante deberá mezclar las cartas y después decir un número del uno al veintidós (el Loco llevará en este caso el número veintidós).

El adivino apartará de la baraja tantas cartas como el número elegido por el consultante.

Se escogerá entonces la primera carta del mazo, que será la carta de la afirmación. El número elegido por el consultante se escribirá aparte.

Se vuelve a mezclar la baraja, se corta y el consultante dice otro número. La segunda carta resultante será la de la negación. Se repite el ritual para obtener las cartas de la discusión y la solución. Para obtener la carta de la síntesis se suman los cuatro números elegidos por el consultante para sacar las cartas anteriores, los cuales se han escrito sucesivamente. Si el número obtenido en la suma es superior a veintidós, será necesario continuar sumando entre éstos las cifras hasta obtener un número igual o inferior a veintidós. Este número es el del arcano que debe ocupar el lugar de la síntesis.

Las cartas quedan, pues, dispuestas según este esquema:

DISCUSIÓN
JUICIO
3

AFIRMACIÓN	SÍNTESIS	NEGACIÓN
DEFENSA	VEREDICTO	ACUSACIÓN
1	5	2

SOLUCIÓN
SENTENCIA
4

AFIRMACIÓN: indica todo aquello que es favorable, que conviene hacer, que está bien o que puede ayudar.

NEGACIÓN: dificultades, lados desfavorables, lo que no conviene hacer, lo que está mal, el peligro, las amenazas.

DISCUSIÓN: tipo de soluciones que estaría bien adoptar.

SENTENCIA: previsión del resultado, remitiéndose siempre a la síntesis, único veredicto final.

SÍNTESIS: da la clave para la respuesta esperada, como un resumen de todo lo expuesto con anterioridad.

Método del espejo

Se utilizan solamente las Arcanos Mayores. El consultante baraja, corta y escoge una carta que entrega al adivino. Éste la descubre colocándola en el centro de la mesa. Es la carta cuyo significado debe ser revelado por las demás. El consultante elegirá ahora ocho cartas más que colocará cubiertas en los puntos que indica el siguiente esquema:

```
6   2   7

5   1   4

9   3   8
```

El adivino las descubrirá de una en una y las interpretará siempre referidas a la carta central, inicial.

Por eso este método se llama *del espejo*. Los referentes son los que siguen:

CARTA 1: Descubierta. Carta cuyo sentido será revelado por las demás.

CARTA 2: Mente. Pensamientos presentes, y futuros del consultante, mundo mental e intelectual, estudios y aficiones intelectuales presentes, pasadas o futuras, inteligencia, capacidades mentales, etc.

CARTA 3: Corazón. Afectos, sentimientos, pasiones, amores y amistades. Vida afectiva, vida de pareja, relaciones con la familia, hijos y embarazos.

CARTA 4: Lo que sucederá. Acontecimientos e influencias que van a tener lugar en el futuro inmediato.

CARTA 5: Imprevistos. Sucesos imprevistos, no ligados ni consecuencia de las acciones que lleva a cabo el consultante e independientes de sus intereses o de su conducta.

CARTA 6: Personas cercanas. Personas próximas al consultante que influyen o influirán en su vida, y personas sobre las cuales el consultante tiene o tendrá una influencia.

CARTA 7: Ambiente y trabajo. Entorno general del consultante, especialmente en sus relaciones extrafamiliares con el mundo: trabajo, negocios, ambiente social, juegos y deportes, amistades, etc.

CARTA 8: Lo que debe suceder. Consecuencias seguras de acciones actuales, finales previsibles de trayectorias que ya están definidas, consecuencias del estado de las cosas presente y del correspondiente al futuro inmediato.

CARTA 9: Futuros aconteci-mientos. Futuro lejano, basado en las predicciones de las cartas anteriores.

Método de las catorce cartas

Se juegan sólo los Arcanos Mayores. El consultante baraja y corta. Luego el adivino dispone las cartas con arreglo al siguiente orden:

$$1 \quad 2 \quad 3 \quad 4 \quad 5$$
$$6 \quad 7 \quad 8 \quad 9 \quad 10$$
$$11 \quad 12 \quad 13 \quad 14$$

Cada carta representa un mes del año y puede interpretarse individualmente o en conjunto con las demás. La carta número 13 es la síntesis de todas las otras, y la número 14 es el resultado o veredicto final.

Método del árbol de la vida

Los arcanos, dispuestos según el árbol de la vida de la cábala, pueden ser interpretados como la evolución espiritual del ser, empezando desde abajo, el reino material, y acabando arriba, el reino del espíritu.

Para utilizar el método del árbol de la vida el consultante baraja y corta como de costumbre. Luego el adivino dispone las cartas siguiendo la forma del árbol de la vida de la cábala.

Las cartas tienen el simbolismo que se ha citado al hablar de los arcanos, y este simbolismo está referido a diferentes aspectos, que vienen determinados por la posición de las cartas:

1. KETHER: existencia total, cabeza, esencia, sentido, orientación, líneas generales del veredicto.

Kether significa la existencia en su totalidad, por lo que no se descompone en atributos, se halla al final de la cabeza, por eso se denomina corona. Tenemos que considerarla como la esencia y la síntesis que reúne a las demás cartas. Su significado es el de interpretación más difícil de todo el oráculo.

2. KJOKMAH: principio masculino, acto primordial, positivo activo.

Es el cable conductor de energía que hace que se muevan todas las cosas, gran estimulador del universo. Representa la masculinidad primordial y es el arquetipo positivo activo, como su oponente *Binah* es negativo y pasivo. Es expresión de la fuerza dinámica, dador de la vida, aquel que va en busca de su opuesto. Debe interpretarse como el signo de las acciones del consultante.

3. BINAH: principio femenino, estático y latente.

Opuesto primario de *Kjokmah*, representa la energía estática, latente, potencial. Con su pareja forman los pilares del universo donde todo sucede, es y se desarrolla.

Significa la energía pasiva y controla la existencia de limitaciones, obstáculos y perturbaciones. Se interpreta como el potencial mental y afectivo latente en el consultante o bien en su entorno inmediato.

155

4. CHESED: forma, realización material.

Es la representación de la forma, la realización material de la idea y el símbolo de la tierra. Significa la actuación de la mente en sus planes de trabajo creativo, el pensamiento que dará forma a la energía después de trabajarla. Dotado de ambiciones y de proyectos realizadores, posee un sentido de la jerarquía y de los valores jurídicos. Debe interpretarse como las acciones a seguir en un futuro inmediato por el consultante, lo que se institucionaliza, las costumbres que se adoptan y todo aquello que toma forma o se establece después de una fase en la que ha sido simplemente proyecto.

5. GHEBURAH: purificación de lo innecesario.

Llamado *señor del terror y la destrucción,* sin embargo usa sus atributos como energía purificadora que elimina los elementos innecesarios cuando se han utilizado y agotado.

Significa la transmutación de la fuerza, porque en su destrucción se liberan grandes energías.

Sus atributos son el valor, la energía, la voluntad, la violencia, la impulsividad, la movilidad y la destrucción. En el oráculo define los obstáculos, impedimentos, personas o situaciones desfavorables, problemas, actitudes negativas, etc.

6. TIPHERET: equilibrio entre forma y purificación. Conciencia personal.

Es el punto medio entre los planos de la fuerza y de la forma, y el centro de equilibrio. Se sitúa en un estado intermedio entre el ser que se desarrolla y la manifestación final de su desarrollo, la plenitud. Por su medio se accede al desarrollo del conocimiento, sobrepasando los límites de la experiencia cotidiana o individual. Su poder de realización supera los límites normales.

Sus atributos son el Yo, la conciencia personal, el trabajo del pensamiento, la organización, la comunicación y la investigación. Corresponde a las capacidades mentales del consultante, así como a su sensibilidad estética y artística, y a su equilibrio afectivo personal.

7. NETZACH: sexo, amor.

Opuesto con *Hod* significa la fuerza, la energía psíquica y la libido. Es el instinto que se manifiesta en las emociones, afectos y pasiones. Nutre toda la afectividad y es la fuerza que descubre la atracción de lo que aparece a nuestro alrededor, el amor, el sexo, y todos los afectos y atracciones. Los atributos son la afectividad, el amor, el sexo, la atracción y la pasión. Corresponde a la vida afectiva y emocional del consultante.

8. HOF: energía psíquica consciente.

Complementado en *Netzach, Hod* significa la conquista de los instintos animales para utilizar en el plano de la consciencia. Actúa para dar la forma al instinto primario y significa una gran dosis de voluntad. Sus atributos son la influencia sobre seres y circunstancias, la ciencia y la mediación. Corresponde en el oráculo a las influencias conscientes ejercidas por el consultante sobre otras personas.

9. YESOD: energía psíquica inconsciente, sueños.

Surge del inconsciente; sus funciones son automáticas y escapan al control de la mente. Recibe impulsos y transmite estas energías al *Maluth*, y coordina los mensajes recibidos y los impulsos motores, actividades viscerales.

El campo de lo psíquico se tiene que basar en la actividad de *Yesod*.

Sus atributos son el subconsciente, la intuición, la imaginación, el misterio y el mundo de los sueños. En el oráculo corresponde al inconsciente del consultante, o a veces al inconsciente colectivo que rige una situación en la que el consultante se encuentra inmerso o está implicado.

10. MALKUTH: el Universo.

Es el Universo en su totalidad. Aunque representa el universo manifiesto, se refiere también a los elementos que permanecen ocultos a la vista, pero que son una realidad en éste.

Hace referencia a los orígenes, base y sustento de toda existencia posterior.

Significa todo lo material y sus manifestaciones físicas, pero también la energía que transformará la materia y los siguientes pasos de su desarrollo.

Significa el cuerpo, los apetitos físicos, la salud, la dimensión práctica y cotidiana, y todo lo relacionado con el hogar y el medio ambiente. En el oráculo esta carta corresponde a la salud física y a la adquisición o pérdida de bienes materiales.

Método zodiacal

Este método pone en relación el tarot y los signos del zodíaco. El adivino ordena los Arcanos Mayores de manera correlativa y los entrega al consultante para que baraje y corte; después el consultante separa el mazo en tres montones con la mano izquierda. Luego los distribuirá en doce grupos que colocará en círculo, en el sentido contrario a las agujas del reloj. Los grupos pueden contener de una a siete cartas. Las posiciones de las cartas se relacionan con las casas zodiacales de la astrología.

Primera casa

Ascendente, energía vital, temperamento, constitución psicofisiológica, carácter. Actitud y actividades presentes, existencias, estado de ánimo, inquietudes.

Segunda casa

Dinero, entradas y salidas, economía. Asuntos materiales, negocios, posición económica del consultante, posesiones, compras, ventas e inversiones de todo tipo.

Tercera casa

Ambiente y entorno del consultante, lo que se halla más cercano, lo cotidiano, lo usual. Las preocupaciones inmediatas, el mundo del trabajo, la vida cotidiana, aficiones, entorno familiar y vínculos, personas que rodean al consultante y aquellas que el consultante frecuenta.

Cuarta casa

Los orígenes, los padres. Relaciones con los progenitores. Niñez y adolescencia del consultante. Influencias de los primeros años de vida y de la hora del nacimiento en la situación actual del consultante.

Quinta casa

Es la posición de las pasiones amorosas y de las relaciones sexuales. Se ocupa de la descendencia, los hijos, la educación y la instrucción de personas dependientes del consultante. Se ocupa también de los juegos y los deportes en el plano de la diversión y las aficiones, y de las ocupaciones creativas y el sentido artístico en planos usuales.

Sexta casa

Significa la fuerza y la salud. Se ocupa de las enfermedades y de las partes débiles o vulnerables del organismo. Busca el significado del ambiente de trabajo y de las relaciones del consultante con sus compañeros. Marca el ritmo de trabajo.

Séptima casa

Relaciona al consultante con las personas que lo rodean. En primer lugar y de manera primordial, con la pareja. En un segundo plano con los compañeros de trabajo, socios y colaboradores. Busca las alianzas beneficiosas con los demás, los convenios y sociedades, las relaciones amistosas y favorecedoras.

Octava casa

Es la atracción de lo oculto, el esoterismo, el psicoanálisis, el trabajo del alumbramiento, pues se relaciona con el subconsciente que se manifiesta en los sueños y en los estados alterados. Controla el cambio y las mutaciones que se originan en el interior. Se relaciona con el malestar en la salud, la embriaguez, las drogas, la falta de nutrición y finalmente con la muerte.

Novena casa

Esta posición significa estudio, filosofía y cosmovisión, el alimento de las ideas, la búsqueda de la totalidad, de la explicación de las causas y del origen. Es inspiración intuitiva y tiende a encontrarse con lo trascendente, con lo que se halla en un nivel superior a lo estrictamente cotidiano.

Décima casa

Ocupación profesional y posición social. Representa las aspiraciones, las ambiciones y las tendencias del consultante en este plano. La aplicación de sus conocimientos y su sabiduría. La ocupación, la profesión y las consecuencias derivadas de su posición y de los resultados de su trabajo, la fama y la reputación.

Onceava casa

Se ocupa de las amistades y de las relaciones del consultante en un plano afectivo que inciden, por una parte, en sus circunstancias, y por otro lado en la influencia que ejercen en su mente y en sus ideas.

En reciprocidad se ocupa de la influencia que el consultante ejerce sobre las personas con las que se relaciona, en sus circunstancias personales y también en sus ideas y en el desarrollo de las mismas.

Significa la ayuda prestada y recibida.

Doceava casa

Es el aislamiento, el encierro, la prisión, el deshonor, el castigo y las culpas. Significa los conflictos internos y los traumas que no han salido a la luz en una explicación clara. Enemigos y relaciones enemistadas.

Esta posición es la última de la tirada zodiacal y posee un significado que engloba el de todas las demás.

Se le llama *morada del karma* y su significado encierra la respuesta de lo que el consultante está decidido a cumplir y a llevar adelante, todo lo que tiene proyectado realizar y lo que puede llegar a manifestar.

Por ello sus significados se desdoblan en dos sentidos según su lectura: o bien indican que el consultante adecua sus medios a los objetivos que persigue, y por tanto se sitúa en un camino enfocado y voluntarioso, o bien indican que el consultante ha perdido este enfoque y solamente da vueltas en torno a una evasión de responsabilidades que le alejarán de lo que podría ser su meta final.

Método planetario

Este método también está relacionado con la astrología. Para la consulta se utilizan solamente los Arcanos Mayores, de cuyo mazo se extraerán ocho cartas.

El consultante dispondrá las cartas en orden correlativo, después barajará y cortará, ofreciendo el mazo al adivino, que las dispondrá de manera que la carta que se extrae primero quede en el medio y las demás según este orden:

$$
\begin{array}{ccc}
 & 4 & \\
3 & & 5 \\
2 & C & 5 \\
1 & & 7 \\
\end{array}
$$

La carta central representa al consultante. Las otras siete que se han dispuesto a su alrededor representan los campos de influencia que registran los planetas.

CARTA 1: LUNA.
Posición de la Luna. Asuntos relacionados con el hogar.

CARTA 2: MERCURIO.
Posición de Mercurio. Cuestiones de negocios, habilidad para desenvolverse en el terreno económico, fortuna o infortunio material.

CARTA 3: VENUS.

Desarrollo de la vida afectiva, emocional y amorosa.

CARTA 4: SOL.

Desarrollo de las actividades y cuestiones de éxito en general.

CARTA 5: MARTE.

Lucha, guerra, peleas, violencia, enemistad y obstáculos a afrontar.

CARTA 6: JÚPITER.

Alegrías y juegos. Relaciones expansivas, situaciones recreativas y momentos de ocio. Vacaciones y viajes de placer.

CARTA 7: SATURNO.

Asuntos del intelecto, poder mental, estudios, pensamientos, trabajo mental, concentración, introspección.

Método gitano

El método gitano es la más simple —junto con el método de las tres cartas— de todas las tiradas del tarot, pero no por ello desprovista de interés, ni de valor y riqueza simbólica.

El consultante baraja bien el mazo, corta al azar y extrae tres cartas que se sitúan en la mesa en una línea horizontal:

3   1   2

La primera carta que se coloca es la del centro; significa la situación del consultante, al cual representa. Puede también indicar su pasado, su origen y la situación que lo relaciona con la pregunta que acaba de formular.

La segunda carta se coloca a la derecha de la primera: representa una situación a la que el consultante debe enfrentarse, o bien la actuación presente que relaciona al consultante con la pregunta que ha formulado en la consulta. Esta carta incidirá de pleno en la aclaración de la lectura de las preguntas que se ha formulado, en sus aspectos más desconocidos y ocultos, el motivo que ha llevado al consultante a buscar una solución al problema, su preocupación y su atracción por todos los elementos que se ponen en movimiento, las fuerzas del consultante, etc.

La tercera carta se sitúa a la izquierda de las otras dos: representa el futuro de la consulta.

El método gitano requiere grandes capacidades interpretativas, ya que cuenta con menos ayuda preestablecida de posiciones determinantes. Es, pues, un método para iniciados, que recibe también el mal merecido nombre de *método simple*.

Método del hexagrama

Este método es muy parecido al llamado *del sello de Salomón* en la disposición de las cartas, aunque tiene algunas variantes referentes a la lectura e interpretaciones de las posiciones.

Como de costumbre, el consultante baraja y corta para que el adi-

Tarot Cary-Yale Visconti

▶ Tarot de Marsella

Grand jeu de Mlle. Lenormand

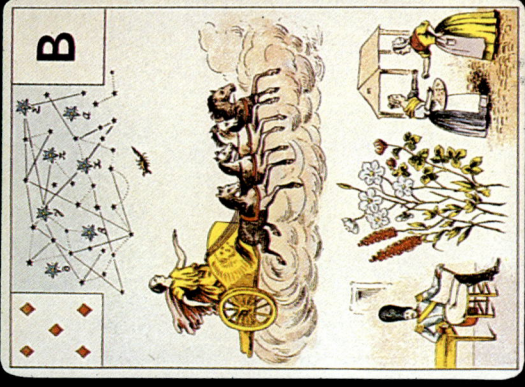

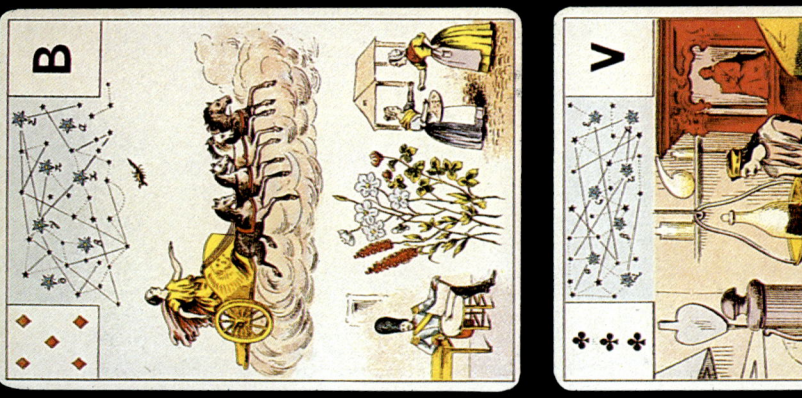

vino pueda distribuir las cartas sobre la mesa, formando una estrella de David. Anteriormente el consultante habrá escogido uno de los Arcanos Mayores que se habrá situado en el futuro centro de la estrella y que le representará. La posición exacta de las cartas es, pues, la siguiente:

```
        1
    6       2
    5       3
        4
```

Entre las cartas número 1, 2 y 6 se forma un triángulo que da un significado especial a esta posición: son las posiciones favorables al consultante, y la número 6 significa el posible resultado, aunque se halla estrechamente ligada a las otras dos, de quienes depende en buena medida.

El triángulo inferior, formado por las cartas 5, 3 y 4, representa las influencias que operan en contra del consultante.

Esta tirada se hace habitualmente con los Arcanos Mayores. Sin embargo, muchos expertos aconsejan utilizar los Arcanos Menores de la siguiente manera: para formular una consulta cuyo interés sea estrictamente material, usar los palos de oros, espadas y bastos; si es una pregunta sólo de interés, utilizar solamente los oros; si el interés es afectivo o emocional, utilizar las copas, si la consulta se refiere a un tema relacionado con el trabajo, los bastos y las copas.

Método de las veintiuna cartas

He aquí otro método gitano de tirar las cartas del tarot.

El consultante baraja, corta y entrega las cartas al adivino, que las dispone de la siguiente manera:

Una carta en el centro que representa al consultante.

Veintiuna cartas que se extraen de tres en tres y que se disponen en siete grupos alrededor de la carta central, de izquierda a derecha (los números en este caso hacen alusión a los grupos de tres cartas, y no a una carta sola):

```
            4
        3       5
     2                  6
  1         C           7
```

Las cartas se descubren y se leen también de izquierda a derecha.

Las tres cartas que forman el primer grupo representan la personalidad del consultante, relacionándose directamente con su situación actual y con el motivo específico de la consulta.

Las cartas del segundo grupo representan el entorno del consultante, su vida en el hogar familiar y las personas que frecuenta diariamente.

Las cartas del tercer grupo descubren los deseos que mueven al consultante en la situación actual, aunque esos deseos se descubran alejados del presente. Es importante que sean, de todos modos, concretos. Las cartas del cuarto grupo son las ilusiones, aunque sean objetivos más vagos e inconcretos.

Las cartas del quinto grupo representan acontecimientos que pasarán en medio de la vida del consultante, con los que no espera aún encontrarse, aunque sí están muy ligados a las circunstancias influyentes del presente. Son cosas que ya están en estado latente, aunque no sea fácil aún entenderlas o adivinarlas. Las cartas del sexto grupo se refieren al futuro inmediato.

Finalmente, las cartas del grupo séptimo representan las influencias que incidirán a largo plazo en la vida del consultante.

Método del triángulo

Para seguir este método se ignorarán datos referentes al tiempo (presente, pasado o futuro). Se utiliza toda la baraja. El consultante baraja y corta, y el adivino separa una carta que va a representar al consultante y que se coloca en el extremo inferior izquierdo de la mesa. Del lado izquierdo se pondrá también el Papa, y del derecho la Sacerdotisa. Las demás cartas se colocan con arreglo a este esquema:

```
                78
              76 77
            75 74 73
          69 70 71 72
        68 67 66 65 64
      58 59 60 61 62 63
    57 56 55 54 53 52 51
  43 44 45 46 47 48 49 50
  42 41 40 39 38 37 36 35 34
24 25 26 27 28 29 30 31 32 33
23 22 21 20 19 18 17 16 15 14 13
1  2  3  4  5  6  7  8  9 10 11 12
```

Si la consultante es una mujer, su carta representante se colocará inicialmente a la derecha y las cartas restantes se dispondrán en sentido contrario al indicado, comenzando por la línea horizontal inferior, pero de derecha a izquierda.

Esta figura en forma de triángulo tiene las setenta y ocho cartas del tarot. La última carta que se pone en el vértice superior es la que sirve como clave para la interpretación de la consulta, aunque la configuración completa del triángulo es de extraordinaria riqueza interpretativa. Sin embargo, este método es muy difícil y puede resultar muy confuso para quienes no tengan una gran práctica en la interpretación interactiva y simbólica.

Para quienes una lectura de conjunto sea demasiado difícil, aconsejo una lectura secuencial siguiendo el camino utilizado para disponer las cartas. No obstante, en este caso el método pierde gran parte de su fuerza, y es mejor utilizar uno más simple si no estamos en condiciones de interpretar éste en su totalidad bidimensional.

Método de la cruz

Se utilizan tan sólo las cartas de los Arcanos Mayores. Tras concentrarse, el adivino pide al consultante que escoja un número entre el 1 y el 22, y que intente hacerlo con gran intensidad. Esta operación se repite cuatro veces, dando como resultado la elección de cuatro cartas distintas; finalmente suma los cuatro números, los reduce por adición de las cifras si superan el veintidós y obtiene así la quinta carta, que es la síntesis de las anteriores.

Las cartas deben disponerse con arreglo al siguiente esquema:

3

1 5 2

4

CARTA 1: representa al consultante.

CARTA 2: simboliza el mundo exterior.

CARTA 3: representa la ayuda psíquica o moral.

CARTA 4: corresponde a la realización con la que se puede contar.

CARTA 5: es la respuesta a la pregunta formulada.

Para afinar la precisión, se suman (y reducen si es necesario) la carta izquierda y la derecha, y el arcano así obtenido permitirá predecir la ayuda a los obstáculos y problemas que pueden presentarse.

Sumando las cartas de arriba y abajo se obtendrá el número correspondiente al arcano que indicará la manera en que el destino va a realizarse.

Para terminar se suman las siete cartas obtenidas, se reducen sumando sus cifras hasta obtener un número igual o inferior a veintidós y el resultado será el arcano que dé una visión general del conjunto.

Método de la tirada media

En primer lugar se utilizarán solamente los Arcanos Mayores. El consultante elegirá al azar cartas que el adivino dispondrá, según vayan saliendo, en el orden siguiente:

8 7 6 5 4 3 2 1

12   11   10   9

Carta 1

Representa al consultante y define su temperamento, carácter, fisonomía, sus intenciones e incluso la duración de su vida. También indica el comienzo de empresas y actividades, el momento propicio para iniciar algo y el éxito que puede acompañar a estas iniciativas.

Corresponde asimismo a la cabeza y a todo lo referido a ella tanto mental como físicamente: cerebro, memoria, razón, inteligencia, entendimiento, ojos, cejas, nariz, frente, orejas, boca, dientes.

Carta 2

Representa las ganancias o los bienes patrimoniales que el consultante tendrá en el futuro, así como los beneficios que puede obtener de su trabajo, ya sea por suerte o merecidamente. Puede indicar también la estabilidad y duración de riquezas y gastos.

También corresponde al provecho que puede obtenerse de un viaje, de un empleado o subordinado, de un amigo o de alguien poderoso. El lugar donde algo ha sido perdido o robado.

Físicamente corresponde al cuello.

Carta 3

Representa a los hermanos, hermanas, sobrinos y otros allegados del consultante dentro del plano familiar, aunque los amigos cercanos y los vecinos pueden también estar incluidos aquí. Facultades intelectuales, relaciones con el consultante.

Pequeños viajes y desplazamientos. Cartas y mensajes.

Físicamente corresponde a los hombros y brazos.

Carta 4

Es la carta correspondiente a la ascendencia del consultante por vía masculina: padres y abuelos paternos, así como su propio matrimonio, la legitimidad del hijo, la longevidad del padre, la estabilidad de lo fundado y el patrimonio inmueble que ya se posee (casas, campos, bosques, minas, etc.).

Los lugares donde pueden haber cosas escondidas, guardadas (torres, castillos, mazmorras, fortalezas o sepulcros). La población donde habita el consultante, con sus gentes. El origen bueno o malo de las cosas, los cambios de posición social, la reputación después de la muerte, la celebridad.

Físicamente representa al estómago y al pecho.

Carta 5

Hijos que tiene o va a tener el consultante, número de ellos, carácter, cualidades, aspecto. Peso y sexo de un niño por nacer. Placeres y alegrías que trae la vida: fiestas, banquetes, vacaciones, lujos, voluptuosidad. Ropajes considerados como embellecimiento.

Número de amantes.

Resultados de la especulación. Suerte en los juegos de azar. Regalos.

Enseñanza, pedagogía, instrucción.

Físicamente corresponde al corazón.

Carta 6

Enfermedades del consultante, de sus animales (no cabalgables), de sus subalternos. Los remedios del médico y su capacidad profesional. El lugar donde está el enfermo y los resultados de un tratamiento específico.

El trabajo y el oficio. Los artesanos y gentes con profesiones poco cualificadas.

Intermediarios, falsos testigos y auxiliares de mala ley.

Circunstancias relativas al robo de animales exóticos o domésticos.

Desgracia, corrupción, temor, oprobio, incertidumbre: circunstancias relativas a todo ello.

Físicamente corresponde al vientre.

CARTA 7

Indica las posibilidades de matrimonio, el modo de ser del cónyuge y su apariencia física. Su grado de afecto o su fidelidad.

Compras, contratos, procesos judiciales, denuncias y enemigos declarados, pactos y todo lo que se presenta como contrario al consultante. La superioridad o inferioridad del adversario en el juego, en el trabajo en iniciativas concretas. El valor de la amistad con otras personas.

Circunstancias que acompañan las bodas.

Físicamente corresponde a la pelvis y los riñones.

Carta 8

Muerte o enfermedad del consultante, longevidad, época en que morirá y tipo de muerte. Temores y crédito que puede concedérseles. Herencias y cosas que proceden de personas muertas. Presentimientos, sueño, sopor y todos los lazos con los muertos. Tristeza, melancolía, venenos.

Físicamente corresponde a la vejiga y a los órganos genitales.

Carta 9

Simboliza la fe, la piedad, la filosofía, el nivel de idealismo y la moral del consultante.

Esta carta se relaciona con la religión, la espiritualidad, las ideas filosóficas, la conciencia, el grado de locura o cordura, las cosas que se han escrito, los estudios, el trabajo intelectual del consultante, la fama que puede alcanzar en estos dominios.

Designa también un lugar sagrado, templo, ermita, capilla, monasterio, convento, o bien biblioteca, aula u otros espacios de estudio pensamiento o meditación.

Ensueños, supersticiones, ciencias adivinatorias.

Grandes viajes: su utilidad, peligro, duración y suerte que los acompañará.

Físicamente corresponde a las caderas y los muslos.

Carta 10

Indica la profesión del consultante, sus méritos y dignidades, las protecciones, sus actos, su ambición o su ideal y el favor que puede obtener de personas con poder decisorio.

La madre y los ancestros por vía materna.

Físicamente corresponde a las rodillas.

Carta 11

Representa a los amigos del consultante, la ayuda y el beneficio que pueden prestarle en lo moral y en lo material, y la confianza que puede depositar en ellos.

Lo que puede esperarse de aquél de quien se depende, ya sea acreedor, jefe, superior, maestro o padre.

Las esperanzas, el valor de las promesas, la fortuna que se puede esperar en la vida o durante el año en curso, los regalos que van a recibirse.

El poder, la riqueza o la confianza de aquel de quien se depende. Los consejos de los jefes y maestros.

Físicamente corresponde a las piernas.

Corresponde al número y fuerza de los enemigos ocultos, a las calamidades y penas del consultante y a las traiciones que puede temer. Todo aquello que se desea saber sobre traidores, ladrones, malos subordinados, y en general sobre actos negativos de los demás. Enemigos privados y calumniadores.

Enfermedades incurables, dolencias, accidentes.

Animales cabalgables y sus circunstancias.

Cárcel, deudas, exilio, pobreza, peregrinaciones.

Físicamente corresponde a los pies.

Segundo método zodiacal llamado también «tirada del horóscopo»

He aquí otro método de tipo astrológico, para el cual excepcionalmente se usan todas las cartas del tarot. Este método completo proporciona el reflejo total del Ser en relación a su papel en el Universo.

El consultante elige al azar doce cartas, que el adivino va situando correlativamente. El consultante repite esta operación cuatro veces, de modo que finalmente quedarán doce grupos de cuatro cartas cada uno.

Cada uno de estos grupos (representados por los ejes verticales de la tabla) define una de las casas zodiacales, mientras que las series (representadas por las líneas horizontales) corresponden a

SERIE 1: plano físico
SERIE 2: plano pasional
SERIE 3: plano psíquico
SERIE 4: plano mental

A continuación el consultante escogerá doce cartas más, que depositará de derecha a izquierda como las anteriores. Estas cartas nos darán la relación de una casa con las demás, y los movimientos y acontecimientos que han de surgir:

60 59 58 57 56 55 54 53 52 51 49

Las dieciocho cartas restantes deberán ser también escogidas y adjudicadas a las casas correspondientes. Es muy importante que todas las cartas entren en juego.

Es fundamental en este método la influencia de unas casas sobre otras. Para ello es indispensable conocer bien la significación de cada casa, por lo que este método no es para principiantes.

Significado adivinatorio de los Arcanos Mayores

I El Mago (El Prestidigitador)

Significado de la carta al derecho

Voluntad, actividad e iniciativa son las cualidades del hombre y la mujer jóvenes, a quienes simboliza el Mago. La carta denota también confianza en sí mismo, presencia de ánimo. Audacia para llevar a cabo empresas que se presentan con dificultades o para las cuales hay que salvar duros obstáculos. Capacidades importantes y, sobre todo, habilidad para sacar partido de ellas y emplearlas en bien y en interés de sí mismo y de los que le rodean. Puede indicar la actividad profesional de un hombre con grandes capacidades manuales, y también la unión de habilidades manuales con una aguda inteligencia y delicadeza de espíritu: por ejemplo un orfebre, un ebanista, un fabricante de instrumentos musicales, un relojero, un modisto...

El Mago recibe también el nombre del *Prestidigitador* debido a que no es un mago de conjuros y taumaturgias, sino de hábiles juegos de manos. Ésta es una carta muy favorable. Para una mujer puede también significar el inicio de una relación de amistad o amor.

Significado de la carta al revés

El Mago al revés indica dificultades para abrirse camino en la vida, especialmente en el plano profesional. Puede señalar una notable falta de seguridad, falta de estímulos o de intereses, abulia, aburrimiento, desconfianza en la existencia y, en general, indecisión para afrontar no un problema concreto, sino más bien la vida en sí misma.

Combinaciones extremas con el Mago del derecho

Mago delante del Diablo seguido por la Muerte y el Ermitaño: maldición.

Mago entre el as y el dos de copas: inicio de una pasión arrebatadora.

Mago junto al Loco: un interés que no es habitual ni normativo va a alterar la vida del consultante.

Mago junto al as de oros: espléndido y afortunado inicio de una actividad comercial importante que implica fuertes riesgos.

Mago después de la Torre: final de un período de marginación y aislamiento; etapa nueva de relaciones y comunicación.

Mago antes del Sol: está llegando una etapa de gran felicidad; llega a gran velocidad, puede empezar dentro de muy poco tiempo.

Templanza junto al Mago: un pranoterapeuta puede ayudar en una seria enfermedad.

Loco antes del Mago: el consultante al hacer las preguntas se está interrogando a sí mismo.

II La Sacerdotisa (La Papisa)

Significado de la carta al derecho

La Sacerdotisa representa la Naturaleza en su sentido más primitivo, como dadora fértil de todo lo que existe. También representa la maternidad, la fecundidad, y todas las cualidades tradicionalmente asociadas al principio femenino. Entre ellas destacan la fidelidad, el conocimiento, el amor de la madre para con los hijos. La Sacerdotisa representa a la mujer en toda su dimensión espiritual. Gran vida interior, fuertes intuiciones, clarividencia no racional, sabiduría adquirida de manera infusa y secular.

Todas estas cualidades relacionan a la Sacerdotisa con la adivinación, las ciencias ocultas y todos los métodos relacionados con ellas.

Significado de la carta al revés

Amor apasionado que traerá fortuna o desgracia, según los casos y el contexto. Advertencia: prestar mayor atención a las palabras que se pronuncien y procurar ser más discreto en la conducta; superficialidad del consultante o de alguna persona cercana a él en el pasado, presente o porvenir, según la situación de la carta. Adversidades provocadas por fuerzas malignas. Presunción y vanidad. Estupidez o ignorancia.

Combinaciones extremas con la Sacerdotisa del derecho

Sacerdotisa junto a Papa: deseos, buena colaboración, eficacia, pareja destinada a un amor duradero.

Sacerdotisa junto a Mundo: triunfo sobre los obstáculos, afirmación muy favorable ante la opinión pública. Éxito.

Sacerdotisa junto a Diablo: debilidad en una relación de tipo sexual, probablemente con connotaciones afectivas; incapacidad para desarrollar la propia feminidad.

Sacerdotisa junto al as de copas: la asociación representa una espléndida maternidad, feliz porque es deseada y porque tendrá un buen término físico y emocional.

Mundo después de Sacerdotisa: antigua solicitud que finalmente será atendida.

III La Emperatriz

Significado de la carta al derecho

La Emperatriz es signo de una inteligencia notable. Denota buenas aptitudes para el estudio, la erudición y las actividades intelectuales. También denota una gran creatividad, apta para toda clase de trabajos.

Otro significado paralelo, que no excluye el primero, es el de dignidad, autoridad femenina y maternidad; capacidad de imponerse sin violencia, importancia decisiva de una mujer sobre algo o alguien.

Tiene valor adivinatorio también la relación con el bienestar material, orden y seguridad en los asuntos económicos, acción precisa y eficaz. Resultados obtenidos gracias a la voluntad.

Mujer dotada de un gran sentido práctico, eficacia y capacidad de decisión, además de una gran seguridad en sí misma y en los medios del ámbito en el cual vive.

Significado de la carta al revés

La Emperatriz al revés puede significar una mujer enemiga, una mujer que emplea su poder en perjuicio del consultante, o que podría utilizarlo en beneficio o interés propios.

Otro posible significado: esterilidad o, por el contrario, embarazo no deseado.

Arrogancia, presunción, actitudes despóticas o autoritarias de una mujer para con sus hijos, o incluso con su marido.

Peleas familiares, desacuerdos, falta de concordia en la familia causada sobre todo por una mujer irascible.

Combinaciones extremas con la Emperatriz al derecho

Emperatriz junto a Templanza: grandes capacidades de acomodación y adaptación.

Emperatriz junto a Luna: prestad atención a vuestra salud, especialmente a la presión arterial.

Emperatriz junto a Mundo: extraordinario éxito inminente, imputable a un gran encanto personal.

Emperatriz junto a Estrellas: una mujer protege al consultante. Es bueno que él, dada la ocasión, utilice la energía psíquica que ella le brinda generosamente.

Rueda de la Fortuna junto a Emperatriz: una mujer importante decidirá el destino del consultante.

Fuerza junto a Emperatriz: embarazo que puede causar problemas de diversa índole, ya sean psíquicos o fisiológicos.

Luna después de la Emperatriz: está a punto de producirse o se ha producido ya un embarazo indeseado.

Juicio junto a Emperatriz: asimilación de lo que se encuentra fuera de nosotros.

IIII El Emperador

Significado adivinatorio de la carta del derecho

Persona que posee y exhibe una gran seguridad. Esta seguridad no es infundada, sino que la respalda un gran poder y una fuerte autoridad sobre sus semejantes. Además conlleva riquezas materiales, prestigio y capacidad para movilizar recursos en todas sus facetas.

Hombre fuerte, virilidad, figura patriarcal ligada a los poderes de Júpiter y del Sol. Puede denotar la presencia de un marido, un padre, un jefe, un líder político, un alto ejecutivo. Puede también ser signo de adquisiciones materiales o de aquel que las realiza.

Generosidad y rigor complementándose mutuamente.

Personaje importante y poderoso que se aproxima influyendo sobre su entorno con sus grandes capacidades.

Puede también predecir jovialidad, alegría, prosperidad y buen humor.

Significado de la carta al revés

Un hombre que no es eficaz, que no está a la altura de las circunstancias, o bien que no está tomando las decisiones que le corresponden.

Debilidad psíquica, estupidez, o problemas de salud física.

Autoritarismo sin base alguna, arrogancia, ridículo por falta de autoridad. Pedantería, falta de espíritu práctico. Brutalidad, violencia, imposiciones sin razón o sin racionalidad. Mezquindad.

Combinaciones extremas con el Emperador al derecho

Emperador junto a Justicia: actitud conformista. Poder que respeta las leyes y se somete al orden social.

Emperador junto a Luna: contrariedades o problemas superables gracias a un comportamiento coherente.

Emperador junto a Juicio: milagro, sorpresa impensable, prodigio, espectáculo sobrenatural.

Emperador junto a Ermitaño: gran sorpresa, acontecimiento inesperado.

Sol junto a Emperador: iluminación espiritual interior del consultante o de una persona próxima a él.

V El Papa (El Sumo Sacerdote)

Significado de la carta al derecho

Cualidades paternales: comprensión, sabiduría, protección, autoridad que se impone sin violencia, moderación. Ánimo tranquilo que infunde respeto.

Tendencia al ritualismo, elevación espiritual, expansión de dotes no materiales. Vocación científica (ciencias puras o humanidades) o religiosa. Protección de hombre modesto y leal, padre, maestro, hombre culto.

Ayuda que procede de lo invisible, bondad, amabilidad.

Culto a la tradición, poder conferido por los valores tradicionales, poder de la ciencia frente a la violencia.

El Papa designa a un personaje sabio y poderoso, que ha llegado a la cima hace mucho tiempo y que utiliza sus capacidades para ayudar a los demás.

Significado del Papa al revés

Al revés el Papa significa persona frágil que renuncia a su destino, persona impotente que no está a la altura de las circunstancias.

Excesos de generosidad, llegando a lo irracional y perjudicando al sujeto (sea el consultante, u otra persona a la cual se refiera el oráculo según los casos).

Obstinación irracional en seguir las tradiciones heredadas, o bien las propias costumbres, rechazando evolucionar y aceptar o colaborar con los cambios que trae la vida. Incapacidad de adaptación, excesivo conservadurismo.

Combinaciones extremas con el Papa al derecho

Papa junto a Ermitaño: aislamiento por voluntad propia (del consultante o de alguien próximo a él).

Papa cerca del ocho de oros: amor que no se halla dentro de las normas de la ley o de la tolerancia social.

Papa próximo a Juicio: rejuvenecimiento, renacimiento espiritual o renovación de facultades físicas y psíquicas.

Papa junto a Ahorcado: sacrificio realizado espontáneamente, por voluntad del consultante.

Papa junto a las Estrellas: belleza y sabiduría unidas en el mismo sujeto.

Papa junto al Sol: sueños proféticos y felices del consultante o de una persona próxima a él.

VI El Enamorado

Significado de la carta al derecho

Sujeto que ama la belleza, el arte y la cultura en general. Sensualidad, simpatía espontánea, intuición sensible.

Elección en el terreno afectivo, o bien elección en la vida con consecuencias muy importantes. Enamoramiento, inicio de una relación amorosa, matrimonio, vida de pareja. Juventud, optimismo y extroversión nata del sujeto.

Interés por los problemas de los demás, filantropía, desprendimiento, capacidad de comprensión y de ponerse en el lugar de los demás.

Elección entre opciones delicadas por las que se siente parecido interés o deseo; incertidumbre positiva.

Significado de la carta al revés

Ruptura de relaciones amorosas, noviazgo, incipiente vida de pareja, amor no correspondido o problemas graves de celos.

Desinterés, falta de amor, dureza de corazón, egoísmo, dificultades de comunicación con los demás.

Dificultades u obstáculos para mantener relaciones amorosas, puntuales o continuadas. Soledad, aflicción. Depresión psíquica por razones afectivas, falta de estabilidad sentimental, volubilidad. Persona frívola que esconde con su falsa alegría una gran soledad. Incapacidad de decisión entre dos alternativas delicadas, ambas con ventajas para el sujeto. Esta incapacidad, a diferencia de la anterior, sume al sujeto en un estado de ansiedad e inquietud.

*Combinaciones extremas
con el Enamorado del derecho*

Enamorado junto a Ermitaño: traición amorosa que realiza el consultante o que se trama contra él.

Enamorado junto a ocho de oros: anuncia un matrimonio a corto plazo.

Enamorado junto a cuatro de copas: pequeñas satisfacciones en el terreno amistoso.

Enamorado junto a dos de oros: puede acontecer una importante llamada telefónica amorosa.

Enamorado junto a Mundo: historia de amor que va a salir a la luz, haciéndose pública.

Justicia junto a Enamorado y as de copas: puede estarse aproximando un matrimonio que será feliz.

Ermitaño junto a Enamorado: traición o desengaño amoroso inminente o consumado recientemente.

Templanza junto a Enamorado: va a producirse un buen matrimonio (de interés material, de larga duración, etc.).

Sol después de Enamorado: se va a producir en un breve plazo un matrimonio.

VII El Carro

Viajes, movimientos, desplazamientos, cambio de país, de ciudad, de domicilio.

Supremacía, triunfo, éxito total en la vida, honores, medallas, premios, promociones, gloria, homenajes.

Se produce un gran progreso en algún asunto concreto.

Un trabajo o una empresa se ven coronados por un gran éxito. Se gana un pleito o un lugar de trabajo contra otros opositores.

La opinión del consultante triunfa sobre la de los demás. Posible triunfo político.

Independencia y autoafirmación aportan al sujeto la base de condiciones muy favorables.

Éxito en un negocio relacionado con los desplazamientos. Puede ser una agencia de viajes, una representación de ventas, importaciones, exportaciones, cadena hotelera, turismo.

Significado de la carta al revés

Ruptura matrimonial, ruptura de una pareja, o ruptura de asociados que llevan mucho tiempo juntos.

Sentimientos divididos en el corazón o diferencias entre actos y pensamientos, o entre deseos y posición real.

Viajes o desplazamientos peligrosos, accidentes de carretera, tren o avión.

Pérdidas materiales relacionadas con movimientos importantes, pérdida del patrimonio familiar.

Mala salud psicofísica debida a excesos: estrés, exceso de trabajo, excesos en la bebida o el tabaco, alimentación desequilibrada, insomnio frecuente, desconocimiento de los biorritmos.

Pánico, confusión respecto de los medios para alcanzar los objetivos.

*Combinaciones extremas
con el Carro del derecho*

Carro cercano al nueve de bastos: próximamente viajes, cambios de lugar o desplazamientos de alguna índole.

Carro cercano al as de espadas: información o noticia luctuosa que viene de muy lejos.

Carro cerca de Mundo: éxito fulgurante, que va a ser conocido y del que hablará el gran público.

Torre junto a Carro: viaje que será retrasado o aplazado indefinidamente por causas diversas.

Luna junto a Carro: viaje peligroso que es necesario evitar si se desea estar seguro.

VIII La Justicia

Significado de la carta al derecho

Persona justa, equitativa, equilibrada y recta.

Virtud, justa recompensa por esfuerzos acumulados desde hace tiempo, que ahora dan su fruto.

Impasibilidad ante los acontecimientos, equilibrio, resoluciones serenas y adecuadas a las necesidades de cada caso y de cada sujeto.

Raciocinio, tratamiento adecuado de los problemas.

Resarcimiento de algo que había quedado pendiente, pago de deudas, perdón, excusas, descargos por antiguos incumplimientos u ofensas. Pleitos que se resuelven favorablemente.

Significado de la carta al revés

Intolerancia, abusos, injusticias evidentes que, sin embargo, son calladas.

Segundas intenciones, desconfiar de lo aparente.

Abusos en el empleo de la justicia, pleitos que se resuelven de manera imparcial o injusta, mentiras de testigos, falta de pruebas, etc. Prejuicios que dificultan el triunfo de la verdad.

Divorcio a la vista. Reparto desequilibrado de una herencia o de la liquidación de un negocio. Pago aplazado sin razón, informalidad financiera, incorrecciones desde el punto de vista económico.

Combinaciones extremas con la Justicia del derecho

Justicia en el centro, entre el as de oros, el siete de espadas y el nueve de espadas: una letra de cambio u otra forma de pago aplazada sigue un recorrido dificultoso.

Justicia junto a Enamorado y as de copas: puede estarse aproximando un matrimonio que será feliz.

Justicia junto a Ahorcado: litigio o pleito inesperado que tendrá consecuencias imprevisibles.

Justicia después de Mundo: se ha producido una disputa, pero va a ser solucionada en breve.

Emperador junto a Justicia: actitud conformista. Poder que respeta las leyes y se somete al orden social.

Diablo junto a Justicia: organización política a la vista, hábil seducción de políticos.

Mundo después de Justicia: demanda judicial, discusión o pleito en el cual se gana.

VIIII El Ermitaño

Significado de la carta al derecho

Persona que se comporta con mucha prudencia, proyectos fraguados lentamente, toda clase de precauciones para proteger a alguien o a algo. Atención vigilante y despierta que elude toda distracción.

Introspección, persona introvertida y reflexiva, persona discreta en la cual se puede confiar.

Persona que rehuye a las demás, misantropía, misoginia, alguien que se encierra en sí mismo.

Aislamiento espiritual, soledad regeneradora, meditación, profundidad de pensamientos y de sentimientos. Rechazo de valores terrenales o materiales. Ascetismo y austeridad exterior paralela a búsqueda de un camino interior.

Significado de la carta al revés

Persona egoísta y egocéntrica con dificultades para colaborar y comprender al prójimo; dificultades para trabajar en equipo, comunicarse, colaborar o ser ayudado.

Exceso de prudencia que conduce a un bloqueo de la actividad. Pereza, falta de tono vital, carencia de impulsos, inacción.

Sabiduría excesivamente meticulosa, demasiado preocupada por los detalles como para ser realmente útil y eficaz.

Hipocresía, apariencia gris y humilde que esconde intenciones perversas.

Falta de criterio o acciones que no conducen al logro de los objetivos, sino a callejones sin salida.

Combinaciones extremas con el Ermitaño

Ermitaño junto a Templanza: representa al individuo en relación con el ámbito que le rodea.

Ermitaño junto a Sol: acaba de desenmascararse a un impostor, o bien está a punto de desenmascararse.

Ermitaño junto a Enamorado: traición o desengaño amoroso inminente o consumado recientemente.

Ermitaño junto a Luna: engaño o traición perpetrada por un familiar más o menos próximo.

Ermitaño junto a Torre: como consecuencia de una calumnia, condena de prisión.

Mago delante del Diablo seguido por la Muerte y el Ermitaño: maldición.

Emperador junto a Ermitaño: gran sorpresa, acontecimiento inesperado.

Papa junto a Ermitaño: aislamiento por voluntad propia (del consultante o de alguien próximo a él).

Enamorado junto a Ermitaño: traición amorosa que realiza el consultante o que se trama contra él.

Luna junto a Ermitaño: calumnia, maledicencia, difamación por parte de alguien en quien se ha confiado.

X La Rueda de la fortuna

Significado de la carta al derecho

Destino, fortuna, incertidumbre sobre lo que la vida depara. Posibilidad de que todo cambie en muy poco tiempo, de que puedan tambalearse las cosas más seguras y afirmarse las más inestables.

Felicidad, final feliz de un proceso, conclusión, próxima solución de antiguos problemas y conflictos. Éxito, intuición en los negocios, ganancias inesperadas o no necesariamente merecidas. Ganancias en los juegos de azar. Oportunidades de gozar de la vida con buenos éxitos, logros acumulados, triunfo rápido y decisivo de un proyecto.

Significado de la carta al revés

Desgracia inmerecida o imprevista. Quiebra en un negocio o empresa. Éxitos fáciles y sin fundamento se desmoronan después de un primer momento de euforia. Incertidumbre sobre las posibilidades de un proyecto, idea o plan. Oportunidad que se ha esfumado, precariedad a la vista.

Inestabilidad fundamental de las situaciones que no están bien asentadas, y mucho más de aquellas que están «cogidas por los pelos», proyectadas al azar o confiando en él.

Combinaciones extremas con la Rueda de la fortuna

Rueda de la fortuna junto a Muerte: en un asunto de importancia interviene el destino.

Rueda de la fortuna junto al as de oros: flechazo, enamoramiento repentino y pasión muy poderosa.

Rueda de la fortuna junto a Emperatriz: una mujer importante decidirá el destino del consultante.

Rueda de la fortuna junto a Torre: grave y trágico desastre financiero involucra al sujeto.

Muerte junto a Rueda de la fortuna: inminente cobro de una importante herencia.

Estrellas junto a Rueda de la fortuna: se aproxima la buena suerte, la fortuna, etc.

XI La Fuerza

Significado de la carta del derecho

Persona valerosa, convencida de sus ideas y actos, aunque no necesariamente avasalladora, violenta o autoritaria. Despliegue espectacular de energía con la finalidad de conseguir, conquistar u obtener alguna cosa.

Heroísmo, liberación, liderazgo en circunstancias difíciles o aún extremas.

Desafío a otras fuezas, firme determinación y entrega total a misiones u objetivos.

Tranquilidad de ánimo, incorruptibilidad y capacidad de imponer la razón y el buen sentido sobre el ruido general, el miedo y la mediocridad.

Fuerza física, aptitud para la defensa personal, persona atlética y deportiva, persona muy resistente. Salud de hierro.

Significado de la carta al revés

Debilidad de espíritu, incapacidad para defender las propias ideas, cobardía, persona timorata y arredrada.

Tiranía, egoísmo, mezquindad, cobardía ante los superiores, que se traduce a menudo en despotismo para con los subordinados. Incapacidad de amar, aridez sentimental, impotencia, dificultades y problemas de orden sexual, especialmente en el caso de un hombre. Esterilidad en el caso de una mujer.

Tendencia a las enfermedades, mala salud, poca resistencia.

*Combinaciones extremas
con la Fuerza al derecho*

Fuerza junto a Ahorcado: el resultado final se va a ver obstaculizado hasta límites inverosímiles.

Fuerza con rey de espadas: noticias desfavorables que llegan de la boca de un funcionario.

Fuerza junto a Emperatriz: embarazo que puede causar problemas de diversa índole, ya sean psíquicos o fisiológicos.

Fuerza junto a Ermitaño: larga vida.

Ahorcado al lado de la Fuerza: resultado final, síntesis de un proceso iniciado anteriormente.

XII El Ahorcado

Significado de la carta al derecho

Castigo, expiación de culpa, precio que hay que pagar a cambio de algo de mucha importancia.

Cambio radical que posibilita la visión de la totalidad desde un punto de vista nuevo, completamente distinto de todos los anteriores.

Transición, detención o frenazo necesarios para el buen fin de un proceso complejo.

Disciplina, renuncia y austeridad ante circunstancias que requieren una actitud especial que no estaba prevista.

Arrepentimiento, rendición, claudicación, entrega.

Significado de la carta al revés

Falsos profetas rodean al sujeto, o bien a un asunto de su interés. Sacrificio que no da sus frutos o que resulta inútil.

Inesperada prueba que debe ser superada si se desea seguir adelante y llegar a buen fin.

Confusión en la vida afectiva y social emocional, egocentrismo, inestabilidad psíquica, malas constumbres, miedo, ansiedad, angustia. Peligro importante de drogadicción.

Combinaciones extremas
con el Ahorcado al derecho

Ahorcado con Torre: posible encarcelamiento del sujeto o de alguna persona allegada a él.

Ahorcado junto a ocho de oros: previsibles pérdidas materiales de gran importancia.

Ahorcado junto a Diablo: peligro de locura o posible enajenación que ya ha comenzado su proceso.

Ahorcado junto a Estrellas: puede confiarse en la llegada de una inesperada protección divina o sobrenatural.

Ahorcado al lado de la Fuerza: resultado final, síntesis de un proceso iniciado anteriormente.

Papa junto a Ahorcado: sacrificio realizado espontáneamente, por voluntad del consultante.

Justicia junto a Ahorcado: litigio o pleito inesperado que tendrá consecuencias imprevisibles.

Fuerza junto a Ahorcado: el resultado final va a ser obstaculizado hasta límites inverosímiles.

Templanza junto a Ahorcado: incapacidad del sujeto o de personas allegadas a él.

Loco después de Ahorcado; estupidez de persona muy testaruda, empeñada en mantener sus ideas contra viento y marea.

XIII La Muerte

Significado de la carta al derecho

Renovación en cualquier ámbito, actividad o proceso: todas las cosas tienen que morir para renacer, la muerte es el mejor síntoma de su renacimiento, que a menudo se produce en otra esfera, en otro orden de cosas distinto del anterior, e incluso inconcebible en él.

Transmutación de los elementos.

Fin de un trabajo, fin de una etapa de salud o enfermedad, fin de una relación amorosa que puede abrir la puerta a otras de diferente índole.

Hace falta que transcurra un año para que ocurra lo que el consultante indaga: esto es, trece lunas completas.

Influencia de los difuntos en la vida actual de una persona.

Desastre sentimental o financiero.

Significado de la carta al revés

Inmovilidad física o bloqueo psíquico importante.

Accidente grave que conlleva parálisis.

Melancolía, depresiones, enfermedades incurables.

Cambios que no acaban de consumarse.

Grandes desilusiones, proyectos que no siguen el camino esperado, planes que se desvían hacia lugares no deseados y aun temidos.

Pérdida del honor, del buen nombre o del prestigio en un determinado campo social o profesional.

*Combinaciones extremas
de la Muerte al derecho*

Muerte en medio de Ahorcado y Estrellas: el agua puede traer peligros mortales, ¡alerta!

Muerte junto a Rueda de la fortuna: inminente cobro de una importante herencia.

Muerte junto al as de bastos: sacudida violenta en lo sentimental, en los negocios, o incluso movimiento sísmico real.

Mago delante del Diablo seguido por la Muerte y el Ermitaño: maldición.

Rueda de la fortuna junto a Muerte: en un asunto de importancia interviene el destino.

Estrellas junto a Muerte: puede producirse una enfermedad grave que se está incubando actualmente.

Juicio junto a Muerte: se produce o se va a producir en breve un pleito por una herencia.

XIIII La Templanza

Significado de la carta al derecho

Persona paciente y moderada. Serenidad. Huida de excesos, apasionamientos, violencias, sorpresas inconsecuentes.

Profunda capacidad de adaptación en todos los campos de la vida: material, laboral, profesional y sentimental, destacando este último.

Persona calmada y reflexiva, segura en sus decisiones, enemiga de violencias y de la improvisación. Desapasionamiento, tranquilidad, calma, trabajo realizado lenta y metódicamente, procesos que se suceden según planes trazados, sin interferencias importantes.

Energía curativa de alguien, magnetismo en las manos, capacidad para hacer milagros, o sucesos milagrosos en el entorno del sujeto.

Frescura, juventud mental, buenas maneras, educación, dotes de sociabilidad, armonía y equilibrio de fuerzas que se complementan.

Significado de la carta al revés

Ligereza de carácter, superficialidad, desorden en las ideas, en el ritmo de vida o en el estado emocional y sentimental.

Desacuerdo, deseos entrecruzados o contradictorios, impaciencia injustificada.

Apatía, desinterés, falta de concentración, dispersión mental, mala distribución del tiempo cotidiano, pereza, falta de control personal.

Dificultades para integrarse en un contexto social y para mantener un estado de mínimo equilibrio interior.

*Combinaciones extremas
de la Templanza al derecho*

Templanza junto a sota de bastos: llegan noticias de la persona amada o están a punto de llegar.

Templanza junto a Mago: un pranoterapeuta puede ayudar en una seria enfermedad.

Templanza junto a Enamorado: va a producirse un buen matrimonio (de interés material, o bien de larga duración, etc.).

Templanza junto a Ahorcado: incapacidad del sujeto o de personas allegadas a él.

Templanza junto a Sol: éxito profesional que sobrevendrá lentamente pero que durará.

Emperatriz junto a Templanza: grandes capacidades de acomodación y adaptación.

Ermitaño junto a Templanza: representa al individuo en relación con el ámbito que le rodea.

Torre cercana a Templanza: persecución o dificultades en la vida social por causa de ideas políticas.

XV El Diablo

Significado de la carta al derecho

Magnetismo, capacidad de influir positiva o negativamente sobre las partes más irracionales de los demás, encanto personal irresistible.

Violencia extremada, inmoralidad, maldad próxima, vicios importantes, drogodependencias.

Magia negra, experiencia sobrenatural, resultados inexplicables, evidencias de presencias irreconocibles en un proceso o lugar. Falta de sentido del humor.

Ruina, fracasos materiales, disensiones laborales por asuntos de dinero, separación de socios.

Autodestrucción.

Significado de la carta al revés

Represión sexual fuerte, que se acompaña de consumo desmesurado de placebos y sucedáneos como pornografía, «voyerismo», fetichismo, sadismo.

Energía bloqueada, perversiones. Engaños, dobles apariencias, mentiras. Drogodependencias importantes, en grado de alienar al sujeto y de causarle graves problemas de integración social. Enfermedades de transmisión sexual. Enfermedades mentales irreversibles. Enfermedades víricas agudas.

Combinaciones extremas con el Diablo al derecho

Diablo seguido por Juicio: enfermedad peligrosa que puede ser contagiada o que ya se está incubando.

Diablo precedido de Juicio: las fuerzas del mal sucumben y renace el bien en el horizonte vital del sujeto.

Diablo junto a cuatro de Espadas: muerte de un familiar o allegado muy cercano al sujeto.

Diablo junto al ocho de Oros: relación criminal o que puede terminar en un crimen.

Diablo junto a Justicia: organización política a la vista, hábil seducción de políticos.

Diablo con reina de espadas: enemiga peligrosa amenaza al sujeto o está a punto de amenazarle.

Mago delante del Diablo seguido por la Muerte y el Ermitaño: maldición.

Sacerdotisa junto a Diablo: debilidad en una relación de tipo sexual, probablemente con connotaciones afectivas, incapacidad para desarrollar la propia feminidad.

Ahorcado junto a Diablo: peligro de locura o posible enajenación que ya ha comenzado su proceso.

Torre junto a Diablo: puede anunciar la aproximación de una desgracia imprevista.

XVI La Torre fulminada

Significado de la carta del derecho

Se rompe o se acaba un equilibrio que ha sido poderoso.

Ruina material, quiebra de una fuerte empresa, problemas laborales y sindicales, encarcelamiento.

Catástrofe de magnitud desmesurada.

Divorcio, ruptura de relaciones afectivas que se establecieron hace mucho tiempo, separación de parejas.

Cambio de opinión, paso a nuevas experiencias que no se concebían anteriormente, nuevos horizontes. Abandono de viejas situaciones que encasillaban excesivamente al sujeto, pérdida de prejuicios, liberación.

Significado de la carta al revés

Callejón sin salida tras una fuerte destrucción de todas las defensas al alcance. Estado de sitio a punto de concluir de manera desgraciada. Acoso con rendición del sujeto.

Incapacidad para evolucionar, para cambiar aspectos de la propia vida, para adaptarse a situaciones nuevas o para buscar soluciones a nuevos problemas y conflictos.

Combinaciones extremas de la Torre al derecho

Torre junto a Loco, seguidos por la Luna: estado de fuerte confusión mental del sujeto.

Torre junto a Diablo: puede presagiar la aproximación de una desgracia imprevista.

Torre cercana a Templanza: persecución o dificultades en la vida social por causa de ideas políticas.

Torre junto a cinco de espadas: naufragio inminente, ya sea del sujeto, ya de personas próximas.

Torre entre dos de espadas y Papa: se produce un altercado con una persona religiosa.

Torre junto a Carro: viaje que será retrasado o aplazado indefinidamente por causas diversas.

Mago después de la Torre: final de un período de marginación y aislamiento, etapa nueva de relaciones y comunicación.

Ermitaño junto a Torre: como consecuencia de una calumnia, condena de prisión.

Rueda de la Fortuna junto a Torre: grave y trágico desastre financiero involucra al sujeto.

Ahorcado con Torre: posible encarcelamiento del sujeto o de alguna persona allegada a él.

Loco antes de Torre: posiblemente se ha producido un suicidio o está a punto de producirse.

XVII Las Estrellas

Significado de la carta del derecho

Carta muy favorable desde todos los puntos de vista. Brillantes perspectivas de futuro. Éxito, belleza, honestidad.

Ayuda de los amigos, allegados y compañeros en general; ayuda de personas poderosas e influyentes.

Prosperidad, revelaciones muy importantes para el progreso del consultante.

Clarividencia, magia blanca, dotes casi sobrenaturales.

Generosidad, belleza, inteligencia.

Discreción encantadora, atracción, relaciones románticas, bondad, atracción sexual.

Momento idóneo para intentar o esperar una solución a viejos problemas. Problemas que han sido durante largo tiempo obsesiones, van a fundirse ahora como si fueran niebla.

Significado de la carta al revés

Esperanzas frustradas, situación engañosa, que parece favorable pero en realidad no lo es.

Pesimismo, inquietudes, íntimas, intuiciones de malos momentos futuros que aún no pueden ser justificados por la realidad.

Inseguridad psíquica y problemas emocionales, especialmente de tipo sexual. Desgracia, pasividad excesiva que lleva a no dirigir personalmente la propia vida y a dejarse absorber psicológicamente por personas próximas y dominantes.

Errores de valoración que pueden traer disgustos con personas cercanas, problemas de trabajo difíciles de solucionar y dramas afectivos de cierta envergadura.

*Combinaciones extremas
de las Estrellas al derecho*

Estrellas junto a Muerte: puede producirse una enfermedad grave que se está incubando actualmente.

Estrellas junto a Rueda de la fortuna: se aproxima la buena suerte, la fortuna, etc.

Estrellas junto a siete de oros: pequeña pérdida económica a punto de producirse.

Estrellas después de Luna: lágrimas derramadas por un engaño inesperado.

Estrellas junto a Sol: idealismo que al fin resulta premiado como merece y glorificado.

Emperatriz junto a Estrellas: una mujer protege al consultante. Es bueno que él, dada la ocasión, utilice la energía psíquica que ella le brinda generosamente.

Papa junto a Estrellas: belleza y sabiduría unidas en el mismo sujeto.

Ahorcado junto a Estrellas: puede confiarse en la llegada de una inesperada protección divina o sobrenatural.

Luna precediendo a Estrellas: feliz inspiración poética que llevará a la creación.

XVIII La Luna

Significado de la carta al derecho

Peligro oculto, amenazas que de momento sólo pueden intuirse por inquietud o desazón por corazonadas negativas.

Imaginación fantástica, sueños, ensueños, tinieblas del subconsciente que afloran a la superficie, delirio, peligro de locura, sonambulismo.

Influencia maligna por parte de personas infieles y resbaladizas, cargadas de segundas intenciones y mentirosas.

Calumnia, mentira que perjudica hondamente a alguien, maledicencia, difamación.

Persona lunática, cambio súbito de parecer, problemas sentimentales por falta de claridad.

Significado de la carta al revés

Carta frecuentemente desfavorable o amenazadora.

Maleficio sobre alguien, maledicencia, chantajes inevitables, superstición que lleva a actos indeseables, brujería, visiones irreales que conllevan demencia, fanatismo, masoquismo.

Depresiones, cambios bruscos de humor, inestabilidad afectiva, falta de equilibrio personal, debilidad ante alguna droga.

Envidia, odio, autocompasión excesiva que no aporta soluciones. Si se están consultando cuestiones de salud, indica estado latente o ya manifiesto de cáncer o, como mínimo, de tumores benignos.

Combinaciones extremas de la Luna

Luna junto a Ermitaño: calumnia, maledicencia, difamación por parte de alguien en quien se ha confiado.

Luna junto a Carro: viaje peligroso que es necesario evitar si se desea estar seguro.

Luna junto a reina de bastos: noticia antipática procedente de una mujer residente en el campo.

Luna delante del tres de copas: embriaguez, estado inconsciente por el consumo de alguna droga.

Luna después de la Emperatriz: está a punto de producirse o se ha producido ya un embarazo indeseado.

Luna precediendo a Estrellas: feliz inspiración poética que llevará a la creación.

Emperatriz junto a Luna: prestad atención a vuestra salud, especialmente a la presión arterial.

Emperador junto a Luna: contrariedades o problemas superables gracias a un comportamiento coherente.

Estrellas después de Luna: lágrimas derramadas por un engaño inesperado.

Loco junto a Luna: verdadera y auténtica locura con pocas posibilidades de curación.

XVIIII El Sol

Significado de la carta al derecho

Matrimonio feliz, pareja que vive potenciándose; amor sincero y duradero.

Autenticidad, nobleza de corazón, bienestar, calor.

Libertad de espíritu, capacidad para la realización de grandes empresas. Éxito en todo lo que se emprende.

Salud, belleza, juventud y dinamismo, buen humor, buena disposición para afrontar lo que el destino depara.

Agradecimiento a la vida, altruismo, extroversión, interés por los demás, filantropía, interés por el conocimiento, la ciencia y la cultura.

Idealismo, triunfo de los buenos propósitos, éxito de planes bien trabajados.

Significado de la carta al revés

Vanidad, estupidez, pedantería, tendencia a emprender proyectos que están por encima de las posibilidades del sujeto, o que son irrealizables en el momento en que se asumen.

Falta de amigos, insatisfacción.

Éxito que tarda en llegar o que se retrasa por alguna razón concreta.

Actitud frívola y banal que no trae resultados positivos: pose, simulación, inútil deslumbramiento.

Fracaso en actividad artística.

Combinaciones extremas con el Sol

Sol después de Enamorado: se va a producir en un breve plazo temporal un matrimonio.

Sol junto a seis de oros: recompensa merecida por una acción o proceso realizado convenientemente.

Sol junto a seis de espadas: posibles hijos en un determinado lapso de tiempo.

Sol junto a Emperador: iluminación espiritual interior del consultante o de una persona próxima a él.

Sol junto a Papa: sueños proféticos y felices del consultante o de una persona próxima a él.

Sol después de Loco: una cabezonería interrumpirá una buena y serena relación.

Ermitaño junto a Sol: acaba de desenmascararse a un impostor, o bien está a punto de desenmascararse.

Templanza junto a Sol: éxito profesional que sobrevendrá lentamente pero que durará.

XX El Juicio

Significado de la carta al derecho

Apostolado que surte efecto. Renovación de ideas, cambios, nuevo paradigma, renacimiento individual o colectivo.

Milagros, persona con gran carisma arrastra a otras, persona que predica los valores espirituales.

Promoción, ascenso, reconocimiento de valores ignorados hasta el momento, apreciación por parte de los superiores, aparición de un trabajo realizado en la sombra durante mucho tiempo.

Juicio, prueba, examen, lectura de tesis, oposiciones, presentación pública de un proyecto a aprobar, elecciones políticas.

Convalecencia, superación de una crisis psíquica o física.

Sorpresa, despertar, nueva visión, expiación de una falta, arrepentimiento.

Cambios de situaciones largo tiempo estancadas o que han evolucionado en la sombra hasta hoy.

Inspiración artística y creativa.

Significado de la carta al revés

Indecisión que se resuelve en un bloqueo de las situaciones que se tienen entre manos. Postergaciones.

Incapacidad para afrontar las dificultades que se presentan, incapacidad incluso de valorarlas en su justa medida.

Problemas de tipo emotivo, inconsciencia con malas consecuencias en lo sentimental, desilusiones y manifiestas frustaciones del sujeto, graves conflictos íntimos, inútil agitación y devaneo, agotamiento sin resultados reales importantes.

Combinaciones extremas del Juicio del derecho

Juicio junto a Emperatriz: asimilación de lo que se encuentra fuera de nosotros.

Juicio junto a Muerte: se produce o se va a producir en breve un pleito por una herencia.

Juicio junto a diez de oros: resarcimiento por una causa que ha sido llevada a los tribunales.

Juicio al lado del rey de espadas: testigo que presenta declaración en un proceso judicial.

Juicio después de cinco de espadas: convalecencia tras una operación quirúrgica.

Emperador junto a Juicio: milagro, sorpresa impensable, prodigio, espectáculo sobrenatural.

Papa próximo a Juicio: rejuvenecimiento, renacimiento espiritual o renovación de facultades físicas y psíquicas.

Diablo seguido por Juicio: enfermedad peligrosa que puede ser contagiada o que ya se está incubando.

Diablo precedido de Juicio: las fuerzas del mal sucumben y renace el bien en el horizonte vital del sujeto.

Loco después de Juicio: la luz divina ha iluminado las inquietudes de los hombres.

XXI El Mundo

Significado de la carta del derecho

Triunfo sin precedentes, éxito total.

Recompensa por algo que se ha llevado a buen puerto, realización total, consecución de las máximas aspiraciones, perfección, premio al trabajo o a un esfuerzo fuera de lo común.

Protección divina o protección de superiores muy poderosos.

Éxito duradero, triunfo que ya no va a volver atrás, plenitud de la existencia.

Vida pública, fama, sujeto que atrae a los medios de comunicación. Premios artísticos, humanísticos, científicos o culturales. Vida pública intensa, vida privada a la luz de todos, éxito en política.

Significado de la carta al revés

Dificultades, retenciones, lentitud de un proceso por causas de tipo social.

Sacrificios inútiles, estériles esfuerzos, inactividad.

Falsas relaciones interpersonales que pueden llevar a malos entendidos irremediables.

Imperfección en un trabajo o proceso. Quiebra de un negocio, falta de intuición que ignora un ambiente hostil o un sabotaje que se fragua alrededor.

Frivolidad, mundanidad, dispersión, inmerecidos reveses de fortuna.

Incomprensión de las personas cercanas al consultante.

Combinaciones extremas del Mundo al derecho

Mundo después de Justicia: demanda judicial, discusión o pleito en el cual se gana.

Mundo junto a rey de copas: hombre de fama merecida por alguna de sus cualidades.

Mundo junto a rey de oros: afirmación social en el campo material, económico o patrimonial.

Mundo después del as de oros: acontecimiento positivo de carácter eminentemente práctico.

Mundo después de Sacerdotisa: antigua solicitud que finalmente será atendida.

Sacerdotisa junto al Mundo: triunfo sobre los obstáculos, afirmación muy favorable ante la opinión pública. Éxito.

Emperatriz junto al Mundo: extraordinario éxito inminente, imputable a un gran encanto personal.

Enamorado junto al Mundo: historia de amor que va a salir a la luz, haciéndose pública.

Carro cerca del Mundo: éxito fulgurante que va a ser conocido y del que hablará el gran público.

Justicia después del Mundo: se ha producido una disputa, pero va a ser solucionada en breve.

XXII El Loco

Significado de la carta al derecho

Errores ocasionados por inconsistencia o inmadurez de la persona.

Ignorancia, frivolidad o estupidez que acarrea consecuencias.

Obstinación y cabezonería, perturbaciones del destino, procesos que se quieren concluir demasiado rápidamente o en dirección errónea. Irreflexión, necedad, persona simple poco inteligente, persona que no está dispuesta a escuchar.

Subconsciente, extravagancia, capacidades para ser médium, para recibir y emitir mensajes al más allá.

Inocencia, sentido de la honestidad, ingenuidad, culto a la verdad por encima de todo, falta de astucia.

Impulsividad, absurdo, pérdida del libre albedrío, irregularidad, inconstancia.

Inicio, principio, libertad de movimientos al estar sin prejuicios, actividad con el horizonte despejado para ser llevada a cabo.

Significado de la carta al revés

Locura, ansiedad, angustia, obsesiones sin fundamento.

Pasividad ante problemas que requieren gran presencia de ánimo, ante las voluntades ajenas, ante los estímulos de la vida.

Indiscreción, desvergüenza, desconsideración, exhibicionismo.

Pasión ciega, ocultas fuerzas demoníacas.

Celos sin fundamento, erosión de la salud mental debida a acontecimientos exteriores.

Bloqueos para el inicio de alguna actividad, proceso o proyecto.

Combinaciones extremas con el Loco al derecho

Loco junto a Luna: verdadera y auténtica locura con pocas posibilidades de curación.

Loco antes de Torre: posiblemente se ha producido un suicidio o está a punto de producirse.

Loco después de Ahorcado: estupidez de persona muy testaruda, empeñada en mantener sus ideas contra viento y marea.

Torre junto a Loco, seguidos por la Luna: estado de fuerte confusión mental del sujeto.

Loco antes de Mago: el consultante al hacer las preguntas se está interrogando a sí mismo.

Loco después de Juicio: la luz divina ha iluminado las inquietudes de los hombres.

Mago junto a Loco: un interés que no es habitual ni normativo va a alterar la vida del consultante.

Significado adivinatorio de los Arcanos Menores

Como ya vimos en su significado simbólico, los Arcanos Menores revelan cuestiones complementarias a los Arcanos Mayores, matizan su poder adivinatorio y lo concretan. Por ello su oráculo se refiere en mayor grado a las pequeñas cosas de la vida cotidiana y a detalles de orden práctico e inmediato. El poder de los Arcanos Menores no es, lógicamente, tan fuerte como el de los Arcanos Mayores, por lo que, de existir contradicción entre unos y otros, prevalece el oráculo de los Arcanos Mayores. De todos modos, en casos así es muy importante afinar la interpretación, ya que de otro modo podrían perderse detalles importantes y confundirse los resultados de la consulta.

La importancia de la numerología en el significado adivinatorio de los Arcanos Menores

Aparte del valor adivinatorio de cada palo, de la relación con otras cartas y de la posición en el conjunto, con los Arcanos Menores hay que tener en cuenta también el número que corresponde a la carta. Este número es obviamente el que la carta lleva inscrito, salvo en el caso de las figuras, que no tienen el número escrito, pero a las cuales corresponde el orden siguiente:

SOTA: NÚMERO 11
CABALLO: NÚMERO 12
REINA: NÚMERO 13
REY: NÚMERO 14

El valor de cada uno de estos números, en términos generales, podemos resumirlo como sigue:

NÚMERO 1: Inicio, masculino, principio, origen.
Número del hombre y de Dios.

NÚMERO 2: Binario, dualismo Yang/Yin, complemento.
Número de la mujer.

NÚMERO 3: Trinidad, hijo, favorable, frutos, propicio para contratos y negocios en general.

NÚMERO 4: Idea de cubo, casa, seguridad, tierra.
Familia, estabilidad.
Número del mundo.

NÚMERO 5: 3 + 2. Armonía, belleza, arte.
Número de Venus y del amor.

NÚMERO 6: 3 + 3. Tranquilidad y trabajo progresivo.
Número del equilibrio productivo.

NÚMERO 7: Bíblico y profético.
Número de la armonía y de la paz.

NÚMERO 8: 4 + 4. Solidez, justicia, bienestar, tranquilidad.
Número del triunfo de la verdad.

NÚMERO 9: Profecías, futuro.
Número mágico.

NÚMERO 10: Número perfecto de la cábala.

Número de la suerte y de lo inusitado.

NÚMERO 11: Equivale a la sota.
Número de lo incumplido.

NÚMERO 12: Equivale al caballo.
Número de lo cumplido.

NÚMERO 13: Equivale a la reina.
Número del buen o mal augurio.

NÚMERO 14: Equivale al rey.
Número de la fusión, de la asociación.

Valores adivinatorios de los palos de espadas y de bastos

PALO DE ESPADAS
Rey de espadas

Significado positivo: persona abierta y decidida. Experto. Autoridad y control. Dotes para el mando. Persona de profesión liberal. Ingeniero, médico, abogado, arquitecto. Persona muy analítica. Gran sentido de la justicia. Fuerza, superioridad. Persona de proyectos, iniciativas, grandes ideas, imaginación.

Significado negativo: persona insistente hasta el cansancio, incapaz de ceder o renunciar. Crueldad, conflicto. Persona egoísta o sádica, peligrosa, malvada. Alguien se procura inútilmente desgracias y dolores. Perversidad.

Combinaciones al derecho:

Junto a la Justicia: óptima elección de abogado defensor.

Junto al dos de oros: incorporación a un cargo público. Funcionariado.

Combinaciones al revés:

Junto al Ermitaño: hombre de intelecto y erudición.

Después del Loco: hombre con desarreglos mentales de gravedad.

Junto a la Luna: un enemigo está tramando algo.

Reina de espadas

Significado positivo: Persona inteligente, intensa, dispuesta a actuar con prontitud, muy perceptiva e ingeniosa. Quizá se trate de una vida o de una mujer abatida por alguna gran desgracia. Luto, privaciones, ausencia, soledad, separación, desamor. En el pasado grandes bienes y felicidad, ahora perdidos. Adversidades.

Significado negativo: persona avara y maligna. Engaño, venganza, hipocresía e infidelidad. Persona de muy mal carácter.

Combinaciones al derecho:

Junto al tres de bastos: problemas domésticos que no durarán. Al lado de la Sacerdotisa: esterilidad.

Combinaciones al revés:

Entre el as de copas y Torre: una mujer se insinúa ante el consultante.

Al lado de Luna: murmuraciones y chafarderías a causa o en torno a una mujer.

Caballo de espadas

Significado positivo: persona valiente y hábil, con gran capacidad y fuerza juvenil para acometer grandes empresas. Acción heroica, choques y guerras, desafío sin temor de lo desconocido. Las cartas adyacentes deben indicar las influencias operantes sobre las aventuras galantes de este caballero. Maestría en el arte de la acción y de la guerra.

Significado negativo: incapacidad, imprudencia. Disputa o ruina por culpa de una mujer. Errores por exceso de impulsividad y orgullo desmedido. Simplicidad y falta de tino.

Combinaciones al derecho:

Antes de reina de copas: amor vehemente e impetuoso.

Antes de Mundo: escalador, «trepa», persona dispuesta a darlo todo con tal de ascender socialmente.

Combinaciones al revés:

Entre Mago y siete de oros: cuidado con un joven cercano al consultante, socio o colaborador.

Sota de espadas

Significado positivo: se trata de una persona que puede percibir, discernir y descubrir mundos desconocidos y cosas que a ojos de otros permanecen ocultas. Cualidades de introspección y autorreferencia, vigilancia, agilidad y capacidades para el espionaje, discreción y actividad secreta. Persona delicada, inteligente, alerta contra los peligros desconocidos.

Significado negativo: se desenmascara a un impostor. Aparece un imprevisto desagradable, quizás una enfermedad. Impotencia frente a una fuerza mayor. Falta de preparación para afrontar algo de gran envergadura.

Combinaciones al derecho:

Junto a caballo de copas: celos por razones afectivas o amorosas.

Junto al diez de oros: ventajas que se obtienen gracias a delaciones.

Combinaciones al revés:

Antes del as de oros: cuidado con los contratos o documentos que otros nos presentan para firmar.

Después de Torre: una joven delincuente que ha estado presa, sale de la cárcel.

Diez de espadas

Significado positivo: ruina material. Dolor físico de origen desconocido, depresión, enfermedad nerviosa, tristeza, angustia, ansiedad. Lágrimas, pena, desespero, desilusiones por un asunto amoroso, afectivo o familiar. Dolor justificado.

Significado negativo: beneficio, pequeño aprovechamiento, ganancia temporal que se utiliza correctamente, estrategias cotidianas y pequeñas rentabilidades de nuevas estructuraciones en la propia vida o en el trabajo; mejora, éxito pasajero, favor transitorio, pequeña ventaja momentánea.

Combinaciones al derecho:

Junto a Torre: ingreso en un hospital que va a producirse en muy breve.

Junto a Emperador: el consultante deberá enfrentarse a un hombre muy importante.

Combinaciones al revés:

Después de Muerte: dolor por la desaparición, física o sentimental, de una persona querida.

Después de Luna: suicidio.

Al lado de la reina de espadas: el consultante puede ser víctima de una pérfida mujer.

Nueve de espadas

Significado positivo: abatimiento, preocupación, sensación de cansancio y depresión sin razón evidente. Pelea inesperada, infelicidad. Aborto, alguien que teme por la persona que ama pero sin que sus temores sean fundados. Aprensión, hipocondría, sufrimiento causado por temores e incertidumbres sobre el propio estado de salud y la salud de personas próximas al consultante.

Significado negativo: dudas o sospechas que tienen razón de ser, que no son imaginaciones. Difamación en el entorno inmediato del consultante, sobre él o sus amigos o familiares. Vergüenza, escrúpulos. Alguien de carácter tímido siente temores fundados y los expresa de modo inconveniente, agravándolos.

Combinaciones al derecho:

Antes de Juicio: regreso a la tranquilidad después de una etapa de sufrimiento y soledad.

Combinaciones al revés:

Después de Justicia: divorcio.

Después de sota de oros: el consultante debe desconfiar de un hombre joven que lleva la intención de robarle.

Ocho de espadas

Significado positivo: puede estarse acercando una crisis, o bien algún tipo de catástrofe de tipo material o sentimental. Conflicto que no se ha buscado y que puede acabar en una gran dominación o incluso en cárcel. Inquietud y ansiedad producidas por un incómodo compás de espera. Malas noticias. Censura o crítica de algún trabajo o misión realizada con anterioridad. Enfermedad desconocida o inesperada. Calumnia.

Significado negativo: traición que se produjo en el pasado y de la que se tienen noticia sólo ahora. Dificultades, trabajo costoso, complicaciones que surgen de modo imprevisto en una tarea. Depresión, incidente, preocupación, fatalidad.

Combinaciones al derecho:

Junto a Justicia; citación judicial inminente o pasada.

Junto a reina de copas: difamación, calumnia, maledicencia.

Combinaciones al revés:

Después de cuatro de oros: discusiones en el ámbito laboral o en lo tocante a lo profesional.

Después de Torre: grave desgracia, infortunio, dolor duradero.

Siete de espadas

Significado positivo: nuevos proyectos y planes. A pesar de los fracasos de una etapa anterior, aparecen deseos, ensayos y pruebas que tendrán su recompensa con el tiempo. Nuevos intentos y pruebas sobre bases más sólidas que las anteriores. Esperanzas fundadas, esfuerzos y acopio de confianza. Gran fantasía y creatividad puesta al servicio de un nuevo empuje fresco y juvenil.

Significado negativo: altercados, pleitos. Iniciativas violentas o animosas que no llevan a ninguna parte, desgastando energía y haciendo transcurrir inútilmente el tiempo. Se reciben consejos dudosos que no llevan a ninguna parte. Actividad sin objetivos precisos. Circunspección. Calumnia y habladurías que no pueden evitarse.

Combinaciones al derecho:

Junto a caballo de oros: vienen obsequios, dones, presentes, regalos.

Junto a Emperatriz: es conveniente escuchar los consejos de una mujer.

Combinaciones al revés:

Junto a Torre: proyectos que se desvanecen repentinamente.

Al lado del siete de bastos: disgusto o desgracia causada por un amigo.

Seis de espadas

Significado positivo: viaje corto, excursión, paseo de fin de semana, descubrimiento de un agradable lugar cercano. Viaje por mar, transcurso lento, vacaciones o desplazamiento sin prisas. Recorrido, itinerario algo complicado o sin una finalidad bien explícita. Intento difícil. Éxito tras la preocupación. Asunto archivado.

Significado negativo: estancamiento de los asuntos que se tienen entre manos, o bloqueo de la propia situación personal. Propuesta no deseada o que llega en un momento inoportuno, demasiado pronto o bien demasiado tarde para ser tenida en cuenta. Falta de perspectivas ante un problema. Confesión, declaración importante pero que no coincide con ninguno de nuestros planes o proyectos.

Combinaciones al derecho:

Junto a Estrellas: lágrimas por amor o al contrario, alegrías amorosas.

Combinaciones al revés:

Al lado de sota de oros: pequeños hurtos, cartrismo, robos.

Al lado de sota de espadas: apasionada declaración de amor.

Cinco de espadas

Significado positivo: conquista que otros hacen de las propias posesiones o situación material, espiritual, anímica o de poder. Derrota importante que conlleva destrucción, degradación. Posibles enemigos entre las personas próximas. Felonía, deshonor.

Significado negativo: perspectiva incierta, quizá pérdida o derrota de pequeña envergadura. Situación de debilidad o de desventaja respecto a otras personas. Probable desgracia de un amigo. Seducción. Sepultura.

Combinaciones al derecho:

Al lado de Juicio: el consultante debe confiar sus penas a un amigo que le ayudará.

Combinaciones al revés:

Con sota de oros: luctuosa noticia de una muerte.

Al lado de Luna: menstruaciones difíciles y con posibles complicaciones.

Cuatro de espadas

Significado positivo: volver a comenzar. Alegría tras la enfermedad. Convalecencia. Recuperación, sentido de plenitud recuperado. Nueva sabiduría que trae un nuevo concepto de la vida y de las actividades, pero también soledad, exilio, retirada, abandono.

Significado negativo: distracción, confusión, desorden, error. Se producen fallos y faltas importantes. Algo es incompatible por lo que sobreviene una separación. Ansiedad, pérdida, alienación.

Combinaciones al derecho:

En medio de Mundo y as de copas: ruptura de pareja, separación, divorcio.

Junto al Papa: relación afectiva desgraciada.

Combinaciones al revés:

Después de diez de oros: atracción por los juegos de azar con las subsecuentes pérdidas.

Junto a Sacerdotisa: amistad de una mujer que no es sincera.

Dos de espadas

Significado positivo: fuerza equilibrada de la que emana una gran armonía. Signo de concordia, que reúne a todos bajo una misma fuerza y con una misma disciplina. Extraordinario orden, firmeza y posiciones bien asentadas en el poder material anímico y espiritual.

Significado negativo: desequilibrio interior que tiene su manifestación y sus graves, consecuencias en un desequilibrio exterior. Estancamiento y falta de directrices. Cariño.

Combinaciones al derecho:

Al lado de la Fuerza: ayuda por parte de buenos amigos leales.

Al lado del Enamorado: atracción sexual irresistible.

Combinaciones al revés:

Al lado del Papa: infidelidades del compañero o compañera.

Junto a caballo de espadas: agresión por parte de un joven.

As de espadas

Significado positivo: gran firmeza en la decisión. Fuerza, vigor, actividad próspera, triunfo, dinámica, éxito, fertilidad. Amor pasional, profundidad de los sentimientos, gloria, conquista.

Significado negativo: derrotas, tiranía, catástrofe, autodestrucción. Temperamento agresivo y violento. Obstáculo, esterilidad, impedimento.

Combinaciones al derecho:

Al lado de Mundo: aparición de tensiones.

Junto a Justicia: juicio, causa legal de gran importancia.

Combinaciones al revés:

Junto a Diablo: problemas de orden psíquico.

Entre Sacerdotisa y Muerte: embarazo mortal.

Después de Ahorcado: delito.

PALO DE BASTOS

Rey de bastos

Significado positivo: persona honesta y concienzuda, con una gran

madurez. Prudente, devota y con gran poder de discernimiento, cordialidad de trato y comprensión de los demás. Gran educación de un caballero, generalmente casado. Sentimientos paternales.

Significado negativo: severidad austera. Propósitos exagerados, casi imposibles de cumplir. Actitud dogmática, demasiado resuelta. Falta de flexibilidad.

Combinaciones al derecho:

Detrás del tres de copas: maravillosa noticia.

Detrás del as de oros: brillante posición social, reputación, dinero.

Combinaciones al revés:

Entre Diablo y Papa: matrimonio forzado u obligatorio.

Después de Loco: empresa que acabará en quiebra, ruina o destrucción.

Reina de bastos

Significado positivo: persona cordial, muy comprensiva, amable, digna, elegante, cariñosa y práctica. Muy atractiva en sus maneras. Muy cariñosa y afectuosa, excelente anfitriona. Interés por los demás nunca fingido.

Significado negativo: persona celosa, engañosa, probablemente víctima de infidelidad. Sentimientos inestables, volubilidad, resistencia al afecto, impedimentos, oposición.

Combinaciones al derecho:

Junto al Papa: amor secreto que dura o durará mucho tiempo.

Junto a reina de copas: generosidad del consultante con una amiga.

Combinaciones al revés:

Ante el dos de bastos: mala suerte, reveses de fortuna.

Al lado del as de espadas: profunda y triste desilusión. Desengaño.

Caballo de bastos

Significado positivo: partida, largo viaje, aventura que se ha acariciado durante mucho tiempo y que implica una fuerte atracción por mundos desconocidos. Disposición para afrontar grandes peligros, riesgos, novedades, situaciones inéditas, movimientos rápidos e inesperados. Fuga espectacular, ausencia, cambio de domicilio, de país, de trabajo o de situación interior hacia un nuevo paradigma desconocido en el presente.

Significado negativo: discordia que no se resuelve. Interrupción de una situación aparentemente estable. Cambio inesperado que trae muchas consecuencias. Fuerte pelea, ruptura de relaciones amistosas o amorosas. Renuncia.

Combinaciones al derecho:

Al lado de Sacerdotisa: buena suerte.

Al lado de Rueda de la fortuna: cantidad de dinero que está o va a estar en peligro.

Combinaciones al revés:

Al lado de siete de espadas: el consultante no debe confiar secretos a nadie.

Entre Justicia y Ahorcado: recursos ante los tribunales.

Sota de bastos

Significado positivo: persona fiel y leal. Envío o mensajero. Amigo fiel. Persona que viene de lejos con buenas intenciones. Noticias importantes que alguien trae. Persona coherente.

Significado negativo: indecisión, inestabilidad, reluctancia. Incapacidad para planificar o escoger. Chismes, malas noticias que trae alguien de lejos. Persona que puede destrozar el corazón. Disgusto.

Combinaciones al derecho:

Al lado de la Rueda de la fortuna: noticia de un determinado triunfo de éxito.

Junto a Mundo: viaje a países lejanos, con malas comunicaciones.

Combinaciones al revés:

Al lado de sota de oros: ruina comercial.

Al lado de Luna: pérdida de poca importancia.

Diez de bastos

Significado positivo: cansancio excesivo y estrés. Presiones exteriores muy fuertes. Problemas que hay que resolver con rapidez. Intentos de alcanzar una meta o de mantenerse en una posición de nivel. Uso egoísta del poder.

Significado negativo: dificultades que no tienen explicación clara, intrigas que se desconocen, traición, segundas intenciones. Fraude o equívoco en asunto de dinero que produce probables pérdidas. Situación de inestabilidad en la que parece que no se sabe en quién o en qué confiar.

Combinaciones al derecho:

Al lado de Luna: enfermedad epidémica.

Al lado de rey de copas: obstáculos que se superan gracias a la colaboración de un amigo.

Combinaciones al revés:

Junto a rey de espadas: contrato lucrativo, que se realiza gracias a un experto en temas fiscales.

Nueve de bastos

Significado positivo: dificultades que se acercan. Cambios importantes con desgracia. Enemigos ocultos pueden traer desagradables sorpresas. Disciplina y orden. Descanso en una batalla en curso.

Significado negativo: obstáculos repentinos, problemas, retrasos totalmente injustificados, disgustos, barreras que hay que superar. Mala salud y problemas de orden físico en el consultante o en personas muy cercanas a él.

Combinaciones al derecho:

Al lado de Rueda de la fortuna: fortuna y suerte que se da en un país extranjero.

Al lado de Enamorado: amor contrariado o amor frustrado.

Combinaciones al revés:

Junto a tres de espadas: humillaciones de cualquier índole.

Al lado de dos de oros: contrato en el horizonte, que debe estudiarse con la máxima atención.

Ocho de bastos

Significado positivo: actividad muy dinámica y progresos inesperados que pueden, sin embargo, causar disgustos. Velocidad, decisiones apresuradas y avances rápidos, a veces excesivamente veloces.

Significado negativo: problemas con personas cercanas, discordia, celos. Problemas familiares, discusiones referentes a herencias o a la situación personal de un familiar, estancamiento de situaciones desagradables durante una larga temporada.

Combinaciones al derecho:

Al lado de Sacerdotisa: feliz combinación de amor y colaboración profesional.

Combinaciones al revés:

Junto a dos de espadas: falsedad en la familia.

Al lado del ocho de copas: discusiones, desavenencias.

Siete de bastos

Significado positivo: éxito, se superan obstáculos importantes y contrariedades opresivas. Etapa buena para desarrollar los proyectos iniciados anteriormente, y para tomar posiciones en cualquier marco. Ventaja, victoria.

Significado negativo: ansiedad, problemas, embarazo. Por titubear se pierden posiciones que tenían importancia o que se habían ganado con gran esfuerzo. Incertidumbre sobre el futuro que no puede superarse y se manifiesta en una actitud de perplejidad y de perpetua duda.

Combinaciones al derecho:

Al lado de Templanza: llega un obsequio.

Seguido por el rey de bastos: acontecimiento inesperado que va a producirse inminentemente.

Combinaciones al revés:

Junto a tres de copas: vanidad, frivolidad ligereza.

Seguido por Luna: difamación, calumnia.

Seis de bastos

Significado positivo: triunfo, muy buenas noticias, conquista, etapa de gran progreso y de acopio de ganancias. Deseos que van a hacerse realidad muy pronto. Resultados muy favorables en todas las actividades emprendidas, y en la situación general.

Significado negativo: retraso indefinido en algún asunto. Miedo, fundado o no, pero en todo caso bloqueante. Favores superficiales pero muy aparentes, ganancias sin soporte real, o carentes de base alguna.

Combinaciones al derecho:

Al lado de Ermitaño: llega mensajero indiscreto.

Al lado de cinco de copas: aproximación entre familiares.

Combinaciones al revés:

Junto a cinco de espadas: relación interrumpida sin causa ni sentido.

Al lado de caballo de oros: negocio desagradable.

Cinco de bastos

Significado positivo: deseos que no se cumplen a pesar de que parecían muy probables. Lucha que acaba en cansancio. Violencia a todos los niveles. Aparecen obstáculos insalvables e incidentes que producen infinidad de problemas y dificultades.

Significado negativo: contradicción, engaño. Complejidad de un problema que le hace presentarse o aparecer de una manera que no es. Intentos desesperados de evitar la indecisión para mantenerse en el camino.

Combinaciones al derecho:

Al lado de cuatro de bastos: especulación ventajosa para el consultante.

Al lado de Muerte: movimiento inútil.

Combinaciones al revés:

Junto a rey de espadas: pérdida en un juicio o proceso legal.

Al lado de tres de espadas, el cual deberá también estar al revés: caso funesto, terrible desgracia.

Cuatro de bastos

Significado positivo: relación sentimental, o relaciones sociales. Alegrías, sociabilidad. Nueva situación de progreso. Paz, tranquilidad, premio al esfuerzo. Descanso después de un gran trabajo.

Significado negativo: pérdida de la paz interior por situación ambigua y compleja. Relación amorosa que queda inconclusa o que no es correspondida como se esperaba. Inseguridad ante la incertidumbre del futuro. Belleza y felicidad ofuscadas e incompletas. Relación truncada.

Combinaciones al derecho:

Al lado de Estrellas: llega auxilio inesperado.

Combinaciones al revés:

Junto a rey de oros: un hombre poderoso amenaza la tranquilidad del consultante.

Tres de bastos

Significado positivo: ciencia empírica, positivismo, agudeza en los negocios y en lo material. Espíritu emprendedor, buenos negocios e intercambios comerciales. Empresa, establecimiento, comercio, despacho o estudio.

Significado negativo: ayuda prestada con segundas intenciones y que puede ser reclamada más adelante provocando incómodas situaciones. Cese de los problemas, por lo menos de manera inmediata y aparente. Mucho cuidado con las ayudas que llegan del exterior.

Combinaciones al derecho:

Al lado de cuatro de copas: importante cambio que tendrá un resultado positivo.

Combinaciones al revés:

Entre Torre y tres de copas: aborto, interrupción voluntaria o involuntaria de la maternidad.

Dos de bastos

Significado positivo: persona madura que media entre dos, con el fin de obtener algo o de manera totalmente desinteresada. Se consiguen los objetivos perseguidos desde hace largo tiempo. Vehemencia y valor en los proyectos iniciados. Persona dominante.

Significado negativo: tristeza, lamentos, limitaciones venidas del exterior. Pérdida de la confianza en algún ser querido o en alguna persona muy próxima con la que se comparten asuntos o planes. Sorpresa inesperada.

Combinaciones al derecho:

Al lado de la reina de oros: amistad interesada.

Combinaciones al revés:

Al lado del Diablo: temor, pánico, terror, susto muy intenso y repentino.

As de bastos

Significado positivo: inicio de una empresa, creación de algo nuevo, fortuna, proyecto, herencia, nacimiento de un hijo o inicio de una importante experiencia. Aventura o gran proyecto personal.

Significado negativo: falsa partida, perspectiva incierta, meta inalcanzada, decadencia, existencia sin sentido. Graves dificultades interiores, referentes al sentido de la vida y a la manera de enfocar el futuro y los proyectos sobre el porvenir. Se anulan los proyectos y los planes anteriores, quedando todo en una situación de inmovilismo y estancamiento bastante peligroso.

Combinaciones al derecho:

Al lado de dos de copas: un nuevo proceso de tipo emocional, amoroso, sentimental.

Combinaciones al revés:

Entre Muerte y sota de copas: muerte de un hijo.

Ejemplos de interpretación de algunas tiradas

Método del horóscopo

En este caso se trata de una joven nacida bajo el signo de Escorpio, que está actualmente soltera y tiene un buen empleo que le satisface plenamente. La consulta es de tipo general.

El método utilizado para realizar la consulta fue el zodiacal, según el cual las cartas adoptaron esta disposición:

PRIMERA CASA: La Rueda de la fortuna

La muchacha vive un presente muy feliz y tiene perspectivas muy favorables para el futuro.

En el amor, lo más probable es que encuentre en breve una persona significativa.

Las cuestiones de tipo material no causan problemas.

SEGUNDA CASA: Enamorado

La consultante hará en breve una elección amorosa. Esta decisión tiene un aspecto económico muy positivo.

TERCERA CASA: Las Estrellas

La consultante tiene una buena relación afectiva con un hermano.

CUARTA CASA: La Justicia

Existe una buena relación, en general con la familia, en la que hay respeto mutuo, cordialidad y afecto. Sin Embargo, esta relación se ha conquistado tras esfuerzos importantes.

QUINTA CASA: El Diablo

La consultante posee un temperamento sexual ardiente. Existe la posibilidad de un embarazo que la consultante no desea.

SEXTA CASA: El Ahorcado

Relacionándose con la carta anterior el Ahorcado refuerza la idea de que planea la posibilidad de embarazo, y la certeza de que no es deseado.

SÉPTIMA CASA: La Templanza

La consultante deberá tener paciencia hasta que su relación amorosa se haga oficial.

OCTAVA CASA: El Ermitaño

Se va a producir la muerte de una persona anciana. También puede querer decir que un viejo sentimiento, una convicción profunda o un gran amor está muriendo en el corazón de la consultante.

NOVENA CASA: La Emperatriz

La consultante disfruta enormemente en los viajes; en ellos aflora y se manifiesta su verdadera personalidad, que habitualmente está sofocada por el medio.

DÉCIMA CASA: La Fuerza

La consultante va a lograr un gran éxito, aun sin perseguirlo expresamente.

UNDÉCIMA CASA: La Torre

En un momento futuro se producirá la ruptura de una gran amistad.

DUODÉCIMA CASA: La Sacerdotisa

En el futuro una mujer será origen de desgracias, penas u obstáculos para la consultante.

Método numerológico

El siguiente ejemplo ha sido llevado a cabo siguiendo el método numerológico, aquel que tiene en cuenta la fecha de nacimiento del consultante. Se trata de una mujer de 45 años, nacida el 17 de junio de 1946. Descomponiendo estos números (17/6/46) obtenemos la siguiente suma: $1 + 7 + 6 + 1 + 9 + 4 + 6 = 34$; $3 + 4 = 7$. El arcano número 7 es El Carro.

Las cartas obtenidas a partir de ahí, siguiendo el proceso azaroso del método, son las siguientes:

SENTIMIENTOS: Carro y Mundo

Esta mujer logra su propia realización en la amistad y en el amor a los demás. Su carta personal, el Carro, se presenta en esta zona ligada a la excelente carta del Mundo. Esto revela su gran popularidad, su carácter sociable y extrovertido y lo mucho que es apreciada por la gente que la rodea.

RELACIONES CONSIGO MISMA: *Emperador y Luna*

En el carácter de la mujer y en su vida interior es más fuerte el elemento masculino (Emperador), lo cual no significa que la mujer sea hombruna, sino más bien que existe una cierta ambigüedad en su definición, en la manera en como se ve a sí misma en el mundo e interiormente. Probablemente haya un cierto descalabro ahí, provocado por conflictos entre realidad interior y rol social.

MATRIMONIO: *Juicio y Diablo*

Estos dos arcanos son antagónicos, por lo que existen razones positivas y muy negativas que hacen de su matrimonio un eterno «estira y afloja» difícil de vivir. Sin embargo, la dicotomía hace la relación más viva y a la larga prevalece la unión.

TRABAJO: *Emperatriz y Justicia*

La unión de Emperatriz a Justicia viene a señalar que la consultante triunfará en el trabajo gracias a su inteligencia, su seriedad y su capacidad para sacar las cosas adelante. El tesón, la constancia y una perpetua buena disposición harán mucho también, de modo que finalmente la consultante tendrá un gran éxito laboral o profesional, tal como merece.

EL FUTURO: *El Loco*

La consultante, al llegar a la cima de su vida hará un fuerte cambio correspondiendo a su personalidad aventurera y osada, pero sin ignorar sus capacidades y valores. Construirá algo que se salga de todos los esquemas preestablecidos, muy creativo y eminentemente fuera de la mediocridad.

Síntesis psicológica

Se trata de una personalidad fascinante, absolutamente fuera de lo normal, coherente, sacrificada y trabajadora, muy abierta a los demás y llamada a un futuro fuera de lo habitual, excepcional.

Método de la estrella

En este caso se ha utilizado el método de la estrella en el que tienen, recordemos, una influencia capital los planetas. En el centro de una estrella de cinco puntas se sitúa una carta que corresponde al Sol, arriba de él la carta correspondiente a la Luna, a la izquierda de la Luna se sitúa Venus, a la derecha Marte, y en las dos puntas inferiores, a la derecha Urano y a la izquierda Mercurio. Son los seis planetas que se consideran más importantes para la vida del consultante, aunque algunos expertos utilizan los planetas Júpiter y Saturno en sustitución de Urano y algún otro.

La consultante del ejemplo es muy femenina, tiene un buen trabajo y está divorciada.

SOBRE LA LUNA: *La Fuerza*

Gran fuerza interior que se manifiesta sin violencia ni pedantería.

SOBRE VENUS: La Justicia

La consultante ha tenido problemas legales relacionados con su vida afectiva.

SOBRE SOL: La Torre

La consultante se dirige hacia una fase depresiva o hacia un inminente descenso de vitalidad.

SOBRE MERCURIO: La Rueda de la fortuna

Varios significados son compatibles aquí: éxito profesional repentino, posibilidad de triunfo en algún tipo de trabajo comercial.

SOBRE URANO: El Emperador

Un hombre nacido bajo el signo de Tauro (regido por Urano) puede influir muy positivamente en la vida de la consultante.

SOBRE MARTE: Estrellas

La consultante está habituada a reflexionar, rechaza la violencia y tiene un carácter amable, lleno de comprensión y dulzura. Por ello es apreciada socialmente en el medio en el que se desenvuelve.

Juego de la cruz celta

En el ejemplo que se presenta a continuación se ha utilizado el método de la cruz celta, uno de los más clásicos en el tarot.

Una mujer joven se pregunta sobre su situación emocional y su vida amorosa:

NÚMERO 1: Papa
Urgente deseo de una unión estable y duradera.

NÚMERO 2: Carro
La consultante va a emprender un viaje enseguida.

NÚMERO 3: La Justicia
Hay un reconocimiento oficial de sus sentimientos.

NÚMERO 4: Las Estrellas
El destino y la suerte acompañan a la consultante.

NÚMERO 5: El Emperador
Se producirá un incidente importante con un hombre cerrado y hostil.

NÚMERO 6: El Loco
En el futuro se recorta una situación totalmente imprevisible.

NÚMERO 7: El Diablo
Problemas, discusiones y peleas en la familia de la consultante.

NÚMERO 8: El Ahorcado
La consultante no sabe decidir si abandonar o no su actual empleo.

NÚMERO 9: La Rueda de la fortuna
La consultante, finalmente, realizará todo lo que desea con éxito, pero de forma totalmente aleatoria.

Impreso en España por
A&M Gràfic, S. L.
Santa Perpètua de Mogoda
(Barcelona)